ポストモダン経営学

遠田雄志編著

文眞堂

まえがき

　　　　　　　　　　　　　　　コインは円い・・・

　ある原子力発電所の中央制御盤の放射線量を示す針が大きく振れ再び元に戻るという動きを何度かくり返した後今は平常値を指している。この時オペレーターはどう判断し，どう対応したらよいのか？「マニュアル通り，直ちに上に報告する」のか「今は平常値を示しているが少し気になる。また針がヘンな動きをしたら上に知らせよう」あるいは「きのうもこんなことがあったけど何でもなかった。だからワザワザ知らせることもあるまい」。そして，オペレーターのこの時の状況判断と対応が危機を未然に防ぎもするしエスカレートさせもする。危機管理においては，正体不明の出来事や情報に対する最初の認識がとりわけ重大である。

　こうしたことは，何も危機管理に限った話ではない。組織の経営においても，常に直面していることである。「最近3期も続いて赤字らしい。ウチの商品が飽きられたのか，値段が高いのか，あるいは不況のせいだからジタバタしなくても良いのでは？」これもまた，あいまいでさまざまに解釈できる事柄を待ったなしで適切に判断しなければならない問題である。K・ワイクも言っている，「組織の経営とは，海底レーダーのディスプレーを頼りに危険な海峡を航行するようなものだ」と。

　組織にとって大事なのは，あいまいな情報を素早く読み解き，その

時その時の状況を適切に把握することである。これはすべからく意思決定などではなく認識の問題である。

　21世紀，ポストモダンの経営学は組織のこの認識をメインテーマとしたものになるだろう。

　ひるがえって，今日流布しているモダン経営学は，アメリカで1950年から今日にいたるまで組織の意思決定を中心に展開されてきた。それは，あいまいでない世界を前提にした，組織の主要な3つの活動のうちせいぜい行為と意思決定を考察したものである。それに対して，ポストモダン経営学はあいまいな世界での組織の認識を見すえて展開されるものである。

　本書はそうしたポストモダン経営学の一試論である。本書パートⅠ"ゴミ箱理論"はあいまいな世界を探ったもので，パートⅢは文字通り組織の認識についての素描である。そしてパートⅡでは，ポストモダン経営学の転轍手K・ワイクの理論がやさしく要約，紹介されている。

　そのワイクによれば，認識とは，個人であれ組織であれ，認識する主体のアイデンティティーに制約されるようだ。このことは，「下衆の勘繰り」という諺でよく知られている事実である。さすれば，事に当たって適切な認識を得るには，アイデンティティーひいては自らの心を磨いておかなければならない。どうやら，自らの組織は自らの心にあるようだ。

　なお，本書は，1998年出版の『グッバイ！ミスター・マネジメント』を加筆・修正，一部削除の上，その後の論文やエッセーを増補したものである（危機管理に関する3つの論文は高橋量一との共著である）。出版事情の厳しい折，このような我儘を許してくださった文眞堂前野

隆企画部長に深く感謝する次第である。また，表紙の製作を快く引き受けてくださった南風舎小川格社長と味気ない専門書にところどころユーモア溢れるイラストを寄せて頂いた武藤美加さんに対して心より感謝する。

　　　でも，コインは長方形でもあるのだ。

2001年3月16日

遠　田　雄　志

目次

まえがき

プロローグ …………………………………………………… 1

  1 経営学の流れ …………………………………………… 3
     A．何を学ぶのか？ ………………………………………… 3
     B．経営学の歴史 …………………………………………… 3
  2 おもろい理論づくりのために ……………………… 11
     はじめに …………………………………………………… 11
     A．進化としての理論づくり …………………………… 12
     B．理論づくり2態 ………………………………………… 22
     おわりに …………………………………………………… 34

I ゴミ箱理論 ……………………………………………… 35

  1 ゴミ箱モデル …………………………………………… 37
     A．組織化された無秩序 ………………………………… 37
     B．4つの決定因 …………………………………………… 38
     C．神楽坂殺人事件 ……………………………………… 40
  2 戸惑う「コカ・コーラ」 …………………………… 44
     A．ゴミ箱モデルによる解読 …………………………… 45

|　　　B.　その意味するもの …………………………………49
|　　3　ゴミ箱的決定 ……………………………………………55
|　　　A.　決めたとたんに，みんな後悔 …………………55
|　　　B.　非合理は合理，合理は非合理 …………………56
|　　　C.　ゴミ箱の9つの戦術 ………………………………58
|　　　D.　ゴミ箱モデルの意義 ………………………………61
|　　4　合理主義のパラドックス ……………………………66
|　　　はじめに …………………………………………………66
|　　　A.　『公共事業を問う』 ………………………………67
|　　　B.　意思決定の合理モデル ……………………………70
|　　　C.　『公共事業を問う』を問う ………………………77
|　　　おわりに …………………………………………………82
|　　　エピローグ ………………………………………………84

II　ワイク理論 …………………………………………………89

　　1　点と線と図——カール・ワイクの世界(1)—— ………91
　　　はじめに …………………………………………………91
　　　A.　心　図 ………………………………………………92
　　　B.　創　図 ………………………………………………102
　　　おわりに …………………………………………………123
　　2　けったいな！——カール・ワイクの世界(2)—— ……127
　　　はじめに …………………………………………………127
　　　A.　ポストモダン経営学 ………………………………127
　　　B.　けったいな！ ………………………………………134
　　　おわりに …………………………………………………143
　　3　異常組織論 ……………………………………………145

  はじめに …………………………………………………145
  A．異常組織とは ………………………………………146
  B．組織化の過程 ………………………………………149
  C．組織化の進化論モデル ……………………………163
  D．異常組織論 …………………………………………173
  E．ケース・スタディ …………………………………186
  おわりに …………………………………………………200

III 組織認識論 ……………………………………………203

 1 組織認識論のススメ ……………………………………205
  A．経営学の流れ ………………………………………205
  B．組織認識論 …………………………………………208
  C．組織認識論，その展望 ……………………………212
  D．今後の展開 …………………………………………216
 2 組織の適応モデル ………………………………………217
  はじめに …………………………………………………217
  A．組織の適応 …………………………………………219
  B．組織の適応モデル …………………………………223
  おわりに …………………………………………………239
 3 東海村臨界事故 …………………………………………242
  ――その組織認識論的考察――
  はじめに …………………………………………………242
  A．テレビドキュメント『調査報告　東海村臨界事故――
    緊迫の22時間を追う』 ……………………………243
  B．組織認識論的考察 …………………………………251
  おわりに …………………………………………………263

4　阪神大震災 ……………………………………………269
　　——その組織認識論的考察——
　　はじめに …………………………………………………269
　　A.　テレビドキュメント『阪神大震災　危機管理　政府
　　　　はどう動いたか』 ……………………………………270
　　B.　組織認識論的考察 ……………………………………285
　　おわりに …………………………………………………308
5　ウラン加工工場臨界事故調査委員会報告書 ……………314
　　——その組織認識論的考察——
　　はじめに …………………………………………………314
　　A.　「ウラン加工工場臨界事故調査委員会報告書」の概要…315
　　B.　組織認識論的考察 ……………………………………327
　　おわりに …………………………………………………339

エピローグ ………………………………………………………343
　　A.　なにかおもしろいことないか仔猫チャン …………345
　　B.　ジャングル物語 ………………………………………353
　　C.　アイドルに乾杯 ………………………………………356
　　D.　映画『12人の優しい日本人』をゴミ箱モデルで読み
　　　　解く …………………………………………………361
　　E.　映画『阿部一族』をワイク理論で読み解く ………363
　　F.　映画『八甲田山』に見るミドルの役割 ……………365

プロローグ

1 経営学の流れ

A. 何を学ぶのか？

　経営学はこれまで主として企業の経営やマネジメントをメインテーマとしてきた。しかしその範囲は次第に、企業のみならず政府、大学、政党などといったいわゆる組織の営みといったものに広がってきている。

B. 経営学の歴史

　(1) 組織の営みには、3つの局面がある。すなわち、状況を知り決定をし、それを実行に移す。要するに、認識、意思決定、そして行為の3つである。組織の経営は、もとよりそのどれをも欠いてはならないのだが、時代によってそれぞれのウェートが変わるようだ。それに応じて、経営学もまた変わる。とはいえ、学問それ自体の発展論理というものがあり、他方学問が実践での変化を予知するといったこともあってか、学問の先端的部分では、理論の方が実践の変化を先取りし、実践を先導することがある。
　それはともかく、各時代にどの局面が重要とみなされていたかを振り返ることによって、経営学の流れをとらえてみよう。
　(2) 経営学はすぐれて20世紀の学問である。その経営学が20世紀初頭、最初に重要なテーマとして取り組んだのが、組織における行為の

局面であった。換言すれば，現場の作業能率を上げる管理手法の研究，普及が，経営学の最初のメインテーマであった。

そうした経営学を最もよく表しているのが，1903年アメリカの機械技師テイラー（F.W.Taylor）によって著わされた『工場管理論(Shop Management)』である。彼は作業現場の能率向上および管理のために初めて工学的手法を採り入れた。そのため，彼の提唱する管理方式は"科学的管理法"と呼ばれるようになり，彼もいつとはなく"経営学の父"といわれるようになった。

19世紀末葉，テイラーの働く工場のみならずアメリカの工場には，おおよそ管理（management）というものはなかった。あるとすれば，それは，せいぜい現場作業者の能率を促すために賃金システムをあれこれ工夫することぐらいだった。

そこで，テイラーは管理というものを確立すべきだとし，管理とは「労働者には高い賃金を経営者には低い労務費」を同時にかなえるシステムと定め，その実現に努めた。そして，この一見矛盾する問題の鍵を，彼は"一流作業者と平均的作業者の作業量の大きな差"に見出した。すなわち，全ての作業者が一流作業者なみに2～4倍の作業をし，30～100％の割増賃金を得れば，"高い賃金と低い労務費"が可能だ，というわけである。

彼は，各作業にはそれぞれ唯一最善の方法（one best way）というものがあるハズ（で作業者がそれに合わせるべき）だと考え，それを探り，作業者に教え，遵守させるためのセンターとして，工場に新たに計画部を設けた。計画部の任務は，工場のすべての作業をストップ・ウォッチや映写機を用いた時間研究や動作研究によって細かく分析して最善の作業方法を規定し，それをマスターした一流作業者のみが達成しうる標準課業量を各作業について設定し，作業者がそのノルマを

遂行できるよう物理的・生理的諸条件を整えることである。

　このことからわかるように、"科学的"管理法といっても、そのキーポイントである標準課業量はやたら厳しいだけで何ら客観的でも科学的でもないのである。それは、何よりも、それまで作業者の頭の中にあった作業方法や速度についての伝習的な知識を経営の側に取り戻すものであった。

　テイラーの考え方は、今日にいたってもなお盛んに用いられているベルト・コンベヤー方式に具現化されており、またIE（経営工学）やQC（品質管理）といった分野においていっそう精緻化・体系化されている。

　なお、メイヨー（E.Mayo）による有名なホーソン工場での実験（1927〜32）を契機に1930年代に現れた人間関係論（human relations）も、結局は現場の作業能率の向上をテーマとしているので、行為の局面にウェートを置いた経営学の中に含められる。こうした経営学やマネジメントがアメリカで主流だったのは、おおむね20世紀初頭から1950年までといってよいだろう。

　(3)　第二次世界大戦後、時代も大きく変わると、経営学も大きく変わった。今度は、組織の**意思決定**の局面がクローズアップされるようになったのである。経営学の対象が、一時代前のブルーカラーからホワイトカラーへあるいはロワー層からミドル層へ移ったといってもよい。

　この時代の経営学を最もよく象徴するのが、1945年アメリカの経営学者サイモン（H.A.Simon）によって著わされた『経営行動（Administrative Behavior）』である。この本のサブタイトルは「経営組織における意思決定過程の研究」で、まさにこの時代の経営学の特徴をズバリと言い当てている。

近代組織論の展開の端緒は，組織とは「一定の目的を達成するために意識的に統括された複数の人間の活動ないし諸力の体系である」，としたバーナード（C.I.Barnard）の『経営者の役割（The Function of the Executive)』（1938）での規定にあるといわれている。サイモンは，この規定の"人間の活動"のうちとくに意思決定に着目して，近代組織論を発展させた。

　ちなみに，当時の組織についての研究といえば，ウェーバー（M. Weber）に端を発している官僚制組織（bureaucracy）の研究がもっぱらであった。そこでは，官僚制組織は，規則によるコントロール，階層的な秩序そして専門化の原則が律する，基本的には合理的な組織である，ととらえられていた。

　それはさておき，サイモンによれば，意思決定とはいかなる行為をすべきかを決めることで，それに密接にかかわるいわば意思決定前提（decision premise）には2種類ある。一つは，意思決定者の価値観や欲求や目標で，これを価値前提という。いま一つは，その価値や目標を実現すべき手段に関する意思決定者の知識で，これを事実前提という。そして，個々人の意思決定は各人の価値前提と事実前提とから導かれる。

　ところで，人びとの意思決定前提は各人各様なのだから，個々人の意思決定も千差万別なハズである。なのになぜ，組織のメンバーは調和のとれた意思決定をし，組織として"統括"された行動が可能になるのか？

　サイモンはこの問題の鍵を"組織の影響力"に見出した。すなわち，組織には，主として①権限の体系，②組織への忠誠心，③能率の基準，④助言と情報，⑤訓練　といった，組織メンバーの価値前提や事実前提に作用する5種類の影響力がある。そのため，組織メンバー

は，個人本来の意思決定前提から導かれる意思決定が制限され，組織人としての意思決定前提から導かれる意思決定を下すようになり，その結果組織として意識的に〝統括〟された行動ができるのである。要するにサイモンにあっては，管理とは現業員の意思決定の自律権を陰に陽に制限することである。ちなみに，これがサイモンの本来いわんとする〝制限された合理性（bounded rationality）〟の意味であって，いわゆる「個人は〝制限された合理性〟しかなく，組織によってそれが克服される」との俗説は面白味にも欠けているし誤ってもいるのではないか。

　それはともかく，ならばなぜ人は意思決定の自律権が制限される組織メンバーになるのか？〝ギブ　アンド　テーク〟，それがサイモンの答である。つまり，人は，組織が提供する給与，福利厚生，帰属感それに誇りといった誘引の大きさと組織に提供する8時間の労働や知識・知恵といった貢献の大きさとを比べ，前者の誘引効用が後者の貢献効用よりも大きいと決定すれば，組織に参加し，組織メンバーになる。このようにして関係者の参加が全て得られるとき，組織は存続することができるのである。換言すれば，組織の影響力を甘んじて受ける貢献効用より大きな誘引効用を組織が関係者に与え続けられれば，彼らは組織に参加しそのため組織は存続する。これを組織の均衡理論あるいは誘引・貢献の理論という。この理論と先の組織の影響力理論との2本柱でサイモンの組織論は構成されている。

　ところで，一般に意思決定は次の5つのステップを経て行われてるとされている。①目標や問題の明確化，②あれかこれかの代替案（alternative）の設計，③各代替案の結果（out-come）の予測，④各結果の（目標や問題に照らした）利得（pay-off）の評価，⑤一つの代替案の選択。これらの各ステップが十分なデータや知識を用いて字義

どおりに進めば，選択される代替案はきわめて理に合ったものである。したがって，意思決定をこのようなものとみなすのを合理モデル (rational model) という。

これに対して，意思決定を雑多な決定因が流入したり流出するたんなる機会とか場とみなすゴミ箱モデル（garbage can model）が最近注目されている。両モデルを対比していえば，つぎのようになろう。①合理モデルは，意思決定者が理解する状況において，意思決定の構造が明瞭で，予測も評価も可能なときにフィットする，いわば〝跳ぶ前に見よ！″の行動規範のためのもの。②ゴミ箱モデルは，意思決定者が理解する状況において，意思決定の構造があいまいで，予測も評価も不可能なときにフィットする，いわば〝見る前に跳べ！″の行動規範のためのもの。わかりやすくいえば，データをあれこれ検討して馬券を買う人には合理モデルが，他方カンとひらめきで買う人の意思決定にはゴミ箱モデルが適している。

ともかく，この時代は何よりも意思決定ということで，ハーバード・ビジネス・スクールの実例研究を駆使した管理者教育が注目を集める一方，OR（オペレーションズ・リサーチ），MS（経営科学）などの拡充・発展を通した意思決定技法の精緻化・体系化が行われた。

しかし，栄枯盛衰は世の習いで，経営計画，企業戦略といったいわば意思決定に彩られた時代も，やがて陰りを見せはじめる。そのことを理論面で象徴しているのが，1972年にマーチ（J.G.March）らによって提唱されたゴミ箱モデルである。というのは，ゴミ箱モデルは，意思決定論を自ら否定する意思決定モデルだからである。あるいは，KISSという言葉を御存知だろうか。これは，あまりにも精緻で分析的な意思決定志向的な経営企画専門家の在り方を批判するキャッチフ

レーズ「Keep It Simple and Stupid」のイニシャルで，1982年のものである。とはいえ，今日もなお経営学やマネジメントは意思決定を軸に主として展開されている。それゆえ，こうした経営学をモダン経営学と呼ぶ。このモダン経営学がアメリカで主流である期間は，大よそ1950年から2000年までといってよいだろう。

(4) 時代が常にかつ激しく変化し，世界を知り，状況を理解することが組織の経営の鍵となった今日では，組織の認識という面が経営学やマネジメントにおいて重要視されるようになってきた。それを反映してか，最近，経営学や組織論で組織の学習とか組織の知能といった問題への関心が次第に高まっている。来るべきポスト・デシジョンというかポストモダンの経営学やマネジメントが組織の認識を中心としたものとなり，その対象もミドル層からトップ層に移行するだろうと予言するゆえんである。

1979年アメリカの社会心理学者ワイク（K.E.Weick）の著わした『組織化の社会心理学（Social Psychology of Organizing），第2版』は，こうした経営学の流れを予感させ，導いたきわめてエッポク・メーキングな本である。

各人各様に解釈できる世界で，組織の人びとはなぜ協力できるのか？ 自ら発したこの問への答がこれである。「組織は，自らが順応しなければならない"事実"とみなす現実を創造する」。何と新鮮で魅惑的な響きのするアイディアだろうか。

このアイディアを，ワイクは，情報の多義性，組織化の進化論モデルそしてイナクトされた環境といった概念を駆使して見事に理論化した。彼の組織論は，組織の認識論そのものである。彼の理論は，意思決定を中心としたモダン経営学の終焉を告げ，認識を中心としたポストモダン経営学の誕生を知らせる秋の鐘なのだ。[1] だから，

10　プロローグ

今，経営学はおもしろい！

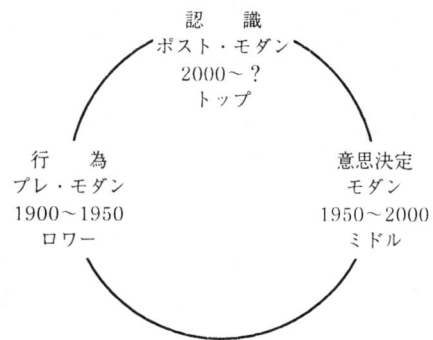

図1　組織の3つの側面と経営学の流れ

注 1)　この歴史観については，本書所収の「けったいな！―――カール・ワイクの世界 (2)―――」を参照されたい。

2 おもろい理論づくりのために

はじめに

　ワイクもすなる"理論づくり考"といふものを,「われも大和ことばでしてみむ。」とてするなり。

　質の良い理論はいかにしたら生まれるのであろうか。とくに,社会科学という分野で。ワイクは,最近の論文[1]で,この大きな問題に取り組んだ。

　それは,理論づくりを生物の進化過程になぞらえるものである。すなわち,すぐれた理論づくりは,優秀な生物種と同様に,その過程での変異や淘汰が多様で厳しいとき,かなえられやすい。そして,その「進化」の過程をとり仕切るのは,自然力ではなく理論家の想像力であって,大事なことは,それが"正しいか間違っているか"ではなくて"おもしろいかどうか"である。

　ところで,私事で恐縮なのだが,13年前に上梓した『あいまいだからおもしろい』の中で,「すでに見えているものを更めて細部において確認する」いわゆる「退屈な学問」に対して「歓ばしき学問」という言葉を,科学史家の村上陽一郎氏の著書[2]から引用した。本論の考察を通して,この「歓ばしき学問」の具えるべき要件やそれを生み出す秘密の一端が,あるいは明らかにされるかもしれない。

　ここで示される良い理論づくりのコツは,そうでない理論づくりと対比することによっていっそう明らかになろう。そこで,国政選挙で

の日本人の投票行動についての理論づくりという具体例を用いて，この2つの理論づくりを比較対照してみる。

注 1) Weick, K. E., "Theory Construction as Disciplined Imagination," *Academy of Management Review*, Vol. 14, No. 4, 1989, pp. 516-531.
 2) 村上陽一郎「自己の解体と変革」『叢書 文化の現在 11 歓ばしき学問』岩波書店，1980年，161～204ページ。

A．進化としての理論づくり

a．理論と想像

理論という言葉は，通常，かなり広範囲な個別的例全体に妥当すると考えられる一般的な行動ないし構造についての主張の体系，ということを意味している。理論家は，その多くが明晰を好み潔癖を旨としているからか，このうちの"妥当する"というあいまいな言葉の意味を，"正しい""間違いのない"あるいは"立証できる"という意味に限定してとらえる。そして，多くの理論家が，主張を間違いなきものとするために，厳密な方法論にこだわるようになる。

その結果，技巧をこらした統計調査とか論理の緻密な展開といったいわば機械的な営みが理論づくりにおいて重要視され，その分，連想，ひらめき，奇想，掘り出し上手（セレンディプティ）といった人間の想像力・個性的な営みが軽視される。こうした想像力に枷をはめられたいわば片肺の理論づくりのもたらすものが，すでに見えているものを更めて細部において確認する，いわゆる「退屈な学問」であろう。

方法論のこうした問題点については，多くの人が指摘しているところである：「方法論とは，その本質において予防的性格をもったもので，それは研究者が誤りを犯すことについて警告はしてくれても，新しい着想を得る手助けまではしてくれないものである」[1]。それに対

して，ワイクは，理論づくりにおける想像の役割を強調する。そして，理論家は想像力を豊かにし，それを鍛え上げよ，という。

　理論は，理論家の想像の産物である。理論家は，問題を前にして，さまざまな考えをあれこれめぐらし，それらを頭の中のふるいにかける。ある考えは捨てられるが，あるものは残される。理論とは，そのようにして選択された考えの体系である。これはまさしく，変異，淘汰そして保持という3局面をもつ進化の過程である。ただし，生物の進化過程を律するのは主として自然であるのに対して，理論づくりという進化過程をとり仕切るのは理論家自身であり彼（あるいは彼女）の想像力である。

　すぐれた生物種は，多種多様で頻繁な変異と複雑で厳しい淘汰を経て生成されることが多いらしい。だとすると，すぐれた理論の生まれる可能性は，異質な考えをなるべく多く思い付き，それらに多様な選択基準を厳格に適用することによって，高められるのではないか。生温いのではなく鍛え上げられた想像力のもつ厳しさが，質の良い理論を生むのではないか。ワイクは述べている：「形成される理論の質は，理論づくりの引き金となる問題提示の的確さと詳細さ，問題を解こうとする推測の数と相互の独立性，推測を検定するために用いられる淘汰基準の数と多様性に依存すると思われる」[2]。

　理論づくり，とくに社会科学におけるそれに関して，いまひとつ留意すべき点がある。理論における概念や表象にはそれに対応する現実や対象というものがある。しかし，社会科学のように，人間が大いにかかわる領域の理論では，この概念と現実，表象と対象との対応・結びつきが緊密でも客観的でもないことが少なくない。理論化しようとする対象の関係や構造が，それについて概念化された関係や構造によって影響を受けたり想造（イナクト）されたりするのである（理論家がそれを意

図するか否かにかかわらず)。

　社会科学では，対象の中に前もって存在する固有の真実というものが前提できない[3]。したがって，社会科学での理論は，真実探しのための正しさは必要ないのである。代って，柔であいまいな対象に，"おもしろい"・"心魅かれる"意味を付与すること，これが社会科学理論の任務となるのである。いってみれば，発見というより発明である。「社会科学の貢献は，正しい知識にあるのではなく，むしろ，それまで気づかれなかった諸関係や諸連関，それによってこれまでの行為や見方を変えるような諸関係を気づかせることにある」[4]。これは，村上陽一郎氏いうところの「これまで見えなかったものを見ようとする」[5]歓ばしき学問の営みとまさしく符合する。

　結局，社会科学における理論づくりという進化過程では，"正しい"というよりも"おもしろい"という淘汰基準が重視されるべきである。

b．鍛え上げられた想像

　理論化とは，不可解なあるいはあいまいな事柄に納得しうる明確な説明や筋をつけること，といえる。理論家は，解せない事柄を自分なりに記述し，そのようにして描写された謎を解くべくあれこれ推理をめぐらし，自ら合点のゆく筋立てを取捨選択する。

　こうした過程はすべて理論家の頭の中で行われる。理論づくりの引き金となる問題・謎は，現実の問題そのものではなく，理論家の頭でとらえられたいわば代理としての問題である。また，推理やその取捨選択も理論家の頭の中で行われる（ただし，問題の現実的解決が求められる家践家にとっては，淘汰は頭の中でのものではなく生の現実のものである）。

このように，理論づくりにおいては，理論家が全能の王である。現実は，ここでは家来だ。この王国の命運を左右するのは，王様の想像力である。したがって，鍛え上げられた想像力，これが理論家に求められるのである。

(一) 問題提示

理論づくりは，まず，理論家による現実での何らかの疑いから始まる。それは，異常や謎の感知，失われた環の気づきあるいはあいまいさの感覚かもしれない。

しかし，理論家が問題にするのは，現実の問いかけそのものではない。彼（あるいは彼女）は，生の現実ではなくそれに代る，たとえば統計調査や報告書あるいは何がしかの観察結果といったものを基に問題を構成するのである。このように理論家によって構成・記述された問題，問題そのものではない代理の問題が，理論づくりの本(もと)，素材となるのである。

したがって，素材としての問題提示が豊かなものであれば，すなわち的確で精密であれば，それからつくられる理論も良質なものとなる可能性が高くなる。

問題提示といってもあだやおろそかにしてはならない。想像力のすぐれた理論家によって提示された問題は，単に解明されるべき謎ばかりでなく，失われた環の暗示とかまだ問われない問題への答をすでに含んでいるものである。

問題提示はこのように豊かな内容をもつものなので，それは，理論家のこれまでの人生を何らかの程度映し出していよう。そうであればこそ，単なる「正しいか否か」といった基準が貧弱なものにも見えてくるのである。

㈡ 推　測

　次に，理論家は，自らが把握し・描いた謎を解くための推理を，さまざまにめぐらす。その推理の数も多様性も，理論家の想像力に左右される。

　一般に，発想され試される推理が多数で多様なときの方が，少数で類似の推理が試されるときよりも，より良い理論が生まれやすい。これは，生物種の実際の進化をみてみれば容易にうなずける。

　ここで問題は，なるべく異質な推測を次々と生み出すことである。人間の習慣，惰性は根強い。つまり，慣性が大きい。理論家の思索においても同様で，よほどの意識的努力や工夫をしないと，相互に独立的で異質な推測は生まれないものである。

　幅広い知識をもちそのいずれにもこだわらない人の発想は豊かであろう。類推とか隠喩は思考において意外に役立つが，この種の人はそうした発想の種に富んでいると思われるからである。専門家は，この点からするといささか問題である。

　また，ある推測の次に発想される推測が，なるべく異質であるための思考上の工夫がいくつかある。そのひとつは，因果の矢印を逆転してみることである。たとえば，「きれいだからもてる」を「もてるからきれいになる」というように。さらに，ある推測とまったく反対の推測を対立させ，それを弁証法的に発展させてみるのも手である。また，思考の型を破るため，ときどきそれを中断させ，忘れることも必要であろう。そのためには，出会いの偶然性を重んずるゴミ箱的発想や，「今日できることも，明日に延ばせ」という諺（？）が有効かもしれない。あるいはまた，酒も。

　しかし，多様で多数の発想を得るためよく利用される方法は，異なる専門家からなる協同作業であろう。

㈢　淘汰基準

　種々雑多な推測を淘汰する基準が多数でそれぞれ異質であればあるほど，選択され保持された推測がより良い理論を形成する可能性が高くなる。これも，生物種の実際の進化から容易に類推される。

　しかし，理論づくりの過程での淘汰に関して，いまひとつ注意しなければならない点がある。それは，多様な淘汰基準の束を常に一貫性をもって適用することである（これまで何度か「厳しい」という言葉が出てきたが，それはこの首尾一貫性を意味している）。社会科学のような"柔"な分野では，この推測にはこの淘汰基準，あの推測にはあの基準というように勝手に基準をとりかえて適用してゆくと，けっこうどの推測も合格してしまう。そんな甘やかされた推測からは，上等な理論は期待できない。

　さて，その淘汰基準であるが「その推測が正しいかどうか」あるいは「間違いないと検証できる」といった基準は，少なくとも社会科学の理論づくりにおいてはあまり意義はないだろう。その理由はいくつかある。

　「正しさ」を追求してきた理論が，そこではあまり有り難がられないのである。そうした理論のいうところと素人のいうところとがあまり差がなく，せいぜい素人の物言いの「正しさ」を理論の権威をもって少しばかり高めるにすぎない，というのが今日の社会科学理論の現状である。

　また，動態的な社会現象についてのある推測が事柄の進行中のある時点で選択されるかどうかは，実際上，「その推測はおもしろいからとっておこう」といった判断で，「それが正しい」との判断ではないであろう。その推測が正しいかどうかが検証されるのは，基本的には，その時点より後のことであるのだから。

さらに，前にも述べたが，社会科学の分野では，現実と概念との結びつきがいい加減である。そこでは，概念が現実を想造(イナクト)したりするのである。だとすると，現実の様態がある推測通りであると認められたとしても，その推測の正しさが検証されたことになるのであろうか。健常者を胃潰瘍と診断した結果，彼が本物の胃潰瘍になったとき（これは決して無い話ではないらしい），その診断は正しいといえるだろうか。正しいといえたとしても，それにどれほどの意味があろうか。

　このように，推測の淘汰において，現実との突き合わせがあまり意味がないとすれば，それは頭の中でということになる。そこでの試験者(テスター)は，現実ではなく理論家の持論，思考の枠組，仮説である。そういった仮説は，いわば彼（あるいは彼女）のこれまでの経験を蒸留したものである。

　仮説が，個々の推測を検定するために適用される。理論家は，その結果によって，次のような反応をなすであろう。

　㈠　理論家の堅固な仮説部分に推測が抵触した場合，「これはバカげている，何かの間違いだ」。

　㈡　ほどほどに強固な仮説部分に推測が反した場合，「こいつは興味深い，おもしろい」。

　㈢　堅固な仮説部分に推測が符合した場合，「これはあたり前だ」。

　㈣　どんな仮説部分も推測の検定に動員されなかった場合，「こいつは見当違い，無関係だ」。

　理論家は，このうち「これはおもしろい」との反応をもたらした推測を選択，保持する。これは，奇異でも何でもなく，まともな実験室ならばどこでも行われていることである。すなわち，おもしろい実験結果は保存されるが，バカげた結果とか無関係なあるいは当り前の結果は捨てられる。

「おもしろさが淘汰基準だ」というと，判断が気まぐれに流れないかと危惧されるかもしれない。しかし，その判断の基になるのは過去の経験の蒸留としての仮説という比較的安定したものなので，さほど気遣う必要はないだろう。

そこで，推測の淘汰に関して，「これはおもしろい」という基準を中心に，他の有効と思われる基準について若干述べてみよう。

㈠　「これはおもしろい」

おもしろい理論というと，とかく，それが人間精神の低級な部分に訴えるもので，皮相的・際物(きわもの)的でみてくればかりではないかと受けとめられやすい。

しかし，理論家にとって，「これはおもしろい」という感情は意義あるものなのである。前にも述べたが，それは，「これまでの自分の理解に何か不都合があるのでは？」というほどよい懐疑にともなう前向きの感情である。さらなる気づきへの胸騒ぎ，といってもよい。そして，「これまでの仮説のどの部分がどうマズイのか？」「それをどう直せばよいのか？」というように，それまでの理解が見直され，改変されてゆくのである。

しかし，事がそう運ぶのは，理論家の場合だけである。そうでない人にとっては，理解の否定は困ったことなのである。持論が当てにならなくなって，今後の問題解決の指針が怪しくなってしまったのだから。代りの思考の枠組が直ぐに見つかればよいが，見つからないと，事の成就がそれだけ中断される。

その点，専門家は，思考の回路の多様性にとぼしくしかもそのわずかなものに偏っているので，こうした中断に会いやすいばかりでなく，代りの思考回路も見つけにくいこともあって，中断が長びきがちである。

ともかく，理論家にとっては，仮説への疑いは，何か新しいことを学んだり，意外なものを発見したり，見慣れたものの中に新しい魅力を探り当てたりする貴重な機会なのである。したがって，「理論家は自分の仮説が否定されるのを喜ぶべきである。なぜならば，それは，おもしろい理論をつくるという彼（あるいは彼女）の意図の実現を促進するものであるから。一方，理論家でない人は，仮説が否定されるのを好まない。なぜならば，それは，彼（あるいは彼女）の意図の実現を遅らせてしまうから」[6]。理論家は，その精神において，被虐趣味なのかもしれない。

　㈡　「それは明らかだ」

　先に，この反応をもたらす推測は一般に捨てられる，と述べた。しかし，社会科学のすべての分野とはいわないが，その前提にあたる部分の事柄があまりにも平易で明らかという理由だけで，不問に付されていることがある。本当は，よく調べてみないとわからないかもしれないのに。

　したがって，そうした反応をもたらす推測は，そのほとんどが全くツマラないものであろうが，時にはその分野の根底に触れるような理論を導くかもしれない。

　また，ある人には自明なことでも他の人にとってはそうでないことがよくある。したがって，「これは明らかだ」という反応をもたらす推測は，それを自明とする人々や文化や時代とそうでない人々，文化，時代との違いや境界を明らかにする理論づくりを示唆するかもしれない。そうした意味でも，この淘汰基準はおろそかにできない。

　㈢　「繋がるんだ」

　これまで無関係と思われていた事柄が，見方を変えることによって，それらの間の関係が急に見えてくることがある。「繋がってるん

だ」という反応は、こうしたとき生ずる。言い換えるとこうなる。理論家の仮説によれば、当の事柄の間には関係がない。ところが、いま発想したある推測からすると、どうもそれらの間には関係があるらしい。したがって、彼（あるいは彼女）は、自らの仮説に疑問を抱き、「これはおもしろい」となる。

　結局、「繋がるんだ」と「これはおもしろい」という感情は、その根は同じである。したがって、「繋がるんだ」という反応をもたらす推測は、選択・保持されるべきである。

　㈣　「これは美しい」

　美的基準がよい推測を選択するのに有効だ。これは、数学ではよくいわれている。

　しかし、それは何も数学だけにあてはまるものではないだろう。それが社会科学にあてはまらないという格別の理由も見当らないことでもあるし。

　それはともかく、数学にかぎらず理論というものは、どうせなら、優美でありたい。これが単なる願望としても、美しさは人に訴える力がある。したがって、美しい理論は現実を想造（イナクト）する点で、そうでない理論にくらべ有利なようである。

　これらのことから、「これは美しい」との反応をもたらす推測も、選択・保持された方がよいのではないか。

c. 劇的行為

　理論家は、疑似進化過程を頭の中で実行する。それを見事にやり遂げるのは、なかなかむずかしい。というのは、理論家にも、思考の慣性や安逸を求める性向が根強いからである。

　思考の慣性は、相互に独立した推測を生み出すのに障害となろう。

また、自らの過去の蒸留された経験としての仮説が否定されて、「おもしろい」と感ずるには、安逸の誘惑を克服しなければならない。その他さまざまな障害・葛藤が理論づくりの過程にあるだろう。

このように見ると、理論づくりは劇的な行為でもある[7]。してみると、その過程での葛藤が劇しければ劇しいほど劇的行為としての理論づくりも見事なものになるのではないか。

注 1) 遠田雄志「書評　S. アンドレスキー著　矢沢修次郎・熊谷苑子訳『社会科学の神話』」法政大学経営学会『経営志林』第20巻第1号（1983年4月）、61ページ。
　　2) Weick, K. E., "Theory Construction as Disciplined Imagination," *Academy of Monagement Review,* Vol. 14 No. 4, 1989, p. 516.
　　3) これは、環境を分析不可能とみなすことと同じである。くわしくは、遠田雄志『あいまい経営学』日刊工業新聞社、1990年、55～57ページ参照。
　　4) Weick, K. E., *op. cit.*, p.524.
　　5) 村上陽一郎「自己の解体と変革」『叢書　文化の現在　11　歓ばしき学問』岩波書店、1980年、190ページ。
　　6) Weick, K. E., *op. cit.*, p. 526.
　　7) ここで劇的行為とは、葛藤から統合にいたる過程を含む行為を指す。くわしくは、遠田雄志『あいまいだからおもしろい』有斐閣、1985年、198ページ参照。

B. 理論づくり2態

やや旧聞に属するが、1990年2月行われたわが国の総選挙は、内外の関心を大きく集めた。その内容はさまざまだが、そのもっとも印象的なものに、英国の新聞社説の「日本の選挙戦は知的空白」（『朝日新聞』1990年2月21日朝刊）というのがあった。これは極端だとしても、外国の見方は概して同じ傾向で、日本の選挙に失望を表すものが多かった。

「日本人の投票行動は果たして愚かしいのか？」　この問いかけは、異常性を含み、謎としても歯ごたえがあり、あいまいさの点でも十分

である。要するに、理論家にとって魅力的な問題である。

そこで、2人の理論家に登場してもらおう。この2人は架空の人物である。というのは、この節の主旨は、いい理論づくりとそうでない理論づくりを対比させることなので、もし実在の人物にするといろいろ差し障りがあるからである。ただし、いい理論づくりとそうでない理論づくりといっても、それはあくまでもこれまでの論述を基点としたものにすぎない。

さて、ここに御登場願う理論家は、ひとりは政治学の大家の源氏でいまひとりは意思決定論の若手研究者平氏である。当然、この2人は、合理的考えの持ち主で、論理的思考の訓練も人一倍受けている。

問題提示

平氏の問題提示

一 個々の投票には、多種多様な因子が複雑にかかわっているだろう。

二 投票とは、矛盾に満ちた選択である。たとえば、甲政党とその政策アを支持するが、それに属するあ候補が嫌いだったり当選の可能性がないため、乙党のい候補に投票するというように。

三 矛盾した選択をしなければならないせいもあってか、選挙にあまり身が入らない（少

源氏の問題提示

一 「投票行動とは、選挙で有権者が1票を投じることにより、候補者、政党、政策に対する自分の選好を表明する行動である」。そうした投票行動の決定因を明らかにしたい。

二 選挙は国民にとって国政参加の貴重な機会だから、投票にあたっては、多種多様な決定因の中からとくに政治的因子がしかも真剣に考慮されているだろう。

三 さらに、政治学者として、

なくとも，クルマ選びほど真剣ではない）。

要するに，選挙民が真剣で，矛盾のない選択をし，国際情勢や国内政治・経済政策といった重要な因子のみを考慮して1票を投ずれば，賢明な投票というのかな？

「選挙を政治学的に理解するには，選挙をめぐる政治過程を直接反映する変数を取り上げざるを得ない」。このことからも，投票行動の決定因としてきわめて政治的な因子を考えている。

要するに，政治的因子が大きな比重を占める投票行動を理解することによって，日本人の政治意識・行動が明らかにされ，同時に日本の選挙の特異性が浮き彫りされるのではないか？

［ちょっと一言］　御2人の背景がそれぞれの問題提示によく反映している。意思決定の研究者平氏は，日本人の投票行動というより，意思決定のひとつとしての投票行動一般に興味があるようだ。そして，投票行動という意思決定の特徴とか問題点を明らかにする中で，巷間いわれている日本人の1票が，とくに愚かなものかどうかを知ろうとしている。

それに対して，源氏は日本人の投票行動に興味があるようだ。そして，政治学者らしく，その特徴を探ることによって，日本人の政治意識，政治行動を明らかにしようとしている。そうした作業を通して，日本人の1票が民主主義，合理性の点からどのようにいえるのかを考える。

このような関心の違いはともかく，問題提示の仕方にも際立った差

異がある。投票行動の決定因として，源氏は意識的に政治的因子に絞っているけれども，平氏はそうした限定を何もしていない。

　政治学上の知見を得るには，源氏の問題提示が効果的だろうが，それ以外の領域への展開は期待しにくい。また，思考が同義反復になる危険性がある。反対に，平氏の問題提示は細かでかつ多くの分野への展開が期待できるが，多岐亡羊のたとえのように投票行動はおろか何についての理解も得られない危険がある。

推　　測

平氏の推測

推測一　1票は，各人の願いとか意図を実現するために投じられているもので，慎重に計算された選択の結果である。ただ，その意図が，現在占めている日本の国際的地位にくらべあまりにも狭くて短期的なので，外国から批判されるのではないか。

推測二　選ぶというより選ばされる，というのが選挙である。そもそも，選ぶに足る人物が各選挙区に出ているわけではない。したがって，選挙民として彼は，そうした候補者の売り込み（＝選挙運動）の巧さ

源氏の推測

「投票行動の決定因としてとりあげる要因の選定は，…内外の多くの投票行動研究者の研究の集積に負」っていて，「それらは大きくまとめると候補者志向，政党志向，政策争点志向である」。

したがって，

推測一　「日本の選挙では候補者志向が投票決定因として最も重要であるといわれてきた」。こうした「『候補者個人』重視の投票行動は，（同一政党から複数の立候補者が出る中選挙区制という制度的要因の他に），政党の地方組織が弱く，

によって"選ばされる"だけである。

推測三　政治は政(まつりごと)で，選挙はその祭り事の最大の行事である。祭りには競演会がつきものであって，選挙は人気投票大会である。そうしたものに，愚かしいと目クジラたてるのはいかがなものか。

推測四　国会議員は地域代表で，地元高校が甲子園で優勝して欲しいように，地元議員が大臣・首相になって欲しい。したがって，（当選回数が多いとか党の要職にいるといった）今後の出世が見込まれ，後押しのしがいのある人に1票が投じられやすい。

選挙運動は候補者の個人的集票組織に頼らざるをえないという状況に対応する」。また，「地元利益獲得の手腕を地元出身の議員に期待」することも，選挙が候補者重視の色彩を強める結果となっている。

推測二　「政党支持は，投票行動に対する規定力としてかなり強い」。しかし，「日本の政党支持は弱く，不安定である」。

推測三　投票は，政策についての判断に基づいて行われる。合理的行動とは，意図を効率的に実現するための行動であるから，この「政策投票」がもっとも直接的で合理的な投票行動である。とすれば，こうした投票行動が実現しにくい条件が日本にはいろいろあるので，日本の選挙が不合理でとかく外国から奇異の目で見られるのだろうか。

［ちょっと一言］　平氏の推測は多様性に富んでいる。思考の矢印を逆転させてみるという工夫によって，推測一とは同質でない推測二が生

み出された。また，推測三は，地口遊びをとり入れた大胆な展開の推測である。推測四は，「代議士選出とかけて高校野球と解く。その心は，活躍してこいと中央へ送り出す」といった，ほとんど大喜利のノリである。こうした豊かな発想は，平氏の雑学にもよろうが，あまり拘束的でない問題提示にもよるのかもしれない。

これに対して，源氏の問題提示は拘束的である。推測はいずれも政治的因子がらみで，相互の異質性はない。専門家がよく陥る落し穴といえるかもしれない。また，危惧したとおり，問題提示と推測が同義反復である。候補者，政党，政策に対する選好を表す投票行動の決定因として，候補者，政党，政策が考えられている。すなわち，ここでは，被説明変数が説明変数になっているのである。

淘　　汰

平氏の淘汰

合理的考え方の持ち主である平氏にとって，合理的投票行動としての推測一は，「明らか」で「美しい」という淘汰基準は満たしているが，自らの理解へのほどよい懐疑にかかわる「おもしろい」とか「繋がるんだ」という肝心の基準は満たしていない。

「選ぶというより選ばされる」との推測二は，これまで抱いていた合理的な賢い有権者の像に

源氏の淘汰

合理的すなわち賢い有権者というのは源氏の仮説の大部分である。もちろん，合理的投票行動を妨げるさまざまな制約があることも十分承知している。

さて，推測三は，その仮説にもっとも符合している。したがって，この推測は「自明である」。

それほど直接的ではないが，推測一，二も，源氏にとって「明らか」である。というのは，

少々反し,「おもしろい」。また,選挙運動＝売り込み,と考えると選挙戦が商品市場の観点から見られる。とすると,たとえば棄権は必ずしも非難されるべきでない。なぜならば,大して買いたくもない商品を無理して買わないからといって,誰も咎められないであろう。というように,次々と発想を拡げさせる推測二は,「繋がるんだ」の基準も満たしている。この推測は「明らか」でもあり,これまでのもっぱら,〝有権者→候補者〟という一方向の思考を〝有権者⇄候補者〟の双方向すなわち対称型にするという点で,理論に「美しさ」をもたらすかもしれない。

　国政にかかわる重要な選挙がお祭りとは,何たる不埒。だから,推測三は「おもしろい」。最近,訳のわからない芸能人が訳知り顔で選挙に出張っているが,これなども鎮守様のお祭りを盛り上げるおかめ・ひょっと

2つの推測とも,賢い有権者として熟慮の上〝選択〟するとしているからである。

　いずれにせよ,3つの推測には,これまでの自分の理解を否定し,さらなる気づきの胸騒ぎをおこす「おもしろさ」はない。

　それらはまた,「繋がるんだ」といわせるような,すなわち新しい切り口を提供するほどの(源氏にとって)新鮮な推測でもない。

　このように考えると,推測一,二,三は,残念ながら(これまでの論述でいうところの)重要な淘汰基準を満たしていない。といって,そうした推測を棄却して,理論づくりを断念するのも惜しい。

　そこで,またぞろ「正しさ」の基準をもち出して,あらためて3つの推測に適用する。これならば,3つとも合格である。というのは,いずれの推測も,これまで源氏が「参加してきた

この類か。また、芸能―人気―人気投票、と考えると、選挙速報の例のチャカチャカ数字も何やら〝今週の十大話題〟を連想させる。というように、推測三は、「繋がるんだ」基準も満足している。

地元選出議員が出世すれば、それだけ地元に利益が還元されやすい。したがって、推測四は賢い有権者像に合致するといえる。しかし、この推測の有権者はそれより少々気位が高い。選ぶというより選んでやる、という風なのである。この姿勢の微妙な転換は意表をついていて、「おもしろい」。いってみれば、選挙民は旦那衆なのだ。してみると、芸者が旦那に媚を売るように、議員も選挙の時ぐらい、(できるだけおいしそうな公約を振りまいて)選挙民の御機嫌を取るのは当然なのである。というように、推測四は、「繋がるんだ」基準も満足している。

以上より、推測二、三、四が共同研究の成果に依拠しているからであるが、もちろん、それだけではなく、内外の多くの投票行動研究者の研究の集積に負」ってもいるから。

その上、それぞれの推測が「間違っていない」ようにするために、統計資料を広く渉猟し、集めた資料の処理にも細心の注意が払われている。

とはいうものの、「正しさ」基準にこだわる源氏としては、3つの推測が互いに矛盾しうるという点が気になる。でも、それも、3つの決定因の重みづけの違いということで片付けられるから、これで良しとしよう。

重要な淘汰基準を満たし，保持される。

[ちょっと一言] 平氏は，すぐれた理論づくりにあくまでも執着し，それに欠かせない淘汰基準の束をかなり一貫して適用している。

それに対し，源氏は，これまでもそうしてきたように，伝統的な基準で推測を淘汰している。

投票行動論

平氏の場合

選挙という，ともかく何らかの意思を決める機会がある。選挙民は，この際とばかりに，政治，経済，社会，教育の問題から私事にかかわる問題まで選挙に持ち込む。そこに，それらを解決すると称する，候補者，政党，政策といったものがしゃしゃり出てくる。時には，自分の売り込みを利する問題をデッチ上げたりしながら。それにかかわる人々も，党主，政治評論家，芸能人や家族，友人などさまざまである。それに，各有権者は選挙にかかり切りなわけではない。仕事がいつも気になっ

源氏の場合

選挙という，有権者が政治的決定に直接参加できる貴重な機会がある。したがって，多くの有権者は，自分の政治的意図の実現にもっとも有効と思われる1票を多数の決定因を慎重に考慮して投ずる。もちろん，各有権者の政治的意図は千差万別であり，1票1票もさまざまな程度に矛盾を含むものであろう。しかし，彼らの投票行動には，各人の政治的意志による必然的な筋が貫いている。

したがって，そうした投票行動の総体としての選挙結果には，少なくとも全投票者の政治

ていて多忙だし，家庭に何かが起きればそれに注意や関心が割かれてしまう。

　それやこれやが，複雑に交錯しながら選挙や他の決定の場に流入したり流れ出たりしている。とても必然的な秩序(コンセクエンシャル・オーダー)などそこにはない。あるのは，その時々の思惑や出会いによる偶然的な秩序(テンポラル・オーダー)である。

　要するに，投票行動は，選挙という場に出入りする雑多な事柄や思惑の出会いが偶然織りなすつかの間の模様の産物である。

　したがって，そうした投票行動の総体としての選挙結果は，たとえていえば白色雑音みたいなもので，そこから選挙民の政治的意図などは読み取れない。「選挙に表された国民の政治的意向」とか「今回の選挙の意味」とよく言われるが，それらはみな，それ自身では何らの明確な意味を示しえないあいまいな選挙結果に対して，政治家と的意図が集約され，それが何であるかは正しい分析によって読み取られる。

か評論家が都合よく押しつけた意味に過ぎない（あたかも，結果論を回顧的に得々と語る野球解説者のように）。

その意味するもの

平氏の場合

　選挙結果そのものからは，選挙民の政治的意向などは読み取れない。たとえリクルート関連議員のほとんどが当選した今回の総選挙をもってしても，そうであって，ましてや日本人の政治的意向が愚かしいとはいえない。

　それでは，何故リクルート関連議員があれほど選出されたのか。きわめて単純にいえば，彼らは，さまざまな問題を選挙民にぶつけることによって疑惑という問題の影を薄くした。彼らの当選は，このようにして解としての自らの魅力を相対的に高める作戦が当たったからなのである。

　ともかく，選挙民は，必ずし

源氏の場合

　選挙結果が全投票者の政治的意図の集約したものだとすると，ほとんどのリクルート関連議員が当選したり，地元利益の還元を主張する候補者が相変わらず強かった今回の総選挙は，日本の国際的地位や状況を考えると，確かにおかしい。日本人の投票行動は愚かしい，といってもよい。

　その原因は，日本人の政治意識が低いことと選挙制度にある。だから，政治教育を強化したり選挙制度を改善しなくてはならない。

も政治的でない事柄の偶然の組合わせや出会いに左右されて1票を投じている。それが，キチンとした計算に基づく合理的投票行動とかけ離れているという意味では，あるいは愚かしいといえるかもしれない。しかし，それは日本にかぎったことではなく，どこの国の選挙民でも大同小異であろう。

　そんな啖呵を切りたくもなる言説が最近目につく。ジャパン・プロブレムとして最近話題のウォルフレン氏の物言いである。それは，合理的決定行動を絶対の規範として，これに反する行動を愚かしいと断ずるものであるが，そういう意味で愚かしいのは果たしてジャパンだけなのだろうか。

［ちょっと一言］　源氏の投票行動論は，その大枠において，これまでもよく耳にする賢い投票者，理想とすべき合理的投票行動にそうものであって，それから外れた新しい投票行動像を示唆するものではない。したがって，残された問題のひとつは，日本人の実際の投票行動がその理想から，何故，どれだけ乖離しているかを細かく知ることで

ある。いまひとつの問題は，選挙結果そのものに内在するとされる選挙民の政治的意向を正しく読み取ることである。それからすると，日本人の投票行動は愚かしいようだ。

一方，平氏の投票行動論による1票の像は，これまで聞かされたり思い込んでいたのとはかなり異なる。何しろ，1票が，政治的大事についての緻密な計算によるというよりも日常的小事の偶然の出会いの妙によって投じられる，というのである。したがって，その総体としての選挙結果そのものに内在する政治的意味というものはなく，ただ回顧的に押しつけられた政治的意味があるだけだ，という。また，平氏の投票者像からすると，日本人の投票行動が格別愚かであるとはいえない。

ともかく，平氏の投票行動論は，常識を覆すおもしろさがある。またそれによって，これまで見えなかったものが見える興奮を味わうことができる。まさに，「歓ばしき理論」といえよう。

おわりに

- Ｉ．想像こそが理論の鍵
- Ｃ．概念が現実を想造する（イナクト）
- Ｔ．理論のつとめは問題解決でなく意味づけにある

こんな過激なワイクの歌に合わせ，思わず踊ってしまった。

悪ノリだったかもしれない。何しろ，いいさか露出趣味の3人の学者をひとりで演じるということまでしたのだから。

でも，大目に見て欲しい。それもこれも，「一緒に踊ろう，歓ばしき学問のために！」という（若い研究者への）呼びかけだと思って…。

I　ゴミ箱理論

探しものは何ですか
見つけにくいものですか
カバンの中もつくえの中も
探したけれど見つからないのに

探すのを止めたとき
見つかることもよくある話で
踊りましょう　夢の中へ
行ってみたいと思いませんか

　　　　井上陽水作詩「夢の中へ」から

1　ゴミ箱モデル

A. 組織化された無秩序

　組織はさまざまなあいまいさ（ambiguity）に浸されている。アメリカの有名な経営学者のマーチ（J.G.March）は，そのうちのとくに3つのあいまいさが無視できないと指摘する。第一の「意図」のあいまいさは，組織が矛盾したり不明瞭な目的をもっていることである。第二の「理解」のあいまいさいは，組織の行為と結果の関係がよくわからないことである。そして第三の「参加」のあいまいさは，個々人が組織に関与したり個々の決定に払う注意は目まぐるしく移り変わることである。
　皆さんは，このようなあいまいさに覆われている組織などは，ほとんどないのではと思われるかもしれない。
　しかし，実際の組織の意思決定を考えてみよう。意思決定において，求められているものがわからなかったり，知らぬうちに変わってしまったりすることがある。また決定の際に基準となるべき組織の目標があいまいであったり，相互に矛盾していたりすることも少なくない。あるいは，多くの意思決定は，ある解決策がどんな結果を導くかについて，確固とした因果法則にもとづいて下されるわけではなく，せいぜい単純な試行錯誤や過去のフトした経験のかなり怪しげな教訓といったものを頼りになんとか行われている。
　さらに，人々の意思決定へのかかわり方も，キチンと決まっていて

安定しているものではない。参加者は，あれこれの意思決定に振りあてる時間と労力をその都度やりくりするので，参加パターンはしばしば流動的である。そのため各意思決定の参加者の顔ぶれもよく変わる。国政を左右するといわれている各種の選挙という組織意思決定ですら，その投票率はその日の天候次第という有様である。

このような目標，因果関係，それに参加に関してあいまいな組織を，マーチはとくに「組織化された無秩序（organized anarchy）」と呼んでいるが，組織はタテマエとしてはともかく実態は意外にそんなところであろう。

こうした組織の状態は，現代における中心的でもっとも合理的な組織と思われている企業組織においてもしばしば見られ，とりわけ組織機構の改革とかイノベーションの決定のときなどにとくに顕著になるようだ。

ともかく，このような組織化された無秩序での意思決定を記述するモデルとして，1972年にマーチら[1]が提唱したのがゴミ箱モデル（garbage can model）である。

注 1） ゴミ箱モデルは，J.G.マーチ，M.D.コーエンそれにJ.P.オルセンの3人の共同論文で1972年に公表された。
　　くわしくは，M. D. Cohen, J. G. March, and J. P. Olsen, 1972, A garbage can model of organizational choice. *Administrative Science Quarterly* 17: 1-25.〔土屋守章・遠田雄志訳『あいまいマネジメント』日刊工業新聞社，1992年所収〕を参照されたい。

B.　4つの決定因

ゴミ箱モデルは意思決定を流れとみなし，雑多な決定因の流れがタイミングによって意思決定に流入したり流出する，たんなる機会とか

場にすぎないと考える。たとえていえば，意思決定の機会はゴミ箱で，そこに意思決定ということでさまざまな人や情報がゴミのように投げ込まれたり流れ出したりするのだ。

　マーチらはそうした決定因として，なにはともあれ意思決定が行われる場としての「選択機会」の流れ，そして決定に直接，間接に関与する「参加者」とか，こんな考え方やアイディアがあるといった「解」の流れと，これこれの決定においては少なくともこれだけは考慮するべきだといった「問題」の4つの流れ[1]を考える。つまり，「参加者」「解」「問題」というゴミというか役者の流れがそれぞれ相互に独立に流れていて，それらが，なにかが決定されるらしいということで，「選択機会」というさまざまなゴミ箱あるいは舞台の流れにしゃしゃり出たり引っ込んだりする図のイメージである。

　個々の参加者の登場や退場も流動的だし，必ずしも問題にふさわしい解が流れ込むとはかぎらず，逆に解が問題を引き入れることもある（たとえば，O. J. シンプソン裁判）。そして，流れ込んだ問題や解によって選択機会がいつの間にか変質していることも少なくない（たとえば，国際捕鯨委員会）。やがて，選択機会に滞留している決定因の解釈によっては辻褄の合った物語や腑に落ちる意味が形成されて，なにかアクションできそうになったり，デッド・ラインが迫ったり，みなが疲れてしまったときに決定が下される。その際に，やっかいな問題を無視したり見過ごして，あるいは他の選択機会にあずけたり飛ばしたりしてともかくも決定することがある。前者を「見過ごしによる決定」（たとえば，新憲法制定における天皇の戦争責任問題），後者を「飛ばしによる決定」（たとえば，新憲法制定における自衛隊の問題）というが，どちらの決定も問題を解決しない。ゴミ箱モデルは，意思決定をその程度のものと考える。

注 1) オリジナルなゴミ箱モデルは，選択機会，参加者，解，問題の4つの流れから構成されている。

しかし，解や問題が，投げ込まれる選択機会の様子によってそれぞれ問題や解になったりすることが実際にはよくある。

このため，問題と解とを区別せず，情報，参加者それに選択機会の3つの流れから構成される〝改訂ゴミ箱モデル〟が1994年に遠田によって提唱されている。くわしくは「改定・ゴミ箱モデル」法政大学経営学会『経営志林』第30巻第4号（1994年3月）を参照されたい。

C. 神楽坂殺人事件

ミステリーには，冤罪晴しものともいうべきジャンルがある。その粗筋は，大体こんなパターンで展開していく。

ある中年男が神楽坂のマンションの一室で殺される。さいわい，管理人が，ちょうど犯行時刻のころ，赤いドレスの不審な女がマンションを立ち去るのを目撃していた。

一方，刑事の凡倉が被害者の身元を調べてみると，男には愛子という愛人がいることがわかった。さっそく愛子を尋問したところ，彼女にはアリバイがなく，さらに家宅捜索によって赤いドレスも見つかった。そして愛子が殺人罪で送検されるその直前，腕利きの花形刑事が登場する。

彼は，愛子の兄とは大学時代の友人で，幼いころの愛子を知る者として，彼女が人を殺すなどとは考えられない。「犯人は別にいる」と思っていたが，別の事件を追っかけていたので，この事件をじっくり調べる時間がなかったのだ。

花形が独自に事件の細部を調べてみると，いくつかの問題が出てきた。まず，管理人が鳥目で夜は視力が落ちるということ。つぎに，殺された男はバイセクシャル（両刀づかい）だった，という事実であ

1 ゴミ箱モデル　41

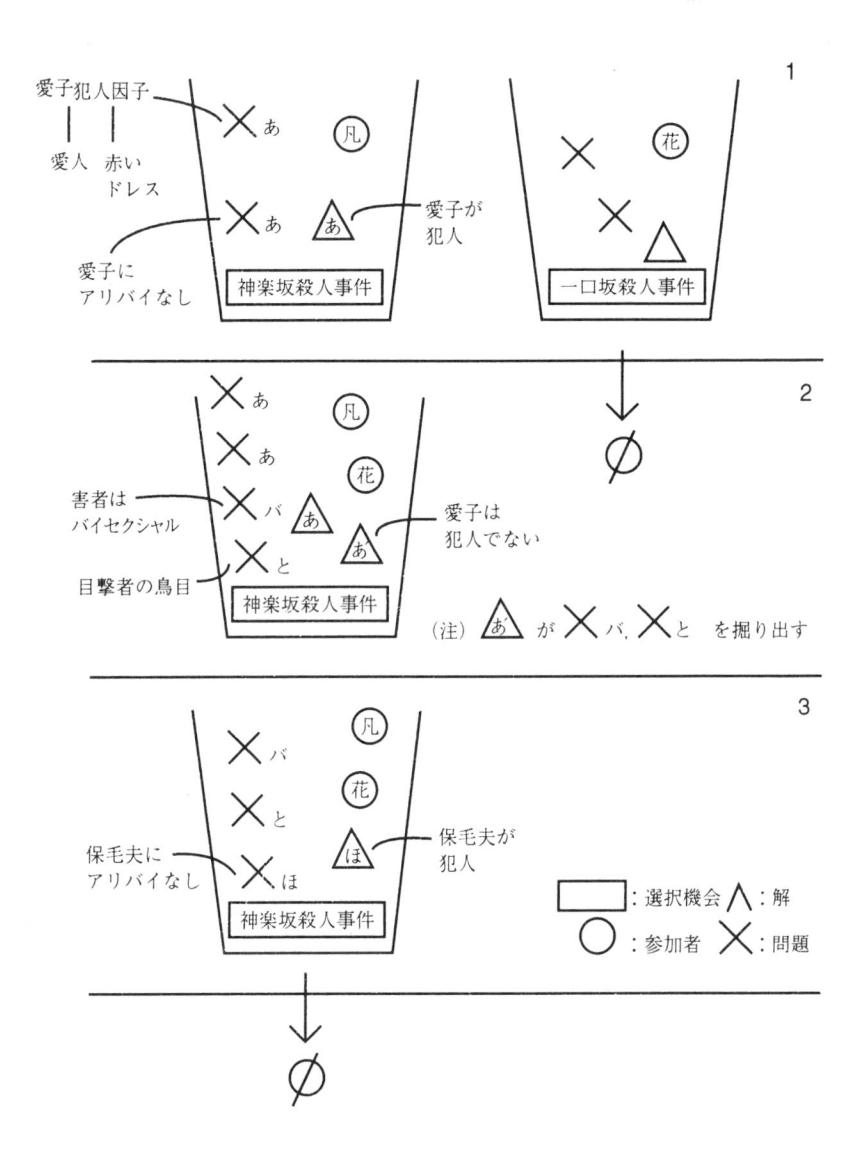

```
                                          1
   愛子犯人因子
    ┌─┴─┐     ×あ   凡           ×    花
    愛  赤い                       ×
    人  ドレス    ×あ  △あ ── 愛子が      △
          愛子に              犯人
          アリバイなし  神楽坂殺人事件      一口坂殺人事件
```

```
                                          2
            ×あ   凡
            ×あ   花                     ↓
   害者は    ×バ  △あ ── 愛子は            ∅
   バイセクシャル       △あ   犯人でない
   目撃者の鳥目  ×と
             神楽坂殺人事件   (注) △あ が ×バ, ×と を掘り出す
```

```
                                          3
            ×バ   凡
            ×と   花
                  △ほ ── 保毛夫が
   保毛夫に              犯人
   アリバイなし  ×ほ                  □ : 選択機会  △ : 解
             神楽坂殺人事件           ○ : 参加者    × : 問題
```

```
              ↓
              ∅
```

図 1

る。

　これらのことから，不審な赤いドレス姿は，必ずしも女に特定されなくなった。そして，花形の懸命な聞き込みからバーテンの保毛夫がホシとして浮かび上がった。アリバイ工作も見破られた彼は，ついに犯行を認めた。晴れの身となった愛子は花形の胸に……。

　こんな単純なミステリーも，図１で見るように，ゴミ箱モデルで読み解くと，大変なことが見えてくる。われわれは，普通（これまでの合理モデルにしたがって），〝問題→解〞の図式により，動かぬ証拠から犯人が割り出されるもの，と信じている（〝赤いドレス姿を目撃，愛子の赤いドレス→犯人は愛子〞）。

　ところで，図のステージ２を見てほしい。ここでは参加者花形刑事の「犯人は愛子ではない」という解への思い込みによって，「管理人は鳥目だ」という事実が問題として堀り起こされ，選択機会のなかに投げ込まれている（〝解→問題〞）。これらの問題は，こうした思い込みがなかったら，意識さえされなかっただろう。

　問題は意識され，選択機会に投げ込まれてはじめて問題となる。とすれば，証拠は動くのである。犯人像にフィットする事実（とそれについての解釈）が恣意的に採用され，適宜証拠となるのだ。

　つまるところ，刑事の先入観によって，犯人が違ってくる。もし花形刑事が一口坂殺人事件に手間どっていたら，そして愛子の兄の友人でなかったとしたら……。恐ろしい話ではないか。

　しかし，それとても，小説だから真犯人はわかっている。また，現実の殺人事件でも，だれかが殺ったのは確かだ。そうしたところでの意思決定には，いかに〝証拠より論〞とはいえ，真犯人という基準というか歯止めがある。その分，恐ろしいといっても，拠り所があるだけ救われる。

ひるがえって，実際の人生のほとんどの意思決定には真犯人にあたる正解がない。そんな意思決定がことほど左様に行われているのだ。本当に恐ろしく思えてくるのは，それに気づいたときである。

2　戸惑う「コカ・コーラ」

　では，実際の企業の意思決定をゴミ箱モデルで読み解くとどんなものが見えてくるのか。マーケティング史上最大の失敗といわれているニュー・コーク騒動のケースを取り上げてみよう。

　1985年全米にセンセーションを巻き起こしたニュー・コーク騒動の大要は，次のようなものである。
　そのころ，ソフト・ドリンクの王者コカ・コーラは，これまで一度たりとも譲り渡したことのないトップの座を，ライバルのペプシに激しく脅かされていた。その上，創業100周年という記念すべき年1986年が目前に迫ってもいた。
　そこで，コカ・コーラ社の打った手は何と，99年間もアンタッチャブルであったコークの味を刷新するというものであった。周到な準備を重ねて，1985年4月23日ニュー・コークの発売を発表した。しかし，コカ・コーラ社は，その日から〝従来のコークがなくなる″ことに対する大衆の抗議と怒りの波状攻撃にさらされ，同年7月11日〝従来のコーク″をコーク・クラシックとして再発売することを余儀なくされた。ところが，このようにして再登場したコーク・クラシックがペプシに善戦しているとのことである。これが，事柄の粗筋である。

A. ゴミ箱モデルによる解読

　このニュー・コーク騒動の顛末をゴミ箱モデルで読み解いてみよう[1]。

　当時，ソフト・ドリンクの無敵の王者コークがライバルのペプシに激しく追い上げられていた。コカ・コーラ社が初めて直面する事態である。「どうしてこうなったのか？」「どうすればよいのか？」皆目見当がつかない。

　そこで，コークの現状を検討し，不振の打開策を講ずる選択機会が，コカ・コーラ社で次第に表面に現れるようになっていった。

　それへの参加者の流れであるが，この選択機会を仕立て上げるのに積極的だった本社市場調査部長ロイ・スタウトとアメリカ・コカ・コーラ社社長ブライアン・ダイソン，それに後に正式なプロジェクトとなった〝カンザス計画〟の責任者セルジョ・ザイマンは，終始主役を演じていた。それに対して，本社トップのロベルト・C・ゴイズエタとドナルド・R・キオの参加は，どちらかといえば一貫して及び腰であった。なお，コカ・コーラ社のザ・ボスことロバート・ウッドラフは，1985年3月，95才で死去している。

　それへの問題の流れはといえば，「ペプシの味覚比較を中心にした挑戦をどう考えたらよいか？」とか消費者の嗜好の変化とかがやっかいな問題として論じられた。そうした議論をいっそう面倒なものにしたのは，コークが「ほぼ一世紀間常に同一の味を保ちつづけてきた伝統と，本社会長の他2人の最高幹部しか知りえない調合法という神秘に包まれた商品」ということであった。また，「100周年目の1986年にコークが王座にいないという事態は絶対に避けなければならない」と

いう問題も次第にウェイトを増していった。

　解の流れについていえば，マーケティング戦略の見直しといった解も出された。しかしコークの味の刷新という解が，本社の「最も誇りとしている神聖な商品」[2]に手を加えるなというタブー（これも一つの解）に抗して，次第に主流になっていった。それには，新生コカ・コーラ社の革新ムードという追い風があったとはいえ，味の改良を示唆する綿密をきわめた一連の調査が物をいった。

　そして，100周年を翌年に控えた1985年4月23日，ニュー・コークが発売された。それに対してペプシ・コーラ社側は，「新製品を出す本当の理由――ペプシの追い上げ」[3]と正確に見抜き，ペプシの長年にわたる市場の成功が今後もさらに大きく引き継がれるだろう，との勝利宣言を発表した。

　ところが，事態は，このペプシ・コーラ社もコカ・コーラ社も予期しない方向に展開していった。

　昔からのコーク愛好者は，終生のお気に入りの飲料を失うことにショックを受け，気分を害した。マスコミもこぞって，コークを一介の商品としてでなくアメリカの代名詞として論じ，それが消えてしまうことを大いに嘆いた。やがて，コカ・コーラ社に対する激しい抗議の波が起こった。じきに収束すると思われていた消費者の怒りは，1ヵ月経っても収まるどころかむしろ勢いを増していった。

　そうした状況を目の当たりにして，コカ・コーラ社は，いかに多くの人びとが従来のコークに対して深い愛着をもっているのか，またコークが星条旗と同じアメリカのシンボルのような存在であることを知った。一時期，コカ・コーラ社にとって何が大事かわからなくなっていたが，それもこの事態を通して次第に明らかになってきたのだ。

　と同時に，従来のコークの味を変えるという行為が，状況を知るた

めの"探り"としてはきわめて有効であったが，状況を悪化させたという点で大変なヘマであったこともわかった。

　従来のコークの存在の重さを十分に知ったコカ・コーラ社は，目先の利害で勝手に動けないという一種の制約のようなものを感じもした。

　そうした状況認識の下で，当面，大衆の怒りにどう対処すべきかという選択機会が，あわただしく登場してきた。

　そこへの参加者といえば，コカ・コーラ社のトップたちはどちらかといえば影がうすく，代わってボトラーおよび消費者やマスコミが大きな存在となった。とくに，消費者とマスコミは互いに呼応し合い，その参加の波は予想以上に大きなうねりとなった。それに，"むかしのコークの復活運動"の国民的指導者ゲイ・マリンズの参加も述べておくべきだろう。

　消費者やマスコミが積極的に場面に登場するにおよんで，「むかしからの味を変えたコカ・コーラの厚かましさ」[4]に対する大衆の憤慨が，大きな問題として現れた。ゲイ・マリンズにいたっては，むかしのコークを市場から撤退させたことを，「選択の自由を侵害することでもあり，…マグナカルタ（大憲章）や独立宣言と同じように基本的なこと」[5]だと詭弁を弄して，重大な問題に仕立て上げた。

　また，コークを復活させるとの決を下す段では，トップたちのメンツの問題やとくにダイソンやザイマンの責任問題がチラついた。

　消費者の不満を，ニュー・コークの酸味を少し強くすることでかわそうとする解が実施されたが，何の効果もなかった。そして，順に，あくまでもニュー・コークで押す，もう少し様子を見る，最後に，昔のコークを復活させるといった解が優勢を得て，1985年7月9日，本社会長のゴイズエタは昔のコークをコーク・クラシックとして復活さ

せることを決定した。

　この決定は、コーク・クラシックに対する大衆の圧倒的で積極的な反応を呼び起こした。「まず感謝の電話が殺到し、次に何百通もの手紙が舞い込んできた。どれも、本社が消費者の声に耳を傾け、自分たちの古い友人を呼び返してくれたことを感謝しているものばかりだった」[6]。

　その結果、コークのイメージは高まった。「オーディッツ・アンド・サーヴェイズ調査会社の調査結果を見ると、ニュー・コークが発売される前は、コークのイメージは、ペプシに比べて消費者の人気がなかった。ペプシのイメージを指数100だとすれば、1985年4月のコークのイメージは89というところだった。ところが、同年12月になると、コークのイメージは120に上がった。完全な逆転だった」[7]。

　この体験を通して、大衆の怒りは、愛着のあった味が失われたことよりもむしろ、伝統を勝手に踏みにじる大企業の横暴さに対して向けられていることがわかった。

　その点でコカ・コーラ社がコークを復活させたことはもとより、その決定を「企業に対する大衆の勝利だ」[8] と評した本社社長キオのスピーチは、きわめてツボを押さえたものであった。

　こうした見事な対応が、コカ・コーラの経営陣の柔軟性を示すものとして、思わぬ評価を受けた。株価は高騰し、役員会はゴイズエタとキオに特別賞与を与えた。その理由が1986年の会社の報告書に述べられている。

　「彼らのまれに見る勇気と知恵、そして、1985年に下したある決断によって、事業はかなりのリスクを負ったが、最終的には、株主たちに多大な利益をもたらし、今後の利益につながることになった」[9]。

　まさに誤解の生産性である。「正解」ではこれほどの結果をもたら

さなかったろう。

　これがゴミ箱モデルというレンズでとらえたニュー・コーク騒動の全体像である。

注 1）　これについてよりくわしくは，遠田雄志「トマス・オリヴァー著『コカ・コーラの英断と誤算』(1986)にみるゴミ箱過程」法政大学経営学会『経営志林』第24巻第1号（1987年4月）を参照されたい。
　　2）　Oliver. T., *The Real Coke, The Real Story*, Random House, 1986.〔仙名紀訳『コカ・コーラの英断と誤算』早川書房，昭和61年，130ページ。〕
　　3）　前掲訳書，178ページ。
　　4）　前掲訳書，210ページ。
　　5）　前掲訳書，221ページ。
　　6）　前掲訳書，254ページ。
　　7）　前掲訳書，261ページ。
　　8）　前掲訳書，250ページ。
　　9）　前掲訳書，262ページ。

B.　その意味するもの

　これに，たとえ事後的にも，一筋の意図性とか必然性に貫かれた物語を押しつけるのは，笑止である。

　調査に調査を重ねこれしかないと思ってやった味の刷新が味はどうでも「むかしからの味を変えたコカ・コーラの厚かましさ」への大衆の憤慨を呼び起こし，仕方なしに昔のコークを復活させたことが，「コカ・コーラの経営陣の柔軟性」として評価されるしまつである。そして，今日，復活したコークがペプシに善戦している一方，絶対の自信作だったニュー・コークが不調だという。

　また，われわれは，意思決定とは，問題を解決したり，目標を達成するためのもの，ととらえている。たとえ，その問題がただ一度きりの意思決定によって解決されないとしても，何度か意思決定を重ねて

ゆけば，徐々にその問題が解決されてゆくもの，それが意思決定過程だ，と。しかし，そうしたいわば進化論的な意思決定観は，コークをめぐる決定過程には符合しない。一連の意思決定において，そもそもの問題が常に意識されていたわけではない。最初，ペプシの追い上げが問題となり，その解決策としてコークの味の刷新が決定された。そのためクラシックがなくなることに対する大衆の怒りが爆発し，それを鎮めることが新たな問題になり，その措置としてクラシックの復活が決定された。しかし，このとき，"ペプシの追い上げ"という元の問題は忘れ去られている。結局，いまのところ2つのコークが発売されているが，それによって，ペプシの追い上げという基本的問題が解決されたかどうかは，はなはだ疑問である。

いまも触れたように，実際にはクラシックとニューの2つのコークが売られている。しかしおもしろいことに，意思決定過程において2つのコーク案がまともに検討されたことはないのである。

この現象は，"従来のコークがなくなる""それによって消費者がどんな反応を示すか"といった重大だがやっかいな問題が選択機会に投げ込まれる前に，"味の刷新"が決定されたからだ，というように，ゴミ箱モデルでは，"見過ごしによる決定"として簡単明瞭に説明される。

しかし，なぜ見過ごしによる決定なのか，をさらに考えてみよう。そうすると，コークの味の刷新という解は，"ペプシの追い上げ"という問題の答として考え出されたというより，むしろ，それは最初からあって，自らがその答となるにふさわしい問題を求めてこの選択機会に流入してきた，と読める。

人はピストルをもったら，それを使うトラブルや口実を作り出したくなるものである。初めに"よりよい味のコーク"ありきである。あ

とは，それが活用される問題を探すだけだ．もしそんな問題が探せなければ，作り出せばよい．その当時，コカ・コーラ社は，ペプシの味覚比較を中心とした挑戦に心理的に追いつめられていたので，それはきわめて容易にかなえられたようだ．このように考えると，"2つのコーク案"がまともにとり上げられなかったのも，うなずける．"より味のよいコーク"という解にもっとも似合いの問題は，"ペプシの味覚比較の挑戦"である．その解が，そのままでふさわしい問題を容易に見つけられるときに，解の方からわざわざ変装（2つのコーク案）する必要はまったくないのである．

　コカ・コーラ社の場合，それまで盤石の状況認識が，ライバルに急迫されたことによって一挙に崩れ「何が一番大事なものか」がわからなくなってしまった．要するに，選好基準の点であいまいさの際立った組織化された無秩序が，生じたのである．

　そうしたところでは，どの手を採るべきかの判断基準はもはや不確かである．応急措置を重ねてゆくしかない．そこで，コカ・コーラ社を窮地に追い込んだ最も顕著なものは「ペプシの味覚比較の挑戦」であるとし，まずそれに応戦すべく「コークの味の刷新」があわただしく決定された．その際，「従来のコークがなくなる」という大きな問題がほとんど議論されていない．いわば"見過ごしによる決定"であった．

　ニュー・コークが発売されるやいなや，「むかしのコークはどうした」と激しく抗議する愛飲家という多数の参加者が選択機会に流れ込み，事態が一変した．そして，ただちに，コークの復活が決定された．というより，大衆の怒りを鎮めるためには，それしか選択の余地が残されていなかったのである．

　こうした2つのあまり立派とはいえない意思決定を通して「最も大

事にすべきもの（＝アメリカのシンボルとしてのコークの伝統の味）」があらためて認識された。

判断基準が不明となった状況では，何が正しい意思決定かをあれこれ思案するより，このようにともかく意思決定をして（マズければやり直して），情報を集めるのが良いのだ。

選好基準がとくにあいまいな組織化された無秩序では，生真面目に思案してもあまり意味がなく，むしろいい加減でも良いから暫定的に意思決定をしてみて情報収集する方がよさそうである。「個人や組織は，考える前に行動する必要がある」[1]。

ちなみに，因果関係がとくにあいまいな組織化された無秩序のもとでは，本来，論理的に事を処理できない。もしそうしようとすると，どうしても旧来の図式の論理にひきずられ，斬新なアイディアや試みが潰されてしまう。「独創的な新しいアイディアが論理面での攻撃に耐えられないからといって，それがだめなアイディアだとは必ずしも言えない」[2]。したがって，こうしたところでは，論理で小判断をするよりも，感性で大判断をする方が望ましいのではないか。

また，参加が際立ってあいまいな組織化された無秩序のもとでは，個々の意思決定に対して，個別的・分析的に取り組んでもうまくゆかない。全体状況をグローバルに洞察した上で，個々の意思決定に当たらなければならない。

組織化された無秩序のもとでは，どうやらこれまでとは違った思考が求められているようだ。生真面目，論理的，分析的に事を取り扱うのは，近代の知のスタイルにかなっていて，われわれのよく親しむところである。それに対して，いい加減，感性的，洞察的に事を扱えという。これは，合理的思考を過剰学習（オーバーラーニング）したきらいがあるわれわれにとって，なかなかむずかしい。

遊び (play) は，理性の論理から逃れ，この近代の知の合理的命令を一時棚上げするものとみなすことができる。

遊びは，それに止まらず，ゴミ箱的過程をさばく知恵を育む恰好の土壌でもあるようだ。というのは，遊びは，自由で，明確に区切られた時空間内での非功利的な活動，ととらえることができる[3]。したがって，人は遊びにおいて，現実生活に致命的な結果を招くことなく，軽やかにいろいろな試行・実験をすることができる。そこでの徳は，"直向き"ではなく，"いい加減"である。また，人は遊びにおいて，うるさい真実から解き放され，「離れて自在の境に身を置く」[4]。こうして，"拘泥り"のない"寛容な"感性が養われる。さらに，遊びは，日常生活と違って，完結性をその特徴としている。日常に見るのが不定形な部分の連続であるのに対して，全体の俯瞰は完結した遊びにおいて可能である。

正に「遊びを軽んずべからず」である。

注 1) なお，このとき行為は，目標を達成するためのものから，目標を開発・発見するためのものにその意義が変わる。それにともなって，経営意思決定の機能の再検討が必要となる。すなわち「良い経営意思決定の一つの特徴は，それがおもしろい価値前提をさらに開発することである。そうであるならば，決定を，先在した一組の目的から直接かつ整然と導かれたものとして見るべきではない。意思決定を行う管理者は，意思決定を演繹の過程や政治交渉の過程としてみるよりも，組織が何をやっているかについての固定観念を徐々に転覆して行く過程としてみるとよい」(March J., G. and J. P. Olsen, *Ambiguity and Choice in Organizations*, Universitetsforlaget, 1976 and 1979, pp. 79-80.〔遠田雄志＝アリソン・ユング訳『組織におけるあいまいさと決定』有斐閣，昭和61年，129～130ページ〕)。
2) 「ロバート・ゴッダードがロケット推進だけが宇宙旅行のための唯一可能性のある動力源だと述べた時，批判する者たちは一見きわめて論理的に彼のアイディアを笑いものにした。宇宙にはロケットを押し返してくれるものがないというのである。しかし現在ではよく知られているように，後方に噴射される熱いガスの運動量が，ロケット本体の前進する運動量と等しいことにもとづいてロケットは力を発揮するのである。

ロケット推進はゴッダードの心の中での審査をすでにパスしていたのである。

なぜロケットが力を発揮するかを明確に説明することはできなかったが，宇宙へ飛んで行くロケットを心の中に描くことができたのである」(Rowan. R., *The Intuitive Manager,* 1986.〔望月和彦訳『直観の経営』日本経済新聞社，1987年，222ページ〕)。

3) R. カイヨワは，遊びの形式的特徴として他に，不確定性，ルールおよび虚構性を挙げているが，議論が煩雑になるのを避けるために，ここではそれらについては触れない。Caillois, R., *Les Jeuk et Les Hommas,* Gallimard. 1958〔清水幾太郎・霧生和夫訳『遊びと人間』岩波書店，1970年，13～14ページ〕を参照されたい。

4) 広末保「暦の外に出た遊び」『現代思想』第11巻第2号，昭和56年2月，101ページ。

3 ゴミ箱的決定

A. 決めたとたんに,みんな後悔

　世の中には,結果はともかくとして,理にあまり合っていない決定というものが少なからずあるが,その多くはゴミ箱的決定である。

　まず,悪い結果を生み出したゴミ箱的決定の例を紹介しよう。

　それは,少し古いが有名な,アメリカの禁酒法の話である。

　「ヒョウタンから駒という言葉があるが,あれだけ人間の生活様式を変える法律(＝米国禁酒法—引用者注)が大した議論も行われないままに誕生した。もともと19世紀半ばから,ピューリタンの禁酒運動はあったが,第一次大戦を機に,一気に憲法修正まで行ってしまったものである。

　醸造原料としての穀物節約,作業能率の向上,戦意の高揚と,立派な題目を並べたが,存外有力だったのが醸造業を牛耳っていたドイツ系移民に対する反感であったというからばかげた話である。

　そういえば,米国ビールの有力ブランドには,シュリッツ,バドワイザー等,ドイツ的な銘柄が多い。

　困ったことに,〝酒は諸悪の根源〟という建前論に,正面から反対することはむずかしかった。教会の勢力はアングロサクソン社会においては格別である。だれも,まさかと思っているうちに,1920年1月の施行日を迎えてしまった。

　サムエル・モリソンによると,〝立法化されるや否や,国全体が後

悔した"というけれども，とき，すでに遅しである。

　連邦政府は施行中に，50万人以上の違反者を逮捕し，30万人以上を収監したというが，そんなことで人間の飲酒欲望が抑えられるものではない。たまたま米国は空前のブーム，咆哮（ほうこう）する20年代の最中であった。

　全国各地で密醸造所が生まれ，快速船がキューバ，ジャマイカから密輸した。カナダ，メキシコの長い国境線は監視不可能であった。警察，司法官の汚職が激増し，もぐり酒場，仕入ルートの保護のため，ギャングの組織が異常に伸びた。

　そういった社会現象以上に，法律の尊厳が傷つけられたのが大きい。酒を売る者，買う者はだれも罪の意識を感じなかった。今日，禁酒法時代といえば"悪徳の時代"を意味するが，立法者は"崇高な実験"と思い込んでいた（傍点引用者注）」（『日本経済新聞』昭和57年3月11日朝刊）。

　こうした事例は枚挙にいとまがないが，最近の日本でいえば，衆議院議員の選挙法改正（小選挙区比例代表並立制）が格好の例であろう。

B.　非合理は合理，合理は非合理

　次にゴミ箱的決定がよい結果を生んだ例を紹介しよう。

　イノベーション，とくに大きなイノベーションを先導した組織の意思決定の多くはゴミ箱的決定であるようだ。これについて優れた研究がある。製鋼技術で平炉の10倍も生産性が高い純酸素上吹き転炉（BOF）という重要な新技術の導入過程をし細に日米比較した，L.H.リンの『イノベーションの本質』（東洋経済新報社，1986年）がそれである。

それによれば，BOFを積極果敢にいち早く導入した，いわゆる先発組（八幡，日本鋼管，マクロース，J&L，ドファスコ）の意思決定過程はまさにゴミ箱モデルでしか説明できず，合理モデルは後発組の意思決定に符合するようだ。

　当然といえば当然である。BOFが目新しい段階では，あまりにもあいまいな点が多い。果たして発明者がいうほどそれが使えるのか，そのメリットをダメにしてしまうような思わぬ問題が生ずるのではないか。こうしたあいまいさゆえに，組織のメンバーが部門や個人の目標を優先させても大目に見られる。これらのことから，組織メンバーの決定への参加も流動的となる。どんな人がBOFを評価するに際してふさわしいのかがはっきりしない。BOFが組織のパワー構造にどんな作用を及ぼすかがわからないので，だれがどれだけ関心をもっているかが読み切れない。こうして，組織化された無秩序が生ずるのである。

　「このことは，大きな技術革新の場合，共通する真理なのではないか。というのは，革新の多くは，もともと危なげなもので，信頼しがたく，その効果も霧に包まれている。こうした不安が果たして解消されるのかどうかという無視できない疑問もあり，新技術の利用がうまい具合にいき，すぐにペイするようになると判断する企業はまれである。

　新技術が1つあるいはきわめてわずかなところでしか利用されていないときは，潜在的な他のユーザーにとって，同じ技術をいくぶん異なる条件で用いてもどれだけうまくいくだろうかという不確実性は消えない。そのうえ，他の技術的な解決の可能性が休みなく追求されてもいるので，当の新技術を利用しようと思っている者も判断がいっそうしにくくなったりする。

ゴミ箱モデルにならっていえば，新技術の成熟は，潜在的な解の流れが次第に豊かになることを意味する。相次ぐ利用者が一連の目新しい問題を次々と解決していくにしたがって，ひとつひとつの成功や改善が，その技術をいっそう有利なものあるいは応用力のあるものにしていくのである。不確実性にもかかわらず，いくつかの（非合理的な—引用者注）企業が革新的に新しい技術の採用に踏み切る。……やがて，有望な新技術の適用性についての不安はなくなっていく。いくつかの突破口が大きく開かれ，不確実性が一挙になくなるように見えるが，実際は徐々になくなっていくものであろう。

　初期の技術問題が解決されると，それまでその技術の採用決定を見合わせていた企業やその技術を懸案解決の有力な答えとして考える企業，ひいてはその解に触発されてわざわざ問題を掘り出してその技術を検討しようとする企業といった（合理的な—引用者注）有象無象が新技術に殺到する。

　そして最後に，新技術の採用がめずらしかった状況から旧技術の採用が風変わりに思われるような状況へと逆転する」（L.H.リン『イノベーションの本質』東洋経済新報社，1986年）。

　イノベーションにかぎらず，科学的大発見や芸術での前衛あるいは政治の革命は大部分ゴミ箱モデルでしか記述できないのではないか。身近なレベルでいえば，スターの誕生秘話などは成功したゴミ箱的決定の宝庫である。

C. ゴミ箱の9つの戦術

　サラリーマンの多くの方々は，「組織の意思決定なんかゴミ箱的だ」と常々感じておられよう。そんな方々に，ゴミ箱的決定過程の特徴を

利用して，うまく事を運ぶ術をソッとお教えしよう。
　ゴミ箱的決定過程の研究によると，その特徴として，たとえば，
（ⅰ）大事な問題のほとんどが大部分の人の目につかない（東京湾横断ブリッジ・アクアラインは，一体だれがいつどこで決定したの？）。
（ⅱ）シンボリックな事柄が重要となる。
（ⅲ）注意というものは希少資源である。
（ⅳ）ほとんどの選択機会が問題の受け皿というかゴミ箱となりうる。
したがって，
（ⅴ）ゴミ箱過程は容易に負担過多になる。
　こうした特徴から，実際の多くの意思決定で利用できる9つの基本的戦術が引き出せる。
①時間を惜しむな。組織は常に負担過多で皆忙がしい。そうしたところでは時間は希少資源だから，時間を惜しまず費やす人は，それだけで貴重な存在となり，出世レースでのポイントとなる。
②一度で諦めるな。可決も否決も，そのときどのような（移ろいやすい）注意が集められたかに左右される，かなり偶然的なものである。そうと心得れば，最終決定以外は暫定的なものにすぎないのだからどんな決定が下されようとも諦めるには及ばない。したがって，三審制を活用しない手はない。
③皮を切らせて肉を切れ。多くの参加者にとって，象徴のほうが実質よりも重要である。したがって，事柄の取り扱い方を改めたり，表現の仕方を変えただけで，事がスムーズに運ぶといったことが少なくない。
④外野で反対している者を参加させよ。そうすれば，彼らもゴミ箱過程が思ったより操縦しにくいことを知り，次第におとなしく

なってゆく。旧社会党を見よ！

⑤システムの負担を重くせよ。組織は，レパートリーを少しひろげるだけでも，簡単に負担過多になってしまう。そして，「なにかしなければ」というわけで，問題を棚上げしたり，見過ごしたりして，ともかくも決定を下してゆくようになる。そうしたところでは，わずかでもしっかりしたプログラムをもつ者は，自分の意図を実現しやすい。

⑥ゴミ箱を用意せよ。やっかいな問題や解や参加者がいるためなかなか決定できないときは，たとえば長期計画とか組織目標あるいは機構改革といったことを論ずる，耳目を集める（どうでもよい）選択機会を設け，それらをそこに流れるようにしたらよい。

⑦流れに逆らうな。組織を力で操縦しようとはせず，テコの原理で小さな干渉を重ねて，動かせ。

⑧歴史解釈をおろそかにするな。参加パターンを都合よく変えるために，なにが生じたか，あるいはなにが生じているかの定義をコントロールせよ。これ，為政者が歴史教育に干渉する大きな理由のひとつである。

まだある。

⑨懸案事項は会議の最後のほうに提案せよ。どうでもよい，しかもだれでも議論できる議題で皆が議論し疲れたころを見計らって，懸案の事案を提出すれば，さほどの議論もなくスムーズに通ることが多い。

少々シニカルに響くかもしれないが，これらの戦術は，サラリーマンのみならず政治家や多くの組織人にとって貴重なテクニックではなかろうか。

D. ゴミ箱モデルの意義

　ゴミ箱モデルは，もともとは，企業や組織の意思決定を考えるうえでの新しいモデルとして提唱された。しかし，このモデルは，組織の意思決定のみならず，経済，ひいては社会システムのダイナミズムをとらえるのにも適しているようだ。

　たとえば，経済システムでは，消費者の欲求が明確な形をとらないままに流れており，一方，生産の側では科学技術などの発展によって新しい技術がつねに生み出されている。こうした欲求と技術が市場でタイミングよく出合い，互いにフィットするようにシェイプアップできたとき，そこに新たなマーケットが生まれる。ヒット商品はいうにおよばず現在の多くの商品のマーケットも，このようにして生まれたのであろう。これは，まさしくゴミ箱モデルの描く世界である。

　経済学には，「供給が需要をつくり出す」というセイの販路法則と「需要が供給を規制する」という有効需要の法則との間に古くから論争があったとのこと。しかし，この論争は，マーケットの創造を上記のようにとらえるゴミ箱モデルからすれば，どうでもよいというか無意味な議論に見えてくる。

　学問の世界はどうであろうか。学問という海には，理論化されるのを待っている無数の現象・問題が流れている。そこにはまた，いろいろな個性の研究者の流れやさまざまな理論・解が漂っている，それぞれ自らが仲介者や解としてふさわしい問題との出合いを待ち望みながら。そして，ある研究者がなにかの機会に，そうした理論と現象をうまく結びつけることができると，理論が発展する。そして，その研究者も名をあげることができる。これもまさにゴミ箱モデルが描く世界

である。

　このように考えると，次のような目新しい仮説が得られる。ゴミ箱の機能の一つは仲人役である。だとすると，社会主義経済の失敗の一因は，緻密な計画とたくさんの規制のため，そこでのゴミ箱が仲介の役を十分果たせず，マーケットの新陳代謝がうまくいかなかったことだ，と。

　歴史のみならず人生をドラマチックに彩っているもののひとつに，評論家の渡部直己氏がいみじくも名付けた〝誤解の生産性〟というものがある。

　「たとえば，浮世絵の色調の鮮明さに惹かれたゴッホなどは，あろうことか，南仏アルルの地に≪日本≫を発見し，狂気へと直結するその生々しい誤解のなかで，いくつもの名作を残してしまうのである。……黄金の国「ジパンゴ」を目指したコロンブスが，なぜかアメリカを発見してしまったという途方もない幸運」などなどが，それである」（評論という奇妙な作業自身も，その有効性のひとつは〝誤解の生産性〟にあるのかもしれない—引用者注。渡部直己の世紀末マルチ・クリティーク　39「誤解の生産性」『朝日ジャーナル』1988年10月14日号，80ページ）。

　要するに，誤解の生産性とは，誤った決定とか雑音（ノイズ）が時により，途方もなく良きもの楽しきものを生み出してしまうことである。

　こうしたことも，合理モデルなどでなくてゴミ箱モデルを通して理解されるようなものではないか。

　そういえば，教育においてもこの誤解の生産性ということがあり，それが教育という営みをおもしろくも不思議なものにしているのであろう。

3 ゴミ箱的決定　63

　ひるがえって，教師の間で話題となった向山洋一氏を代表とする〝教育技術法則化運動〟は，どうであろうか。誤解の生産性が，徹底した教育のマニュアル化によってゴミ箱ならぬ教室から摘み取られてしまうのではないか。

　そしてまた，ゴミ箱モデルは，近代合理主義に対して疑問を投げかけてもいるのである。ゴミ箱モデルは，意思決定を，タイミングにかなり依存するものととらえ，また，必ずしも問題解決に結びつけて理解してもいない。

　意思決定についてのこの見方は，近代合理主義のそれとは一致しない。というのは，近代合理主義，プラグマティズムの支配する現代の行動観によれば，意思決定や行為は，なんらかの目的や問題解決を前提としたもので，その実現に矛盾なく寄与するもの，と考えられているからである。

　ゴミ箱モデルはもともと，組織化された無秩序を見すえて展開された新しい意思決定モデルであるが，その実このように，それは，近代合理主義の行動観ひいては近代合理主義そのものに対して疑問を投げかけている。

　インダストリー社会におけるビジネス文化の現状が，ほかならぬこの近代合理主義のもたらしたものであることを思えば，この懐疑こそがゴミ箱モデルの最大でしかも今日的な意義ではなかろうか。

　最後に，ゴミ箱モデルの経営学に対する意義について触れておこう。意思決定を記述したり説明するモデルとして古くから合理モデル（rational model）というのがあった。

　それによれば，意思決定はつぎの5つのステップを経て行われるとされている。①目標や問題の明確化，②代替案（alternative）の設計，③各代替案の結果（out-come）の予測，④各結果の（目標や問題

に照らした）評価，⑤一つの代替案の選択。これらの各ステップが字義どおりに進めば，選択される代替案はきわめて理に合ったものである。合理モデルといわれるゆえんである。

しかし，こんなことを躊躇なくやれるのは，意思決定をする個人や組織が世界を透明であいまいでないと信じているか，少なくとも，当の意思決定の構造が明確で，予測も評価も可能だと思っているときにかぎられる。それに対して，ゴミ箱モデルは不透明であいまいな世界での意思決定モデルである。

ひるがえって，これまでの経営学やマネジメントは，あいまいでない世界，いわば調査をすれば事前に客観的で一義的な「正解」を知ることができるような世界のものであった。言い換えると，それは「跳ぶ前に見よ」を行動規範とする経営学であり，マネジメントであった。

たとえば，顧客の嗜好には客観的な「正解」がちゃんとあり（クイズでのお手つきのような）ペナルティーやそのリスクを少なくするために，調査によってそうした嗜好を事前に「発見」し，それに応じた製品を開発すべきだ，というのである。

このような経営学やマネジメントを根本で支えていた意思決定モデルが，合理モデルである。（「プロローグ」で述べたように，今日の経営学それに組織論は意思決定を軸に展開されていることを思い出してほしい）。

しかし，これまで見てきたように世界にはあいまいな部分も少なからずあり，構造を明確にしえない意思決定も多い。そこでは「見る前に跳ぶ」しかない。その跳躍は，あいまいな世界を〝探り〟〝うかがい知る〟貴重な行為ともなろう。

ゴミ箱モデルは，あいまいさを見すえた意思決定モデルである。こ

の世があいまいでない世界とあいまいな世界とから成り立っているとすれば，このゴミ箱モデルをベースとした経営学やマネジメントが他方で展開されてしかるべきであろう。

　あいまいでない世界に対応するこれまでの経営学とあいまいな世界に対応するいわば反経営学，この2つが両々相まってはじめて経営学は一人前のものとなろう。

4 合理主義のパラドックス

はじめに

(1) 現代は合理主義の時代である。それを意思決定論の立場から読み解くとこうなる。すなわち，今日の意思決定はすべからく，最適の選択を是とする合理モデルにそって行われるべきである。その意味で，意思決定の合理モデルは現代イデオロギーの中核である。

この合理モデルに対して古くから，哲学的，倫理的，心理学的そして意思決定論的な批判があった。意思決定論的な批判とはおよそ次のようなものである：合理モデルが意思決定主体に要請する，たとえば網羅的な代替案，正確な予測，明確で安定的な目標などはいずれも人間の能力を超えていて，合理モデルはそもそも実行可能性がない。このいわば外在的批判はもっともなのだが，やや無い物ねだり的で少々無理筋の批判の感がどうしても否めない。そこで，合理モデルそのものの論理や特性から合理モデルの自己矛盾を明らかにするいわば合理モデルの内在的批判をこの小論で試みた。

(2) フランスの高速道路建設の事業はきわめて合理主義的でしたがって合理モデルにそって行われている。ところが，事業を進めていく過程で数々の問題点や矛盾が生じている。そうした問題点や矛盾をよく考察すると，それらが実は合理モデルのそして合理主義のパラドックスの具体的現われであることがわかる。

A. 『公共事業を問う』

(1) 日本の最大の産業といわれている公共事業。戦後の日本経済を支えてきた公共事業。それが，財政赤字の膨張する今見直しが求められている。テレビレポート『公共事業を問う——見直しの三条件』(NHKテレビ，1997年)は，財政危機が叫ばれていた1997年秋に放送された。

番組では，公共事業を見直すための3つの視点が丹念な取材にもとづいた生々しい映像で熱っぽく語られた。3つの視点とは，第一に縦割りなど行政のあり方，第二に国と地方との関係，そして第三に事業決定の透明性，である。本稿は，そのうちの第三〝事業決定のあり方〟の部分に焦点を絞って，感ずるところを述べてみたい。

(2) カメラはフランスに飛ぶ。フランスは財政が悪化し，1996年度は6兆円もの赤字を計上するほどだ。そのため，欧州新幹線(TGV)路線延長，運河建設，シャルル・ドゴール空港拡張計画といった大型プロジェクトが相次いで中止された。公共事業全体が新たな見直しを迫られているのだ。

そうした流れのなか，フランス建設省道路局の高速道路建設事業が具体的事例として取り上げられている。

フランスの建設省道路局は，事業を客観的基準で評価することに10年ほど前から取り組んでいるのだ。局の官房長いわく，「事業の有効性や問題点を明確に捉え，国民の理解を得るためには，事業の評価はできる限り数値で行われるべきだ」と。

この道路局が高速道路のルート決定をどのように進めているか，少しくわしく追ってみよう。選択肢となるルート案は16で，それぞれの

ルートに関して，技術的難易度，環境への影響，都市計画との整合性，経済効果，利便性，収支など19の項目それぞれに対する有効性を数値化する。番組では，数値化がどのようになされているのかについて経済効果や，農業への影響を例に紹介されている。経済効果では，現地に道路局の調査員が出向いて，1回につき5,000人以上に直接アンケートを取るなどして得たデータにもとづいて，分析・査定されている。また農業への影響は，探査衛星写真を分析してその結果が数値化される。また景観への影響については，ルート予定地の写真をもとにCGを駆使した未来のイメージ映像を作成し，それを数値化するのである。

19の項目それぞれについて16のルートがこのように数値で評価される。そして，最高点は＋2，最低を－2として，＋2を濃い緑で，＋1を黄緑，0を黄色，－1を薄い赤，－2を濃い赤で表すと，各ルートは長い色の帯で表現される。それらをまとめて1つの表にすると，各ルートの相対的長所と短所が一目でわかる。

次いで，住民に対する説明会が繰り返し開かれる。CATVでこの事業についてのテレビ討論会が放送されたり，電話によるアンケート調査が行われる。この間，局の広報車が街角をこまめに巡回している。

説明会では，いろいろな疑問や意見が出され，ときに議論が激しく対立することもあるが，当局はしんぼう強く説明会を続ける。幅広い合意の上で，最終ルートを決定するために。涙ぐましい努力である。こうした努力こそが人びとの理解を得るカギであり，データは一般に公開してはじめて生かされる，というのが道路局のみならず建設省の基本理念なのだ。

(3) 公共事業を客観的指標で評価する取り組みは何もフランス建設

省に限ったことではなく，欧米ではすでに始まっていて，今や世界の潮流になっているらしい。

舞台は変わって，日本の建設省。その道路行政がなにかと批判されている。番組では，課長54名に，上述のフランス道路局のやり方についてアンケートを行った。回答した42名の90％以上が，「事業評価の数値化を積極的に進めるべきだ」とのことである。

また，建設大臣の諮問機関"道路審議会"は，1997年6月客観的評価システムの導入を初めて提案，1998年の本格的導入を目指して，"数値化検討プロジェクト"が発足，いまやその準備中とのこと。

出所：『朝日新聞』2000年．10．15日付より．

B. 意思決定の合理モデル

(1) いかなる行為をすべきかを決めることを意思決定（decision making）という。個人のであれ組織のであれ，そうした意思決定を記述したり導いたりするモデルに〝合理モデル（rational model）〟というのがある[1]。

それはすでにわれわれに馴染みのもので，意思決定の過程を次の5つのステップからなるものと考えている；①目標や問題の明確化，②あれをすべきかこれをすべきかといった代替案（alternative）の設計，③各代替案の結果（out-come）の予測，④各結果の（目標や問題に照らした）利得（pay-off）の評価，⑤一つの代替案の選択。これらの各ステップが十分なデータや知識を用いて字義どおりに進めば，選択される代替案はきわめて理に合ったものである。合理モデルというゆえんである。

ところで，各代替案がもたらすと予測される結果は1つに限らない。想定されている環境がきわめて安定していたり，情報が完全であるとき以外は，各代替案には通常複数の予測される結果したがって利得が対応する。

この対応について，合理モデルは次の3つの場合を考えている：①各代替案に対応する複数の利得は知られているがその確率分布まではわからない不確実性（uncertainty）の場合，②各代替案に対応する複数の利得はもとよりその確率分布も知られている危険（risk）の場合，③各代替案に対応するある利得の発生確率が1である確実性（certainty）の場合。

結局，個人のであれ組織のであれ意思決定を合理モデルにそって行

おうとすると，その意思決定の状況が3つの場合のいずれであっても，どのようにして最適の代替案を選択するかが最終的な問題となる。

ここで，合理的意思決定とは合理モデルにもとづいて最適の代替案を選択することとし，それを行動規範とする考え方を合理主義（rationalism）と呼ぼう。

(2) 合理モデルに習熟するために，簡単な投資決定を演習問題として解いていこう。

ある経営者が経営体質の強化という目標を実現するために2つの投資対象 I_1, I_2 のどちらかに投資しようしている。同時に彼は，投資の結果に影響を及ぼす環境状態として経済成長を考え，その可能な状態を，プラス成長，ゼロ成長，マイナス成長の3つに分類する。したがって，各投資にはそれぞれ3つの可能な結果が対応するが，彼はそれらの結果を当初の目標に照らして評価し，表1に示されるような利得を割り当てたとする。

表1　ある利得表：不確実性

環境状況 代替案	マイナス成長	ゼロ成長	プラス成長
I_1に投資	32	35	42
I_2に投資	35	37	28

a．不確実性の場合

表1において，経済成長の今後の推移が読めず，したがってそれぞれの投資案に対応する3つの利得にいかなる確率をも付与できないとき，あなたはどちらの投資案を選択しますか？

いろいろな選択の仕方すなわち選択原則がこれまで提案されてきたが，主要な選択原則が5つある。

まず，マクシミン（maximin）原則。これは有名な統計学者の名を冠してワルド（A. Wald）の基準とも呼ばれているが，その名の示す通り，各代替案の最小の利得に着目し，その値が最大である代替案を選択せよと決定主体に指示する原則である。表1の利得表で表される問題状況についていえば，I_1に投資という代替案（以後a_1と表示する）の最小利得は32であり，I_2に投資という代替案（以後a_2と表示する）の最小利得は35であるから，これらの最小利得の最大値35に対応する代替案a_2がこの原則の指定する最適代替案である。

この原則は，決定主体が自分にとって最悪な環境状態が生ずると確信して行動するという仮説にもとづいたものであって，その意味で，悲観的な行動原則といってよいであろう。

マクシマックス（maximax）原則は，マクシミン原則の反対に，各代替案の最大の利得に着目し，その値が最大である代替案を選択せよと決定主体に指示する原則である。したがって，これは楽観的な行動原則といえよう。表1で示される問題状況の場合，a_1の最大利得は42で，a_2の最大利得は38であるから，これらの最大利得の最大値42に対応する代替案a_1が，この原則の指定する最適代替案である。

以上の2つの原則は，各代替案のもたらす複数の利得のうち最小値あるいは最大値のどちらかのみに着目し，残りの利得値には何の関心も示さなかった。無視されたその他の利得値も各代替案に関する何らかの情報を含んでいるとすれば，代替案の選択に際して，せっかくのそうした情報を無下にすることへの疑念は，誰しもが抱くであろう。

これに対して，フルウィッツ（L. Hurwicz）は，各代替案の複数の

利得のうち，最大値と最小値とに着目し，それらを荷重平均した値の中で最大の値に対応する代替案を最適の代替案とせよと提唱する。最大値と最小値の荷重平均値を計算する際に，通常，最大値に α（$0 \leq \alpha \leq 1$）を乗ずるので，α は決定主体の楽観性の程度を表すものと考えてよいであろう。

表1の利得行列で示される問題状況で，決定主体の楽観係数 α が $2/3$ であるとき，a_1, a_2 の代表値としての荷重平均は，それぞれ，

$a_1 : 2/3 \times 42 + (1 - 2/3) \times 32 = 38\ 2/3$,

$a_2 : 2/3 \times 38 + (1 - 2/3) \times 35 = 37$,

となり，a_1 がこの場合の最適代替案となる。

なお，フルウィッツの原則において，決定主体が完全に楽観的で $\alpha = 1$ のとき，あるいは完全に悲観的で $\alpha = 0$ のとき，それぞれ，マクシマックス原則，マクシミン原則と一致する。

フルウィッツの原則が，各代替案の最大利得値と最小利得値とに着目するのに対して，ラプラス（P. S. Laplace）の原則は各代替案のすべての利得値に等しく着目せよというものである。これは，各環境状態のいずれかの発生確率が他のそれととくに差があるとの十分な理由がないならば，それらはすべて同じ確率を持っていると考えてよいという，ラプラスの不十分理由の原理（principle of non-sufficient reason）にもとづいた原則である。

表1で示される問題状況の場合，3つの環境状態がありうるので，それぞれの発生確率は $1/3$ であると考えられ，これを荷重平均の際の係数とすると，a_1, a_2 の代表値は，それぞれ，

$a_1 : 1/3 \times 32 + 1/3 \times 35 + 1/3 \times 42 = 36\ 1/3$,

$a_2 : 1/3 \times 35 + 1/3 \times 37 + 1/3 \times 38 = 36\ 2/3$,

となり，a_2 がこの原則による最適代替案となる。

上述の4つの原則はいずれも，各代替案を特徴づける代表値を規定するとき，それ以外の代替案と無関係に，当該代替案の利得値のみに着目するという共通点を持っている。しかし，代替案の選択に際して，他の代替案の利得値の情報も折り込んで各代替案の代表値を規定しようとするのは，いわば自然の成り行きであろう。これに応えるものとしてサベィジ（L. J. Savage）の原則がある。

もし任意のある環境状態が生ずると事前に知っているとして，それにもっとも適した代替案を選ぶことによって得られる利得と，それを知らないためにその他のある代替案を選んだことによって得られる利得との差を考えてみよう。この差は，得ようとすれば得られたが見逃してしまった利得であり，その意味で，当該環境状態のもとでのその代替案の機会損失（opportunity loss）あるいは後悔（regret）ともいわれる。表1の利得表で示される問題状況を用いて説明しよう。まず，環境状態がマイナス成長である場合，決定主体が a_2 を選べば，その環境状態のもとでの最大の利得35を得るから，何の後悔も経験しない。しかし，a_1 を選べば，彼は，32の利得しか得ないのであるから，そのときの最適代替案 a_2 を選ばずに a_1 を選んだことによる後悔の量は，35－32＝3となる。同様にして，残りの2つの環境状態について，各代替案の後悔を計算し，表2のいわば後悔表が得られる。

表2　ある後悔表

代替案＼環境状況	マイナス成長	ゼロ成長	プラス成長
I_1 に投資	3	2	2
I_2 に投資	0	0	4

サベィジは，そうした後悔表に，ミニマックス原則を適用することを提案する。つまり，それによれば，各代替案の後悔の最大値に着目

し，その値が最小である代替案が選択される。したがって，サベィジの原則はまた，ミニマックス後悔原則ともいわれる。表2の後悔表においては，a_1の最大後悔は3で，a_2の最大後悔は4であるから，それらの最小値3に対応する代替案a_1が選択される。

以上，不確実性のもとでの合理モデルによる意思決定の主要な5つの選択原則を解説した。

しかし，この事例を通しても理解されたように，異なる原則は，異なる代替案の選択を決定主体に勧告する。そこで，それらの原則の中でどの原則を用いるべきかという問題が生ずる。しかし，この問題に対する普遍妥当的な答は存在しない。それは，次に述べることからも，容易に理解されるであろう。

いずれの選択原則も，代替案間に優劣をつけるために，複数の利得からなる各代替案（つまり利得ベクトル）をある1つの実数で特徴づけるための方法である。あるものは，最小利得値を，またあるものは最大利得値を，さらにあるものは，最大利得値と最小利得値の荷重平均値を代表値として採用するよう提案する。結局，各原則の相違は，複数の利得で表される代替案を1つの実数で代表させるための荷重システムの違いに帰着する。たとえば，ラプラスの原則は，等荷重システムである。要するに，不確実性という状況では，普遍的に妥当する荷重システムは存在せず，したがって最適の代替案を勧告することはできないのである。

b．危険の場合

表1において，経済成長の今後の推移が確率的に読め，したがってそれぞれの投資案に対応する3つの利得に確率を付与できるとき，あなたはどのようにして投資案を選択しますか？

たとえば，利得が表1で示され，さらに過去のデータから，マイナス成長，ゼロ成長およびプラス成長の確率はそれぞれ，0.25, 0.25, 0.5であるという危険のもとでの意思決定を考えてみよう（表3参照）。

表3　ある利得表：危険

代替案＼環境状態＼確率	0.25	0.25	0.5
	マイナス成長	ゼロ成長	プラス成長
I_1に投資	32	35	42
I_2に投資	35	37	38

この場合，各代替案の期待利得は，それぞれ，

a_1：$32 \times 0.25 + 35 \times 0.25 + 42 \times 0.5 = 37.75$,

a_2：$35 \times 0.25 + 37 \times 0.25 + 38 \times 0.5 = 37$,

となり，a_1が最適代替案である。

要するに，危険という状況では，複数の利得で表される代替案を1つの実数で代表させるための普遍的に妥当な荷重システムは唯一確率分布であり，したがって期待値最大の代替案が最適代替案である。

c．確実性の場合

表1において，経済成長の今後の推移が確実に読め，したがってそれぞれの投資案に対応する利得が1つであるとき，あなたは何の躊躇もなく最適の投資案を選択できる。

表4　ある利得表：確実性

代替案＼環境状況	プラス成長
I_1に投資	42
I_2に投資	38

たとえば，プラスの経済成長が確実で，したがって利得が表4になったとしよう。

この場合，明らかに，a_1 が最適代替案である。

注 1) 合理モデルに対して，意思決定を流れとみなし，雑多な決定因の流れがタイミングによって意思決定に流入したり流出する，たんなる機会とか場にすぎないとするゴミ箱モデル（garbage can model）が最近注目されている。それについては，本書Ⅰ　ゴミ箱理論を参照されたい。

C. 『公共事業を問う』を問う

(1) フランス道路局による高速道路のルート決定の進め方を際立たせているのは，その徹底した合理主義である。まず，今回の高速道路建設に当たって考慮されるべき目標あるいは課題が検討され，19の目標項目が絞り込まれた。そして，16のルートが候補とされた。各ルート案は19の目標項目にわたって評価されるのだが，評価は入念に集められたデータにもとづく予測を定量化し，すべて数値で表現されている。最後に，このように偏りなく数値化された16のルート案から，最善のルートを選択しようというのである。

道路局のこの手順は，合理モデルの過程をそのまま踏んでいる。さらに，その結果の予測と評価のステップにおける作業とくに念入りなデータ収集，それにもとづく予測と定量的評価のための並々ならぬ努力は，合理モデルの鑑である。

その上，このルート決定の問題は，合理モデルによる意思決定と構造においても同じなのである。つまり，ルート決定問題は，前節で例題とした投資決定問題と同じく，複数の利得から成るいくつかの代替案の中から最適の代替案を選択することである。ただし，ルート決定問題では予測される結果が1つでそれを評価する目標が複数あるため

利得が複数になっているのに対し，投資決定問題では目標は1つだが予測される結果が複数あるため利得が複数になっている，といった違いはある。要するに，先の投資決定問題が3つの利得から成る2つの代替案のうち最適な代替案を選択する問題であったのに対し，フランス道路局のそれは19の利得から成る16の代替案のなかから最適な代替案を選ぶことで，ただ利得行列の規模に差があるだけなのだ。

フランス道路局のルート決定は，その手順，作業内容そして構造のすべてにおいて合理モデルの典型例として資格十分で，その意味できわめて合理主義的である。では，このすぐれて合理モデル的意思決定は，3つの場合のいずれに属するのか？

その際問題になるのは，決定主体の組織として一定の荷重システムが有るか無いかである。具体的に言えば，ルートの選択を委ねられている住民の間に，19の目標項目のそれぞれの相対的重要性に関してなんらかの合意が得られている（あるいは得られうる）かどうかが問題となる。

合理モデルはその性質上あいまいさを嫌う。最適か否かを問題にしているところでは，多様に解釈できたり明瞭でないことは不都合であり極力排すべきものである。そのことは，すべてを数値化しようとしているフランス道路局の並々ならぬ努力に如実に示されている。

ところが，あいまいさは，多様な価値観をもつ人びとの間で，合意を得るのに必要なものなのだ。「あいまいな表現は，さまざまな解釈を許すと同時に連帯感をも生む」[1]。さらに「合意が存在するという感じを，たとえ実際には存在しないときでも維持できるのは，まさにあいまいさのおかげである」[2]。

こんなことは，普通の大人ならば，とっくに知っている社会的知恵

だ。ともかく，あいまいさの排除は合意形成の障害にこそなれ促進はしない。したがって，ルート決定において住民が19の目標の相対的重要性に関して合意に達するのは困難だろう。

とすると，フランス道路局のルート決定は，合意された荷重システム不在のいわば不確実性の下での合理モデルによる意思決定とみなすことができる。したがって，このきわめて合理主義的な意思決定が最適ルートの選択を保障しないのである。

そう，多様な価値観を有する人びとから成る組織において，合理主義は，それの依拠する合理モデルがあいまいさを排除するため不確実性の状況となりやすく，必ずしも最適の決定に導かないのである。簡単に言えば，合理主義は合理主義に徹するあまり合理主義でなくなるのである。これ，合理主義のパラドックスである。

(2) フランス建設省道路局による高速道路のルート決定の進め方のいま一つの特徴は徹底した民主主義で住民の参加を積極的に求めていることである。道路局の調査データや結果が説明会などで住民に公表され，議論を十分積重ねた上で，住民によってルートが決定されるのである。

これにも問題がある。各ルートの長所・短所が，一目で誰にもわかるような形で公表される。しかも，それが十分な客観的データにもとづくものだとして。そのため，個々の関係住民は自分の利害に対する各ルートの得失を客観的に推定できるようになり，より明確で確固なものになった賛否を公の場で互いに表明し合うようになる。こうなると，お互いに退くに退けず，妥協もしにくくなる。住民の間のコンフリクトはより鋭く，厄介なものになる。

そこで，この事業に関して住民の間に何か共通に認識し合えるものを醸成することが必要になる。そして，当局は自らの合理的解決に向

80   I   ゴミ箱理論

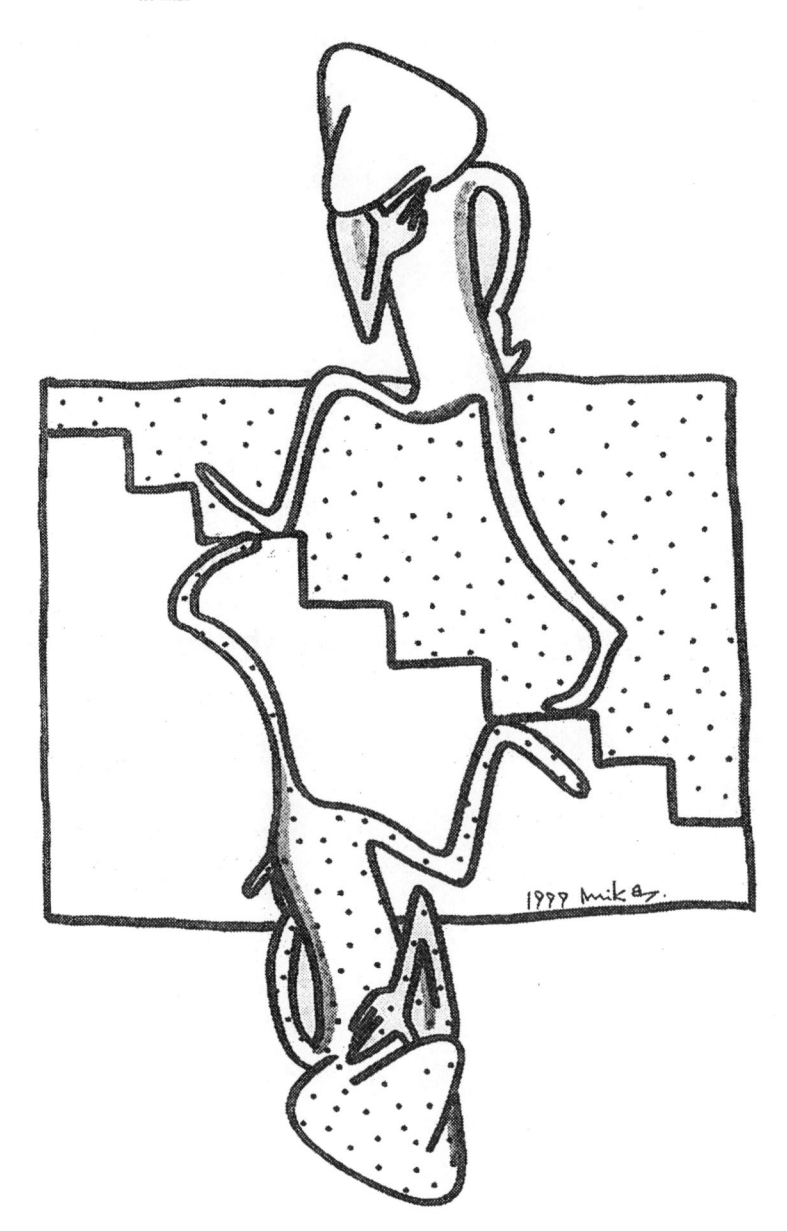

4 合理主義のパラドックス　81

けたひたむきな姿勢こそが住民の共通して認めることのできるものと判断し，客観性の象徴としての数値化にいっそう励むようになる。するといっそう利害の得失が鮮明になり，コンフリクトが高まり，さらに当局は客観性に努める。悪循環である。

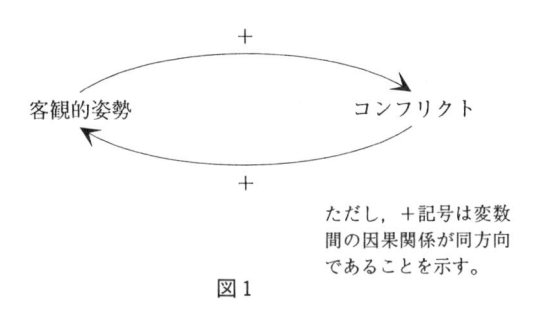

```
            +
     ┌──────────→┐
  客観的姿勢      コンフリクト
     └←──────────┘
            +
```

ただし，＋記号は変数間の因果関係が同方向であることを示す。

図1

　この悪循環はすでに現実になっているようだ。それは，番組での反対派住民と警察との衝突シーンに，そしてフランス建設省官房長の「今後われわれは評価項目をいっそう拡充し，より詳細に数値化し，選択肢の数も多く，住民の意見を聴く機会をさらに増やそうとしている」との言に如実に示されている。

　これでは，金のみならず関係者の労力や時間をドブに捨てるようなものだ。

　さらに，"ルートの決定は合意を得てから"としているのが問題である。いま述べたように，悪循環のため，住民間のコンフリフトは激化するだろう。そして選択されるルートについての合意は難しく，もし得られたとしてもそれは遠い先であろう。高速道路建設を含めいかなる事業もタイミングが大事だ。タイミングを失した事業は無意味や有害にさえなるのだ。

　道路建設の着工そして完成の時期がこのように定めがたいものとなると，今度は予測の問題が生ずる。16のルートの見事な数値化は，各

ルートが一定の完成時点でどのような結果（自然的，経済的，社会的など）をもたらすかについての何らかの予測にもとづいて成されているハズである。しかし，上述の事情より，完成時点はなかなか予想しにくい。その点，当局の想定した完成時点がどれほど確実かははなはだ疑問である。その上，大胆にも，想定している完成時点はただ1つなのである。

完成時点が疑わしくなれば，結果の予測も数量的評価も信頼しがたくなる。あれほど膨大な人員と金と時間を注ぎ込んでの数値化のベースとなった予測の正体とはこの程度のものなのである。

こんな能天気な営みは，民間企業ではとうていできない。決定そして実行にいたるコストが少しでも過剰であったり，タイミングがわずかでもズレたりすれば，それだけで民間企業にとって命取りになりかねないのだ。親方三色旗だからこそやれるのだろう。

注 1) Eisenberg, E. M., "Ambiguity as Strategy in Organizational Communication," *Communication Monograpiis*, Vol. 51, Sept. 1984, p. 231.
2) Weick, K. E., *Sensemaking in Organizations*, Sage Publications, 1995. p. 120.

おわりに

(1) 可能ならばの話だが，公共事業は合理的かつ民主的に決定されるべきであろう。この理想を実現するため，フランス建設省道路局は懸命の努力を払っている。しかし，その実現は困難だろう。意思決定理論と多少のイマジネーションを働かせば，合理主義のパラドックスが価値相対化を是とする民主主義によって増幅されることは容易に理解されよう。

ところで，リーダーシップとは〝世界に顔をあてがうこと〟であ

る。K. E. Weick 引用するところのセイヤー（L. Thayer）によれば，「リーダーとは世界に〝顔(face)〟をあてがうことによって，部下が世界に〝気を配る（mind）〟仕方を変えたり，導いたりする人である。‥‥リーダーは意味を付与する者である。リーダーは常に，さもなくば把握不可能な，混沌としてメリハリがなく手に負えない世界――つまりわれわれが最終的にコントロールできないような世界――から脱却する可能性を体現している人である」[1]。換言すれば，リーダーは共同体において何が意味あって，大事で，何がさほどでないかのメリハリをつける人である。

　自治体や国の長に期待されている役割の一つはこうしたことであり，それに連なる行政者は首長の手足となってその任務の遂行を助けなければならない。そうすれば，共同体に共有な意味世界が形成され，あるいは価値や目標の相対的重要性についての合意もあながち不可能でなくなるかもしれない。その場合に限って，合理モデルによる意思決定が危険の場合となり，最適の代替案が選択されるのである。

　このように考えると，フランス道路局が「データはこちらで調査・作成し，それを公開するから，住民は十分議論を重ねて決めて下さい」というやり方は，行政者として任務放棄と言わざるを得ない。

　(2)　最近，テレビルポルタージュ『公共事業はだれが決める？』(TBS, 1999年8月) を観た。それは，吉野川可動堰事業をめぐる反対派住民と建設省側との攻防を描いたものである。この事業が注目されるには訳がある。まず，反対住民が住民投票の実施を議会に要請し，議会がそれを認めたこと。いま一つは，その意味で多くの人の関心を集めているこの事業を，ニュー建設省の打ち出した対話路線の試金石のみならずデモンストレーションの場として，建設省がかなりバック

アップしていることである。

現地の建設省徳島工事事務所は，当然これまで以上に市民対話集会を重視し，力を入れている。しかし，住民の反応は冷ややかだ。対話集会は，単なるガス抜きやアリバイ作りだというのである。そんな中で悪戦苦闘する所長の姿を番組は追っている。

決定は先にありき，討論集会はただ理解を求めるだけならば，そうした事態に至ったのもいたしかたないだろう。日頃のリーダーシップの不在が嘆かれる。

注 1) Weick. K. E., *Sensemaking in Organzjations*, Sage Publications, 1995, p. 10.

エピローグ

「ナスカピインディアンは毎日，獲物を捕らえるためにハンターがどの方角に行くべきかという問題に対している。彼らはその問題に対して，乾燥したカリブーの肩甲骨を火にかざすことによって答を出す。骨が熱くなるにつれてヒビや染みが現れてくるが，それを長老が"読む"のである。骨に現れたヒビは，ハンターが獲物を求めるべき方角を示している。ナスカピ族は，これによって神が狩の決定に介在していると信じている。このやり方の興味深い点は，それがうまくいっているということである。

このやり方がどうしてうまくいくのかを理解するために，この決定の手順の特徴をいくつか考えてみよう。第一に，どこに狩に行くべきかの最終決定は，純粋に個人の選択でも集団の選択でもない。したがって，もし獲物が見つからなくても，神——集団でない——が責められるのである。第二に，最終決定は，過去の狩の結果に影響を受けない。もしインディアンが過去の狩の結果に影響を受けると，彼らは動

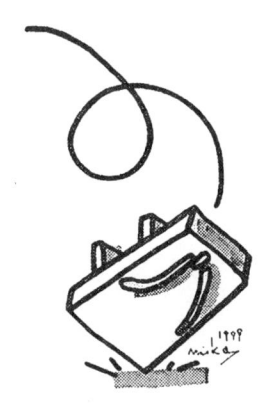

物の残存量を涸渇させるという明白な危険を冒すことになろう。その前の成功はその後の失敗を招くのである。第三に，最終決定は，人間の選択や選好の典型的パターン——それを動物が察知すると容易に逃げたり人間の気配を感じ取る——に影響を受けない。したがって，肩甲骨の使用は，一定の活動パターンを避けた方がよいような状況で行動を複雑化するきわめて素朴な方法である。Moore 自身の言葉で言えば，『次のようにみなしてもよかろう。すなわち，人間はこれと同じことを乱数表に求めている。それによって，彼は，自分の行動が知らず知らずのうちに規則的になり，敵にそれを衝かれないようにしているのである』(1957, p. 73)。

　私の感じでは，決定を下す際に乱数表を使うのが効果的な場面は，単に敵がいる状況に限らずもっと多いように思われる。たとえば，適応が適応可能性を排除する一つの理由は，人が最近有効だったやり方を覚えているからである。記憶はイノベーションを殺ぐ。集団がランダム化の方法を上手に使い，最近の適応的やり方を忘れさせてくれるならば，その集団は変化をうまく乗り切るのに有利であろう。新しい

顧客や新工場の立地をどこに求めるべきかを決定するのに社長がカリブーの骨を焼いているとして, この社長の組織が, これらの事案を決するにきわめて合理的な計画を用いる組織とくらべて, 何ほどか劣っているだろうとは言い切れないのである。

　焼けたカリブーの骨のヒビを"読む"といったランダム化手法の利用にはいくつもの利点がある:

1　もし失敗しても, あなたに累があまり及ばない。
2　事実が十分にない時でも, 決定が下される。
3　代替案の間にさしたる違いがないときでも, 決定が下される。
4　ネックが克服されるかもしれない。
5　競争者が混乱する。
6　代替案の数が無限になる。
7　手順が愉快だ。
8　決定が速やかに下される。
9　特別な技能が要らない。
10　金がかからない。
11　その過程にケチのつけようがない。
12　ファイルや保管場所がいらない。
13　分け隔てのしようがなく, どの代替案も等しくウェートづけされる。
14　解にいたるに論争というものがない。
15　真の新寄性を呼びこむことができる。
16　読み方を変えることによって, ツキを変えられる。」
　(Weick K. E., *The Social Psychology of Organizing*, 2nd ed., Addison-Wesley, 1979, pp. 262-3．〔遠田雄志訳『組織化の社

会心理学　第 2 版』文眞堂，1997，335〜7 ページ〕）。

(ロカ岬にて)

II ワイク理論

闇に沈む月の裏の顔をあばき
　　　青い砂や石をどこへ運び去ったの
忘れられぬ人が銃で撃たれ倒れ
　　　みんな泣いたあとで誰を忘れ去ったの
飛行船が赤く空に燃え上がって
　　　のどかだった空はあれが最後だったの
地球上の人があふれだして
　　　海の先へこぼれ落ちてしまうの
今　　あなたに Good-Night
　　ただ　あなたに Good-Bye

　　　　　井上陽水作詩「最後のニュース」より

1　点と線と図
―― カール・ワイクの世界(1) ――

はじめに

　あの山一証券が廃業に追い込まれ，今，多くの銀行が大量の不良債権を抱えて苦境に陥っている。これらはすべて，右肩上りの経済成長がいつまでも続く（なぜならば，人間の欲望が無限である）との思い込みで経営してきた報いである。ビジネス環境の読みが甘かったのである。このような環境認識の下では，損失の"飛ばし"による処理の決定や積極的な融資戦略は，格別に悪しき意思決定ではなくむしろ整合的な良き意思決定でさえあった。
　環境についての認識が悪しきもとでは，意思決定が「良き」ものであればあるほど悪しきものとなる。組織にあって大事なのは認識であって，意思決定ではない。組織の多くの意思決定が環境認識にもとづいて行われるということを思えば，それは当然といえば当然である。経営実践でのこうした事実を受けてか，最近，経営学の分野でも小さくない変化が生じている。
　今日の経営学や組織論は組織の意思決定を軸に展開され，おおよそ50年の長きにわたり発展してきた（ちなみにその前の50年間は組織の行為の側面が中心であった）。しかし，近ごろ，経営学や組織論において組織の学習や知識，より一般的にいって組織の認識といった問題への関心が次第に高まっている。来るべきポスト・デシジョンというかポ

ストモダンの経営学は組織の認識を中心としたものとなろう。

「組織は自らが順応しなければならない"事実"とみなす現実を創造する」というアイディア[1]をベースに展開されたワイク（K. E. Weick）の組織論は，組織の認識論そのものである。彼ワイクをポスト・モダン経営学の旗手と称するゆえんである。

本稿では，彼の展開した"組織化の進化論モデル"にのっとって，組織が環境をいかに認識（ひいては創造）するか，その環境認識を適切なものにするにはどうしたらよいかについて簡単に述べられている。

注 1) 「人間は自らが張りめぐらした意味の網の中にからめとられている動物である」
　　　（C. ギアーツ）。
　　　ファットが負性を帯びた言葉の世界，意味世界を自ら創り，それにとらわれて拒食症ひいては餓死する女性が何万人もいるらしい，この飽食の時代に。

A. 心　　図

(1) 北九州のとある海岸に男女の死体が横たわっていた。多くの人はこの2つの死体を"2人が合意の上で服毒自殺した"と関係づけその他の事実関係をも含め"ありきたりの心中事件"と捉えた。ところがここに，「それこそ，犯人の思うツボではないのか」と疑う（人の世の裏表をさんざん見続けてきた）老刑事が登場した。彼は男女の死体という2つの点を"別々のところで毒殺された男と女がこの海岸に運ばれたのでは"との因果の線で結びつけその他の事実関係をも視野に入れて，"汚職にからむ殺人事件"という図を描いた。そして彼は，犯人の『時刻表』を駆使した鉄壁のアリバイ・トリックを鋭い推理で次々と崩し，やがて事件の真相に迫っていくのであった。実は，これ

は松本清張の有名な推理小説『点と線』のモチーフである。

　星座を思い出してほしい。夜空の点が線で結ばれ，心に有意味な図が浮かび上がる。同様に，世の雑多な事実や情報が因果の線で結ばれ，心に有意味な世界が創造いや"想造"[1)]される。したがって，想造される世界像は，因果の線の結び方次第で大いに異なってくる。

　出来事や情報をどのような因果の線で結びつけるかを指示するものが因果マップである。因果マップは相互に因果的に関係づけられた（神や運命といった仮想や象徴をも含む）概念や変数から成るマップである。人は心の中の因果マップを目前の多義的なディスプレーにあてがい，ディスプレー中の要素を因果的に関係づけ，地と図を一義的に見分ける。こうして人は，ディスプレーに一定の意味を付与し今何が生じているのかを知るのである。

　換言すれば，人は因果マップを心のレンズにして世界を観るのである。海岸の男女の死体を含むディスプレーに"心中"という意味を付与するにせよ"殺人事件"と解釈するにせよ，人間というものは何ら

かの意味づけをしてはじめて世界を知ることができ落ち着くことができるのである。「最初から色メガネで見てはならない」とはよく聞く説教だがそれは人間の本性に反し，したがって無理な注文なのである。

　因果マップは人がすでに経験した世界を要約したもので，それを（遅ればせの）レンズにして現在の世界を観ることができる。ところが，この心の中の因果マップはもしそれが世界をそれなりに捉えていれば，さらに実際の世界を創りもするのである。因果応報，因果マップによって想造された世界像が実際の世界を創造するのである。

　人びとの心の中に抱かれている因果マップは，その人にとって何ほどかの妥当性を有しているので，それは彼の行為をガイドする。したがって，そうした行為が創る実際の世界は因果マップひいては（それによって）想造された世界像に近いものとなる。よしんば，そうならなくても，彼にはそう見える傾向がある。いずれにしても，彼は想造された世界像にいっそう確信をもち，同様の行為をくり返す。そのような一連の行為の結果として創造される実際の世界が想造された世界像と符合するようになるのは当然で，あたかも領土が地図作成者によって創造されるようなものだ。「組織がある因果マップを作り，それを以後の出来事にあてがうとき，そのマップが組織の棲むテリトリーを実際に創造するのである。こうしたことが続くと，地図が領土になってしまうのである。しかしマップそれ自身は経験の流れの単純化で大部分を省略したものなので，もし別のマップが描かれればそれはより素晴らしい存在を創造するかもしれない」[2]。良き地図ならぬ心図は，良き領土ならぬ世界を創るというわけだ。

　ならば，心図というか因果マップは良い世界を創造するものであって欲しい。

ところが，それを心に抱く者が破滅から逃れられなくなるような世界を実際に創造してしまうヤッカイな因果マップがある。それは，わずかの逸脱をも拡大再生産し続けるコントロール不能のループをもつ因果マップである。このような因果マップを有する組織は，たった一つの変数が少しでも悪しき方向にブレるといわゆる負の連鎖というか悪循環が生じやがて崩壊してしまう。

 (2) システム理論によれば，負つまり－の因果関係を偶数個（0，2，4，…）含むサイクルは発散あるいは逸脱－増幅のサイクルで，そうしたサイクルから成るシステムはいわゆる悪循環に陥ってもコントロール不能である。「つまり，ある変数の同一方向への動きは，システムが壊れるか変質しない限り止まらない」[3]。ヒートアイランド現象を含む環境問題の多くは，この逸脱－増幅サイクルがもたらしたものである。

 たとえば，「勉強はからきしダメだ」という学生の因果マップが図1に示されるようなものとしよう。彼の因果マップは－符号が2の偶

数個だから逸脱‐増幅である。すなわち，彼が少しでも成績を下げ，勉強が嫌いになると勉強への意欲が低下するが，悪循環に陥っているため，勉学意欲の喪失に歯止めがかからない。

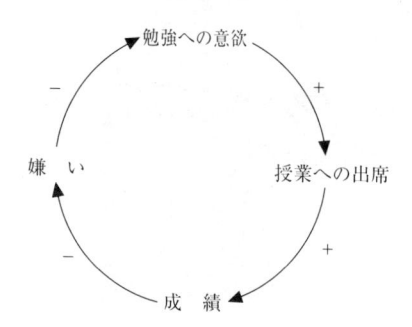

ただし，＋，－はそれぞれ変数間の因果関係が同方向，逆方向であることを示す。

図1　ある因果マップ

　このような因果マップを心の中に持っている人や組織は，その苦境が自ら育んだものだけにいっそう哀れである。しかし，自ら招いた不幸は，自ら克服することもできる。そのための方策としていくつか考えられる。

　たとえば，因果マップに（－符号の総数を奇数にするような）変数を加えたり，あるいは変数の解釈を変えて変数間の因果関係の符号を逆転させたりして，因果マップを逸脱‐減衰サイクルにして安定させればよい。しかし，これらの方策は理論的には可能だが，実際に自らが順応するほど思い直すのは容易ではなかろう。

　しかし，比較的容易に実践できる方法がある。それは，変数の用語を別の用語に変えることによって因果マップの－符号の数を奇数にすることである。たとえば，先の学生の因果マップの"嫌い"という変

数を"苦手"と変えてみよう。すると因果マップは図2のように変わり，その中の−符号は奇数となって逸脱-減衰サイクルが形成され，学生の勉学意欲も喪失することなく安定する。というのは昨今の風潮では，"嫌い"という感情は無理に抑えるべきものではなく，ならば"勉強意欲の低下"も止むをえない，となる。しかし，"苦手"となると話が少々違ってくる。というのは，今日においても"苦手なものはなるべくなくす"のが望ましいとされており，したがって，勉強が苦手になったら，それを克服すべくいっそう勉強に励まなければとなり彼の勉強の世界も安定したものになろう。

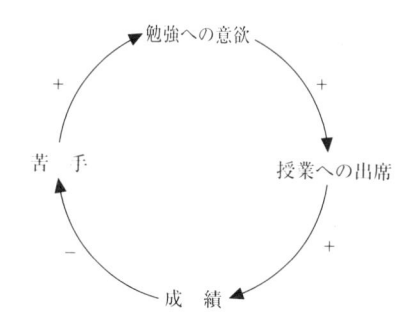

ただし，+，−はそれぞれ変数間の因果関係が同方向，逆方向であることを示す。

図2　ある因果マップ

　豊富な語彙による優れた因果マップは良き世界を創る。貴女のボーイフレンドを"吝嗇んぼ"呼ばわりしないで"倹約家"と言うよう努めれば，恋も実ろうというものだ。

　これまで見てきたように，自己崩壊の世界を創るのかコントロール可能な世界を創るのかは，それを創造する因果マップにそれも因果マップの変数間のパターンや関係によるのである。「手こずるシステ

ムはどうさばけばよいか？ 決してやってはならぬことは，一つの変数だけにこだわることである。相互依存の基本的特性が示すところによれば，変数間のパターンや関係が取り組むべき現実であって，実体は取るに足らない。……変革すべきは変数と変数との間なのだ」[4]。実体（substance）よりも関係（relation）が大事というわけだ。

　この平成不況も他ならぬ悪循環がもたらしたものと悟れば，その対策もおのずと違ってくるのだろうが…。

　(3)　太郎も次郎も H 大学の 1 年生だ。大学に入って初めてのテストというので，彼らはかなり入念な準備をして経営学総論の前期試験に臨んだ。発表された成績はともに B だった。

　この成績をみて太郎は思った。「大学というところは甘くない。日頃から自分で勉強しなくてはいけないんだ」と。そして，彼は，後期，授業に積極的に臨み，先生のすすめる本も読んだ。後期試験の後に発表された成績は A だった。「ここでは，努力が報われるんだ」。受験ではさんざん苦汁を飲まされ，「すべては運サ」と半ば不貞腐れていた太郎にとって，それは新鮮な驚きですらあった。それからというもの，彼はいっそう勉強に励み，勉強がおもしろいと思ったことさえ何度かあった。「H 大っていい大学だナ」と 4 年になった太郎は思い，最近では大学院に進もうと真剣に考えている。

　一方の次郎は，「あんなに勉強したのに B か」とガッカリし，他の科目も思うようにいかず，「H 大ってヘンな先生ばかりだ」と決め込んだ。それからは勉強にも熱が入らず，近ごろは，「退学しようか，他の大学へ入りなおそうか」といったことばかり考えている。

　2 人をこうまで違えてしまったのは，彼らが H 大でどんな教育を受けたかという「客観的」真実ではなく，それぞれが心の中で受け止めた「努力は報われる」や「H 大ってヘンな先生ばかりだ」といっ

た「主観的」事実である。たかが経営学総論の成績というタワイのないことがキッカケではあったが，それぞれの「事実」に次第次第にからめとられてゆき，ついには太郎は大学院への進学を，次郎は退学を考えるまでにいたったのである。学舎はそれぞれの心の中にあるのだ。

　大事なのは，〝裁判などで問題になるような「客観的」真実〟ではなくて〝心の中で受け止めた「主観的」事実〟なのだ。この〝心の中で受け止めた「主観的」事実〟にほぼ相当するものを，社会心理学者のワイクは〝イナクトされた環境（enacted environment）〟[5]と呼ぶ。なぜイナクトかといえば，それは，太郎・次郎物語からもわかるように，人が適応する環境は，実はかつて自らが積極的にかかわって想造したものであるということを強調するためである。いってみれば，因果応報ということだ。

　そのイナクトされた環境は，通常，因果マップの形で記憶されている。「われわれは，保持（あるいは記憶——引用者注）された内容を指すのにイナクトされた環境と因果マップという用語を使っている」[6]。

　因果応報，人は自身によってイナクトされた環境に適応するのである。次郎の窮状はH大そのものの環境というより，自らが貧因な語彙と短絡的な発想でイージーにイナクトした環境に適応というかからめとられた結果なのである。ちなみに，次郎のイナクトした環境はさしずめ図3のようなものか。

　とすれば，頻発するいじめによる自殺の悲劇も，いく分かはいじめられたとする生徒の環境のイナクトの仕方にも問題があるのでは……，と思えてくる。げに恐ろしきはイナクトされた環境だ。

　それほど大事なイナクトされた環境は，組織ではどのように形成さ

100　II　ワイク理論

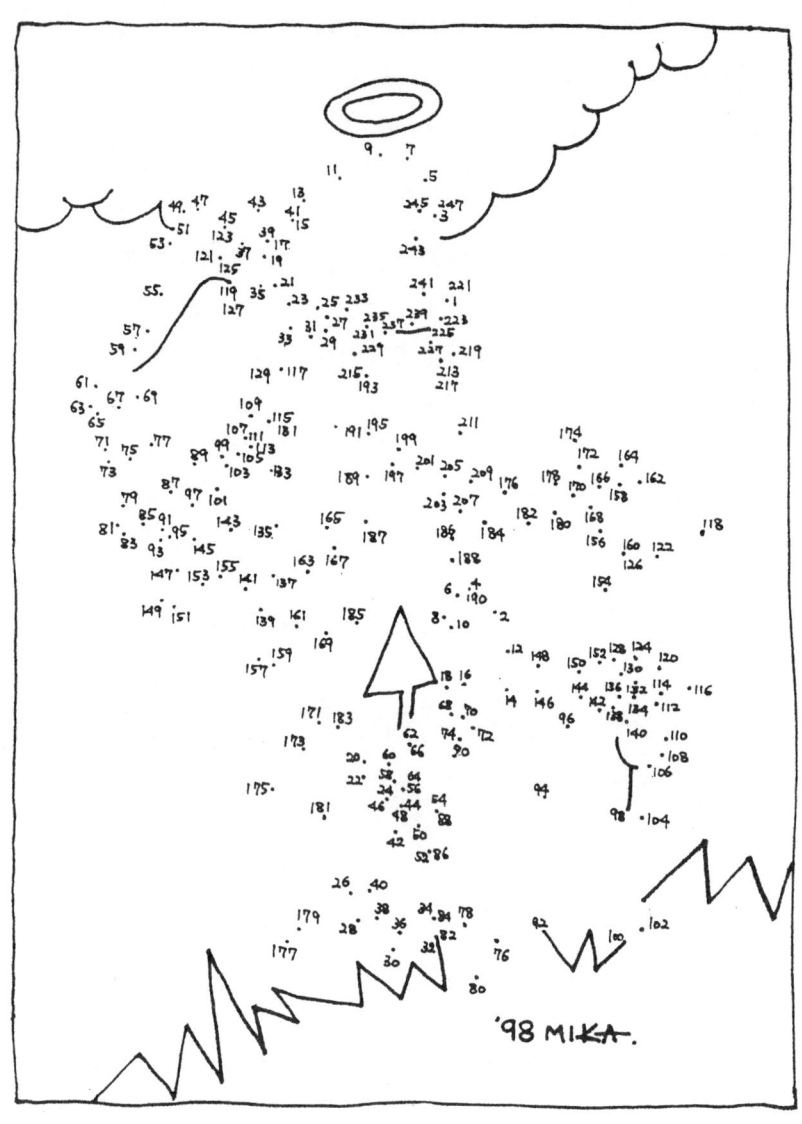

レッツプレイ！
1, 3, 5 …→天使　2, 4, 6, …→？

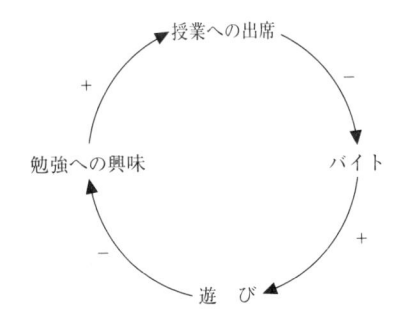

```
        ┌─→ 授業への出席 ─┐
        │＋              －│
   勉強への興味           バイト
        │－              ＋│
        └──  遊 び  ←────┘
```

ただし，＋，－はそれぞれ
変数間の関係が同方向，逆
方向であることを示す。

図3　イナクトされた環境——次郎の場合——

れるのか？　また，それを適切なものにするにはどうしたらよいのか？　これらの問に答えるためにワイクが展開したのが〝組織化の進化論モデル〟同じことだが〝ESR モデル〟である。どちらにしても大層な名前だが，恐れるには及ばない。それは簡単で常識的でさえあり，そのエッセンスは先の太郎・次郎物語からもうかがえる。

　たとえば太郎はどのようにして教育環境をイナクトしたのか。彼は大学に入って初めてのテストということでかなり入念な準備をして経営学総論の前期試験に臨んだ（行為）。発表された成績Ｂをみて太郎は「大学というところは甘くない。日頃から自分で勉強しなくてはいけないんだ」と思った（結果の解釈）。そして，彼は，後期，授業に積極的に臨み先生のすすめる本も読んだ（行為）。後期試験の後に発表された成績のＡをみて彼は「ここでは，努力が報われるんだ」と思った（結果の解釈）。それからというもの，彼はいっそう勉強に励み（行為），わずかながらも勉強がおもしろくなってきた（結果の解

釈)。太郎は「H大っていい大学だナ」とつくづく思い(イナクトされた環境),このまま大学院に進もうかと真剣に考えている。

　なんのことはない,(この場合,教育)環境について,主体が行為し,その結果を解釈し,それにもとづいて行為し,さらにその結果を解釈し,…というサイクルをくり返すなかで心の中に形成された認識がイナクトされた環境というわけだ。常識的である。それはともかく,このサイクルをより一般化し精確にした(その反面複雑になった)のが"組織化の進化論モデル"別名"ESRモデル"である。

注 1)　"想造"とは,想像(イマジネーション)が創造(クリエーション)するというニュアンスを表す造語である。
　　 2)　Weick, K. E. *The Social Psychology of Organizing*, 2nd ed., Addison-Wesley, 1979, p. 250.〔遠田雄志訳『組織化の社会心理学　第2版』文眞堂,1997,324ページ。〕
　　 3)　*Ibid*. p. 72.〔前掲訳書94ページ。〕
　　 4)　*Ibid*. p. 79.〔前掲訳書102ページ。〕
　　 5)　イナクト(en-act)の反対語はre-actで,「反応する」と訳され,文字通り主体の受動性を表す言葉である。それに対して,en-actには主体の能動性がよく表されている。

　　　　たとえば,今日の底無しとも思われる不況も,(神による)必然的で客観的なものではなく,われわれが自ら招いた不況という意味で"イナクトされた不況"といえる。というのは,この不況のキッカケの一端は,消費税率を上げよう上げようとする政府の意向に迎合して,やれ超高齢化社会の到来とか福祉過剰だ,とのもっともらしい言説でキャンペーンを張った目立ちたがり屋で無責任なエコノミストや評論家と,「それもそうだナ,ならば何かのときに備えて節約,節約」と素直に同意し,そのように行動した国民との不幸な共振動だったと思えるからである。
　　 6)　*Ibid*. p. 131.〔前掲訳書171ページ。〕

B. 創　　図

(1)　組織は常に経験の流れの中にいる。その流れの中の変化や違い

の部分は，組織にとってパズルのようなものだ：あれこれ解釈できるが，どの解釈が適切か？　謎だ。定期的に鳴るベルの音は一義的でパズルではない；「これは授業の始まりを告げるベルだ。」しかし不意のベルの音は多義的でパズルだ；「火災発生の知らせか？」「ベル系統の故障か？」「避難訓練の合図か？」「単なるイタズラか？」。

あるいは，ある日突然，大口投資家から〝損失補填〟を要求された証券会社や〝中三生連続児童殺傷事件〟を経験した日本社会は，それぞれどう解釈しどう対処したらよいか？　これまた，謎だ。

こうした多義的なハプニングや出来事あるいは情報に個々人がそれぞれに解釈し行動してもラチが明かない。そこで人びとは，まず，コミュニケーションをして，一定の答や意味を引き出しそれを共有して事にあたする。1人の人間が多重人格の病になるのも，何万人もの集団が組織として機能するのも，その鍵を握っているのはコミュニケーションである。コミュニケーションによって，多義性（equivocality）が削減され意味が共有される。その過程が組織化（organizing）である。

ちなみに，意味を共有しようともせずにあれこれ思いついた答や解釈を勝手に言い合っているだけではコミュニケーションとは呼ばない。

コミュニケーションは，互いに無関係な人びとの間では行われないし，行う必要もない。それは，何らかの関係がある人びとの間で行われる。人と人との関係で，最も切実で基本的な関係は相互連結関係である。人は全知でも全能でもない。個々人は，それぞれある欲望を満たしたいと欲しても，それを実現するためには他者に何事かをやってもらう必要があり，そのため他者に何事かをやってやらねばなならない。こうした相互に連結したいわば持ちつ持たれつの関係を他者と結

ぶことによって，人びとは自らの欲求を満たすのである。今はやりの言葉を使えば，利己的共生関係である。

　このような相互連結関係にある人がコミュニケーションによって意味を共有し，何事かをやり遂げる。くり返されるこうしたコミュニケーションや仕事を通して次第に安定しタイトになった相互連結関係が業務単位で，それぞれは特有な安定した意味世界をもつようになる。そうした業務単位が（後述する）組み立てのレシピによって適宜いくつか結びついたものが組織である。

　この意味するところは大きく2つある。1つは，単純な社会構造を構成単位とする利点である。組織は，「構成員が不完全な知識しかもっていなくても，機能するのである。ほとんどの組織が現在行われている事について誰も十分知らないのに機能しているという事実を考えれば，このことの意味するところは大きい。これまで見てきたように，誰も知る必要がないのである。調整は単純な構造にビルトインされ，その単純な構造が組み立てられると誰もが理解できないような複雑なユニットとなる。この複雑性のゆえに，いかなる参加者も表現あるいは想像さえしえないような複雑な問題を処理・管理あるいは解くのにこれらの構造が利用できるのである。この意味において，結果は正に集合的であって，誰か1人の行為者の認知に帰するものではない」[1]。

　いま一つ組織は目標を共有する必要がないことである。組織の基本単位である相互連結関係の人びとは，それぞれ他者からの貢献を必要としているだけで，他者が何のためにやってくれるのかを知る必要もなく，あまつさえそれに同意する必要はさらさらないのである。「集合構造におけるパートナーは，空間や時間やエネルギーをおそらく共有するが，ビジョンや要求あるいは意図を共有する必要はない。

そうした共有は，もし生ずるとしても，ずっと後になってからである」[2]。

このように，人が他の人と相互連結し組織に参加するのは，自分の欲望や目的を満たすためである。しかし，それらの欲望や目的は普通多岐にわたっているので，個々人の相互連結やコミットは数々の組織に分散している。したがって，人は普通一つの組織のみに丸ごと包含されているわけではない。この事実を部分的包含（partial inclusion）というが，これによって，人間の孤でありたいと同時に衆でもありたいという矛盾した願望がかなえられるのである。

(2) 組織においてハプニングや情報の多義性が削減されイナクトされた環境が形成される過程を周知の自然淘汰の過程（変異，淘汰，保持）になぞらえて，ワイクは進化論モデル（evolutionary model）を展開した。そして，組織化の過程は，イナクトメント，淘汰それに保持の3つのステップから成り立っているとする：

①イナクトメント（Enactment）　組織化にとってのイナクトメントは，いってみれば自然淘汰における変異に当たる。では変異とは言わずになぜあえてイナクトメントと言うかといえば，自然界での（突然）変異にくらべて，組織が変異に対して果している能動的な役割をイナクトメントという言葉が捉えているからである。

人や組織がかかわる経験の流れの中で，変化とか違いがよく生ずる。これを生態学的変化（ecological change）というが，イナクトメントは生態学的変化と直接関係している。行為者が何事かを行いそのため次の行動への制約を変える（生態学的変化）ような行為はイナクトメントである。また，生態学的変化を知覚した行為者はより深い注意を払うべく変化を隔離するような行為をする。囲い込み（bracketing）のこの行為もイナクトメントである。

実際に生態学的変化を起こす行為であれ囲い込みであれイナクトメントという活動は，個人や組織に見なれない問題や奇妙なパズルを提示する。社会においてこれを専ら任とするのがたとえば文字通りトリックスターやジャーナリストである。

　なお，変化を変化としてイナクト（囲い込み）するのは決してたやすいことではない。変化が〝変化〟の看板を立てているわけでなく，変化としてイナクトされたから変化となるのだから。〝中三生連続児童殺傷事件〟に関連して，ある人権派の識者はいう：「A少年のあのような例外的事件をもって，少年法の改正を云々するのはいかがなものか。」 この人士は，あれほどの問題ある事件すら単なる例外とみなして，〝より深い注意を払うべき〟変化としてイナクトしようとしないのである。変化をなるべく見ないようにするこの精神の怠惰こそ，あのチェルノブイリ原発事故やチャレンジャー事故のような悲劇を招くのだ。

　②淘汰（Selection）　淘汰は，前のステップで提示された多義的な問題やパズルに対して，コミュニケーション活動を展開し全員一致や多数決あるいはボスや権威機関の一声などによってあるいは何となく一つの解釈を淘汰・選択するステップである。社会においては，評論家なる人たちが鎬を削る場である。

　問題やパズルに押しつけられる解釈は，通常，個人のであれ組織のであれ過去の経験から形成された因果マップをスキーマ（枠組）にしている。それは，相互に因果的に結びつけられた概念や変数から成るマップである。

　これまで合点のいったそうしたさまざまなマップを目前の問題やパズルに当てはめると，今何が生じているかについての妥当な解釈を与えてくれるマップもあるがそうでないマップもある。そして，妥当な

解釈を与えてくれたマップが次第に選択され，保持される。さらに，特定の多義的問題やパズルの特定の解釈が選択され，将来の同じような状況に押しつけられるのを予期して保持される。

③保持（Retention）　保持は，選択された因果マップや解釈の単なる貯蔵ではない。保持されている内容が内的一貫性がないこともあろう。そうした場合，既存のマップが新しいマップや解釈と整合するよう更新・修正されることもあるが，それらが未整理のまま放って置かれることもあろう。

イナクトされた環境は通常因果マップの形で保持されている。なお，常識（common sense）[3]とは，大多数の組織メンバーが妥当だと同意したイナクトされた環境である。

保持ステップは（とくにイナクトメント・ステップとは反対に）組織の安定源であり，アイデンティティーや司馬遼太郎氏いうところの"その国のかたち"がよりどころにしている，いわば，文化出いずるところで，社会において保持を任とするのが教育とくに初等・中等教育や家庭それにライブラリーである。

多忙なサラリーマンは時間を有効に使うため携帯電話を利用する（イナクトメント）。すると，その携帯電話を通してついでの用事を頼まれいっそう多忙になり（生態学的変化），さらに携帯電話の使用が増え，それがなおいっそう彼を多忙にする……。あるいは，"いじめによる自殺"のマスコミ報道（イナクトメント）は"いじめによる自殺"を誘発し（生態学的変化），さらにこうした報道がまたまた自殺を頻発させる。このように，イナクトメントと生態学的変化との間には相互作用がある。

"歌は世につれ，世は歌につれ"なる名文句がある。これは，流行

歌(イナクトメント)とその時代時代の主として男女の恋愛の形(生態学的変化)とが相互に作用し合っているという核心を見事に衝いている。こう考えると,小はルーズソックス・ファッションから大は平成不況にいたるほとんどの社会現象は,イナクトメントと生態学的変化との相互作用がもたらしたものと言えよう。

　淘汰ステップへのインプットは通常2つあり,1つはイナクトされた多義的な問題やパズルである。いま1つは,保持ステップで蓄えられているイナクトされた環境で,それが淘汰にインプットとしてフィード・バックされ,程度の差こそあれ解釈ステップに影響を与える。また,常識が行為を制約することがよくあるように,保持とイナクトメントの間にもフィード・バックループがある。さらに,イナクトメントの量が増せば淘汰活動の量も増え,同様の関係が,淘汰と保持との間にもある。

生態学的変化 ―+→ イナクトメント ―+→ 淘汰 ―+→ 保持
　　　　　　　　　　　　　　↑　　　　(+,−)　　(+,−)
　　　　　　　　　　+

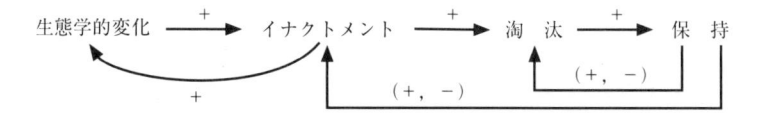

図4　組織化の進化論モデル

　このように考えると,組織化の過程は,図4のように表すことができる。なお図の+記号は変数が正の因果関係で結ばれていることを示し,保持からのフィード・バックに添えられた(+,−)記号は,自然ならぬ組織は保持内容を信頼する(+)か信頼しない(−)かを決定できることを示している。

　これが"組織化の進化論モデル"で,その3つのステップのイニシャルをとって"ESRモデル"とも呼ばれる。図4のイナクトメントと淘汰をそれぞれ行為と解釈に読み変えると,このモデルは"行為

し，その結果を解釈し，それにもとづいて行為し…″ というサイクルを精緻化し一般化したものであることがわかるだろう。

このいってみれば常識的でさえあるモデルの意味するところは興味深い。というのは，「組織とはオープン・システムである」との通説にこのモデルは疑問を投げかけているからである。「組織化のフォルムは伝統的なシステム像を含んでいるが，メインはオープン・システムのフォルムではない。この微妙な点を注意しないと，組織化モデルは容易に誤解されてしまう。このフォルムは，生態学的変化の役割および外生的因子が生態学的変化に影響を及ぼすという事実ゆえに，オープン・システムモデルに近い。しかし，生態学的変化が組織に直接作用するのはただ1ヵ所であって，それは組織のイナクトメントにである。もし組織が淘汰およびイナクトメントの両過程で保持を信頼するなら，組織は事実上生態学的変化から自らを長期にわたって隔離しうるのである。われわれの記述する組織は相当の自閉症なのだ。組織とは長期間自足できるものであるが，オープン・システムモデルは組織がどのようにして自己充足を予想以上に持続しうるかを解明すべく理論的努力を払ってこなかった。組織化モデルは，組織がクローズド・システムでありえかつそのように行為している，といっている。オープン・システムモデルも結構だと思うが，組織の慣性とか過去へのこだわりを何の支障もなく驚くほど長い間続けられるといった事実の理解にもその研究の情熱を向けてほしいものだ」[4]。

組織化過程の各ステップは基本的には，業務単位や人を組立ブロックとして組み立てられる。その組み立て方は，一般に，次のように考えられている。まず，各ステップへのインプットの多義性が大（小）と知覚されると，（コミュニケーションの輪に加えられうる業務単位や人のプールから動員すべきそれらをピックアップする際に利用できる）指針

というか組立ルールは少なく（多く）なり，それら少数（多数）の組立ルールをすべて満たす多くの（少ない）業務単位や人が動員され，したがってインプットの多義性が多く（少なく）削減される。以上の関係は図5に簡潔に示されている。ただし，矢印の線に添えた－符号は因果の関係が逆であることを表している。

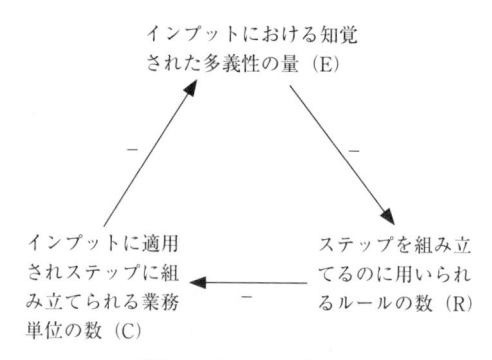

図5　各ステップの連鎖

（頂点）インプットにおける知覚された多義性の量（E）
（左下）インプットに適用されステップに組み立てられる業務単位の数（C）
（右下）ステップを組み立てるのに用いられるルールの数（R）

　たとえば，少年による2つの犯罪があるとする。1つはケンカで友人を殺害した事件といま1つはA少年の連続児童殺傷事件である。前者の事件は後者のそれにくらべて多義性は少なく，マスコミも何が問題でどう扱ったらよいかかなりはっきりとしている。そのため，マスコミとして事件を解釈する組織化過程というかコミュニケーションの輪を組み立てる適切なルールは多数ある。たとえば，「当該問題に頻繁に起用された業務単位や人を選べ」とか「当該問題の多義性の除去に成功した業務単位や人を選べ」とか「少年の人権を傷つけないような業務単位や人を選べ」や「少年の性向をさぐれる業務単位や人を選べ」などなどである。これらのルールをすべて満たす業務単位や人は"学校関係者"や"教育評論家"で，それらが，この事件を解釈するためにマスコミの組み立てたコミュニケーション活動の業務単位や

人となる。

　他方，A少年の連続児童殺傷事件はきわめて異常でそれだけ多義性が高く，マスコミにとっても何が問題でどう処理したらよいかはっきりしない。そのため適切な組立ルールといってもごく一般的な，当たり障りのないわずかなものしかない。たとえば，前者の事件での「頻度」とか「成功」のルールはこの事件に適用できず，せいぜい「人権」と「性向把握」のルールが適用される。そして，このルールを満足する業務単位や人は，"学校関係者"や"教育評論家"はもちろん"精神分析家"や"犯罪心理学者"さらに"社会学者"はては"人権派弁護士"や"作家"など多数で，これらのにぎにぎしい業務単位や人がA少年の事件を解釈するためにマスコミの連日組み立てたコミュニケーション過程である。

　俗にも，「うわさは，あいまいなほど広がる」といわれている。

　なお，インプットの多義性の度合はフィード・バックされるイナクトされた環境への信頼度にも左右される。同じ事柄や情報のインプットでも，それを解釈するスキーマとしてのイナクトされた環境が信頼されていないとインプットの多義性の量は，信頼されているときより

東京六大学野球1989年春季最終成績

	法	早	明	慶	立	東	勝	敗	分	点
法	×	●●○	●●△○	●●○	○○	○○	9	4	1	4
早	●●●	×	●●	●●●	●●●	○○	8	5	0	4
明	●●△●	○○	×	●●	●●●	○○	7	5	1	3
慶	●●●	●●●	○○	×	●●△○	○○	7	6	1	2
立	●●	●●●	●●●	●●△○	×	○○	6	7	1	2
東	●●	●●	●●	●●	●●	×	0	10	0	0

早大優勝!?

も多くなる。

　図5を図4に組み込んだものが図6で，組織はこのような過程をくり返しながら，常識や世界観あるいはイナクトされた環境を強化したり修正したりしているのである。

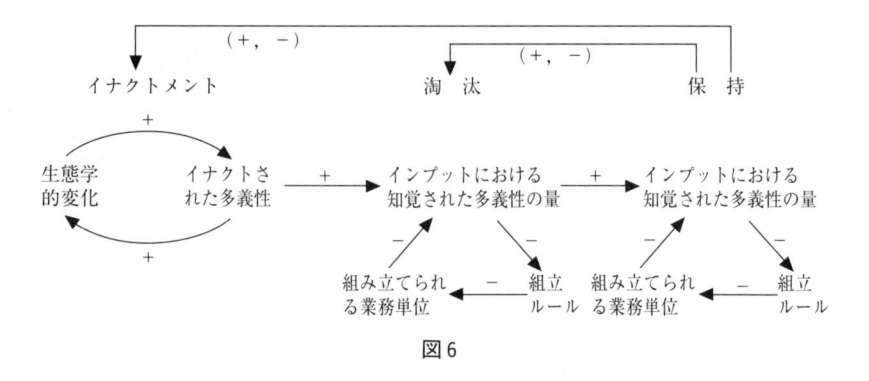

```
                    (＋, －)                    (＋, －)
    イナクトメント              淘　汰              保　持

          ＋
  生態学   イナクトさ  ＋  インプットにおける  ＋  インプットにおける
  的変化   れた多義性      知覚された多義性の量      知覚された多義性の量
          ＋       －    －          －    －
                  組み立てられ ← 組立    組み立てられ ← 組立
                  る業務単位  －  ルール   る業務単位   －  ルール
```

図6

　たとえば，ある証券会社にある投資家による損失補塡要求が出されたとする。これは軽々に処理すべき事柄でないとして（イナクトメント），社の上層部を中心にさまざまな解釈や対処の仕方が議論された。「要求そのものがナンセンスだ」「相手は誰？　大口投資家。ならばショーガナイじゃないの」「法に触れるのでは？」「何でわが社にこんな無理難題が？　わが社に何か弱いとこがあるんじゃないの。だったら，言う通りにしなくちゃ」「補塡も，長い目で見ればペイするのでは？　なにしろ相手は上得意なんだから」「お客に逃げられたら大変だ」などなど。そして役員会でかドンの一声でかは定かでないが，社としての解釈・意味づけは「なにしろ大口のお客さんなんだから補塡やむなし」ということになった（淘汰）。もちろん，これに疑問や異議を感じたり唱えた社員もいたのだが…。そして，今後も似たような問題が出てくるだろうと予想して"補塡する大口投資家リス

ト″ も作成された。また、"長いものには巻かれろ″ が規範のような ものになっていった（保持）。

　事の末は以上のようなものだったが、次々と出てくる大口投資家の補塡請求に応じていたり、総会屋さんを怒らせないよう応対してゆくうちに、その証券会社では「この世は不平等に出来ていて、"無理が通れば道理ひっこむ″ 」（イナクトされた環境）が企業文化のようなものになっていった。

　(3)　最後に、組織のさまざまな特性が作品としてのイナクトされた環境にどのように影響するのかについて、少しばかり考えてみよう。ESR モデルはこの問に少なからぬヒントを与えてくれる。

　海底レーダーのディスプレーを見ながら、危険な海峡を航行する船を想像してみよう。そのディスプレーがボヤけていたり一部欠けていたりすれば、たとえベテランの船長がどんなに優れた因果マップを有していようとも、適切な（海底の）図を描けず、安全な航行はおぼつかない。

　システム制御の領域に、有名な "必要多様性の法則（law of requisite variety)″ というのがある。これは「多様性を駆逐できるのは多様性だけだ」というものである。これをわれわれの議論に適用すると、組織は経験の流れの多様性に対するに組織を多様にしなければならない、となる。では、どうすれば組織が多様になるのか？

　対象物の外形を把持（register）する器具に輪郭ゲージというすぐれ物がある。このゲージは、長さ約18センチで180本の針金でできていて、それをある堅い対象物に押しつけると、対象物の外形がゲージに残り、この跡形は対象物の写しとなっている。さて、把持される対象物が複雑多様になればなるほど、ゲージの針金の数は多く、針金相互が独立的で、針金が針金を束ねている盤木との摩擦によってではな

く対象物によって動くようになってなければならない。

　これを組織に敷衍すると次のようになる。異質な業務単位あるいは人員が多数ルースに結びついた組織の方が，類似の業務単位や人員が少数タイトに結びついた組織よりも，複雑微妙な経験の流れや生態学的変化を精確に把持できる。出来事や事柄の把持が正確でなかったり粗雑であったりすれば，事件報告や組織に提示される問題も歪んでいたり大雑把なものとなる。

　したがって，小人数のタイトカプリング組織は多人数のルースカプリング組織よりも，経験の流れの把持の点でひいては組織への問題提示の点で劣るであろう。「オレのところは少数精鋭だ」などとイキがっている組織は，その点どんなものだろうか。

　この辺のところが，徹底した党内学習を通じて団結を維持している日本共産党が逆立ちしても自民党にはかなわない急所で大きなジレンマの一つである。もっとも，その自民党にしても，98年参院選惨敗後の総裁選出劇には首を傾けざるをえなかった。おそらく，事態の把持は持ち前の多様性でうまくできたのだろうが，都市部選出議員のウェートが極端に低い悲しさで適切な問題提示が出来なかったのであろう。

　イナクトメントとは，生態学的変化を起こす行為および／あるいは囲い込む行為によって発明した変異や問題を組織に提示することである。

　行為は認識においてきわめて大事だ。その第一の理由は，行為（とその結果）という解釈の素材なくしてそもそも認識はありえない，という単純な事実である。すでに行われてしまった行為は解釈の素材となるが，未来はもちろん現在進行中の行為はあまりにも不定形なので解釈の素材とはなりえない（あえて解釈しようとすれば，未来あるいは現

在の行為を未来完了型にしなければならない)。解釈はその素材を必要とするのでつねに回顧的あるいは結果論であり，それゆえ単なる観念や夢物語りとは区別される。

このことの意味するところは大きい。たとえば，タマにしか行為しない組織を考えてみよう。この場合，解釈しうる素材としてのすでに行われてしまった行為を見出すのにかなり昔まで遡らなければならない。しかし，そのような行為や経験は古ぼけてしまっているので，誤った解釈や認識に導きやすい。逆に「もし過ぎ去った経験が無為よりもむしろ行為で満ちているならば，組織は能率を高めるのに有利な立場にいる。行為を回顧的に見ていけば，組織がいま何をしつつあり，どんな事業をしていて，その企図は何であるかがはっきりする」[5]。この点が官僚的組織の大きな弱点である。

戦略というものも実は，事前的なものではなく事後的なものだ。組織は，何かをやってみて初めてそれを振り返ることができ，自らがやってきたことの大筋を戦略と解釈・意味づけることができるのである。組織が戦略を定式化するのは，結果として戦略と解釈されてしまった何事かを実施した後である。したがって，時代を先取りしているようだがその実荒唐無稽な戦略を麗々しく掲げて平気な組織のイナクトされた環境は，地味ではあるが一連の行為にもとづく戦略を有する組織のそれにくらべて，案外ピント外れで生態学的変化からかけ離れたものであるかもしれない。

認識において行為が大事である第二の理由は，われわれの常識の多くは，それが常識であるがゆえにあえてチェックしにくく，その適切性をテストするという行為を皆が回避しているから通用しているにすぎないという面が必ずしも否定できないからである。

たとえば，日本のプロ野球界。日本のプロ野球界には，昔から，

「アメリカの大リーグは格別で日本なんかとても太刀打ちできっこない。第一食べ物も体力も違う」という常識があった。そのため，あの江川卓でさえ，気に染まらぬドラフト指名を逃れるスベのひとつとして「メジャーで投げたい」とは言わなかった。常識に反した行為は，通常の行為にともなう諸々の危険もさることながら，非常識な行為に対する非難，嘲笑といった不愉快も待ちかまえていて，失敗すれば取り返しがつかないことがある。

そうした事情を知ってか知らずか，あえてその常識が本当かどうか，日本人は本当にメジャーで通用しないのか，を真正面から試し，その試行に見事成功したのが野茂英雄である。日本のプロ野球界のメジャーに対する常識も徐々に変わりつつあるが，それはドンキホーテ野茂のこの果敢な試行に負うところが少なくない。勇気あるテスト実行者としての名誉の点で，江川も伊良部も野茂には及ばない，江川はテスト回避者で伊良部は遅ればせのテスト実行者だから。

こう考えると，われわれの常識の多くは，常識ゆえにそれらの真偽をあえてチェックするような行為がなされないから通用しているだけで，もしテストを実行してみるとガラリと変わる性質のものかもしれない。それにともなって，世界の認識やリアリティーも変わる。「管理者は環境と組織とに関して思うほどにはよく知っていない……。この目に余る知識の不完全性の1つの理由は，管理者か仲間同志で知らず知らずのうちにテストを回避するからだ。そして，彼らは，なぜテストが回避されねばならないのか，そして危険と推定される場面でなぜ行為してはならないか（あるいはしえないか）についての精妙な説明を組み立てる。疑り深い人，未熟者それに新参者といった人たちはみないくつかの立入り禁止区が書き込まれた因果マップにあまり影響されておらず，そのため彼には回避者が恐れて踏み込めぬところを攻

め立てるのである。攻めてみた結果，彼らは，回避者の恐れが根拠のないものなのか妥当なものなのか知る。後者の場合，彼ら無法者の消滅が回避者の代理学習となるのである」[6]。

「成らぬは人の為さぬなりけり」。果敢な行為[7]をしない組織のイナクトされた環境はどこかに死角があるようだ。失敗を恐れる人や組織は，それが本物かどうかわからない境界から，いつまでも一歩を踏み出せないでいる。

淘汰とは，多義的問題について一つの解釈に絞り込むためコミュニケーションを展開することである。

組織がさほど多義的でない問題やハプニングに対する場合，そのコミュニケーション活動は，いつも通りのコミュニケーションの輪で済むかもしれないし，あるいはそれを少しばかり広げた程度で終ってもよいだろう。しかし，組織が大変な問題やパズルを提示された場合は，コミュニケーションの輪が大きく広げられ，ときには外部の知識や意見も取り入れられるようなコミュニケーション活動が展開されなければならない。

したがって，問題やパズルの多義性の判断ミスは，組織にとって軽視できない。たとえばきわめて多義的な問題を非多義的なものと誤って見積ると，なまじ多くの組立ルールが適用されわずかないわばルーチンな業務単位や人員しかその問題に動員されない。そのため問題の多義性は不十分にしか削減されず，こうしたことがくり返されると，作品としてのイナクトされた環境は生態学的変化の実態とはほど遠いものとなろう。変化に鈍感であったり，たとえ変化に気づいてもそれを何かの間違いとか例外として済ませてしまう，いってみれば太平楽な組織はその傾向がある。

スリムな組織やメンバーの情報リテラシーが低い組織も同様であ

る。というのは，そうした組織は動員しうる業務単位や人員のプールが常に豊富というわけではなく，大変な（きわめて多義的な）問題にふさわしいコミュニケーションの輪をタイムリーに形成できないので，多義性を十分削減することができないからである。

また，生態学的変化をイナクトしても，一部の有力者の都合やパニックの誘発を心配しての気配りからか，「大変」な事柄を隠す組織がある。そこでのコミュニケーション活動はどうしても一般の組織メンバーをはばかって秘密裡に行われるため，限定されたものとなり，そうした組織のイナクトされた環境は何らかの偏りを免れないだろう。低レベル放射能漏れやダイオキシン汚染をひた隠しにしている動燃や所沢市役所がその例である。

保持はイナクトされた環境を貯蔵することであるが，そこでの最大の問題はイナクトされた環境をイナクトメントや淘汰にどうフィード・バックするかである。

組織は，組織化の過程において2つの意思決定ポイントを有している（図4あるいは図6の2つの（＋，－）記号がそれ），この意思決定にくらべれば，今日の意思決定論で云々している代替案からの選択という意味でのいわゆる意思決定などは，組織の運命にとってさほどのことではない。見えないところで行われる意思決定こそが重大なのだ。

まず，多くの組織がそうであるように，過去の経験や記憶を全面的に信頼し，イナクトメントにおいても淘汰においても保持されている常識やイナクトされた環境を尊重してばかりいるとどうなるか。

組織は過去の経験や記憶を信頼しているため，その行為はこれまでの行為のくり返しであり，そのため外的環境にさしたる生態学的変化を生まない。もし生態学的変化があったとしても，こうした組織はこれまでと同じような囲い込みをするので，変異や異変も何かのマチガ

イとか例外として処理してしまう。こうして，組織は外的環境に同じシーンを見続ける。

　淘汰のステップでも，似たようなシーンの連続にこれまでと同じマップを疑うことなく適用し同じような解釈を施しているだけなので，保持されている常識やイナクトされた環境はただただ確認・強化されるのみである。こうして，無謬神話が生まれる。そこでは多義的な問題が少ないのでコミュニケーション活動もルーティンである。

　このような組織で絶対視されているイナクトされた環境は，生態学的変化から遠くかけ離れた代物であろう。組織がそれに気づかぬままでいると，やがて自分が直面している事態がよくわからなくなって適応不全となる。

　規則規則の一点張りのいわゆる官僚的組織もこの類である。というのは，規則とは過去の成功体験をある種要約したものの記憶と解することができるからだ。

　しかし，成功体験の記憶にとらわれないでいるのはムズかしいようだ。倒産経験のある経営者の集まりの"八起会"の会長野口誠一氏が言うには，倒産経営者400人にアンケートしたところ，倒産原因の1位は「過信」であったとのこと。「不況」を原因としてあげた人が少ないところはさすがだと思うが，そうした彼らにあっても成功体験の甘き記憶にとらわれずにいることはムズかしいようだ。これが心の性というものかもしれない。

　過去を全面的に信頼しいわばオーバー・ラーニングして適応不全に陥った組織は，そこから脱却するために今度は"変革""抜本的改革"を叫ぶ。抜本的改革とは，組織化モデルでいえば，保持されているイナクトされた環境を全面的に否定することである。

　組織が，イナクトメントと淘汰において過去の経験や記憶を疑って

ばかりいるとどうなるか。「激動の年を迎え,さらなる改革を断行せねば」と正月毎にゲキをとばす社長は少なくない。

　組織はこれまでとは異なる行為をことさらすることが多くなるため,外的環境に生態学的変化をしばしば生むだろう。たとえ生態学的変化がないとしても,こうした組織はこれまでとは違った囲い込みをするので実態より多くの変異をイナクトするかもしれない。こうして,多義的な問題やパズルが次々と組織に提示される。

　次々と提示される多義的な問題やパズルに一定の解釈を付与する淘汰ステップでも,こうした組織は保持内容を信頼しないため解釈作業をゼロから,しかも何の指針もなく行わねばならない。そのためもしコミュニケーションの輪をよほど拡充強化しないと,多義的問題はあまり解決されずむしろ問題の洪水を招くだろう。

　要するに,こうした組織はいってみれば記憶喪失で,中の人は何をやってもよく,その解釈も定まりがたくしたがって罰せられる恐れも少ないので無秩序になりやすく,これまた適応不全となってゆく。

　ただし,酒も毎日でなく時々ならば良薬となるように,イナクトされた環境の全面的否定も時々ならば組織にとって良いいやむしろ必要でさえある。時としてこれまでとは違うことを行い違うように解釈することによって,組織はこれまでとは違う環境をイナクトする。こうして,組織の保持するイナクトされた環境のタイプが多様になれば,それだけ組織は世界の多様性を捉えることが可能になる。「相対的に独立なイメージが増殖すれば,世界における出来事のより多くが感知されるようになるだろう」[8]。

　イナクトされた環境の全面的信頼 {＋,＋} も全面的否定 {－,－} も組織を適応不全に陥らせるのは当然である。図4や図6に見るように組織化過程のサイクルがいずれのケースも－符号が偶数

で，逸脱－増幅となるからである。

　したがって，組織が適応不全に陥らないためには，伝統や文化に対してあいまいあるいは矛盾したスタンスをとればよい。"懐疑的保守主義"である。すなわち，組織は保持されている常識やイナクトされた環境を全面的に信頼したり疑うのではなく，イナクトメントと淘汰のどちらかのステップでそれらを疑い，過去から解放されなければならない。そうすれば，組織には，イナクトメントか淘汰のいずれかで常識とか伝統といった過去に拘束されない問題やパズルあるいはマップがインプットされる。

　そもそも，そうしたいってみれば過去のパーシャル・ラーニングを組織が日常的に行っていれば，あえて改革とか変革の必要はないのである。「事実，過去の経験を以後の行為と解釈の（両方でなく）どちらか一方のみの指針として用いていれば，組織化のシステムが適応不能に陥ることはない。過去の指針に導かれない方の行為あるいは解釈が予期せぬ今現在の要件を代りの指針とするとき，最近の環境変化に対する適応性が高められる。このように過去の経験と現在の動向の二つの指針が同時に働くとき，自分が直面している事柄について新たな理解をもたらしてくれる新たな失敗をすることができる。組織が周囲の事情に疎くなり，リエンジニアリングや抜本的改革あるいは変革がどうしても必要になるのは，この日頃の更新のメカニズムが壊れているからだ」[9]。何かにつけて，改革とか変革のスローガンが錦の御旗のごとく宣まわれる今日，傾聴すべき言だと思う。

　ともかく，行うこと（イナクトメント）と言うこと（解釈）が食い違っている組織は，良い組織で安定性のみならず適応性も高い。

　これを大規模なスケールで見事にやってのけているのが，中国の経済改革である。，現代中国の常識あるいは伝統は社会主義思想であ

る。しかし，1980年代以降〝改革解放〟のスローガンの下，大胆に市場経済を導入した。これは，常識を疑ったイナクトメントである。ならば，淘汰ステップにおいても社会主義を否定するような言説・解釈がまかり通っているかといえばそうでもない。いぜんとして，共産党の指導が徹底している。淘汰では社会主義が信頼されているのである。このあいまいさは，社会主義市場経済という一見矛盾するネーミングに文字通り表されている。

　ひるがえって，財政構造改革との整合性とやらにこだわって，思い切った景気対策をなかなか打ち出せなかったわが橋本元首相は，矛盾を大胆にやってのけるこの鄧小平の爪の垢でも煎じて飲めばよかった。

　最後に，今日の情報技術の発展について，組織の記憶という側面から一言述べておこう。ネットワークやメディアの発達によってイノベーションが促進されるだろうというのが大方の予測である。しかし，それによって，過去データ（記憶）へのアクセスがきわめて容易になるので，やたら口うるさい物知りの爺さんがあちこちにいる村よろしく，その分過去の歴史に人や組織が制約されるというおそれはないだろうか？　とくに，「歴史に学べ」とドグマチックに叫ばれている今日においては。

注 1)　Weick, K. E., *The Social Psychology of Organizing,* 2nd ed., Addison-Wesley, 1979, p. 109.〔遠田雄志訳『組織化の社会心理学　第2版』　文眞堂, 1997, 141ページ。〕
　 2)　*Ibid.*, p. 91.〔前掲訳書，118ページ。〕
　 3)　ここで，常識とは虚実に関する合意で，「共通の感覚器官とかなり共通の対人経験ゆえに客観的だと人びとが合意する事柄」を言う（*Ibid.*, p. 3.〔前掲訳書，5ページ〕）。
　 4)　*Ibid.*, p. 239.〔前掲訳書，310ページ。〕
　 5)　*Ibid.*, p. 245.〔前掲訳書，318ページ。〕

6) *Ibid.*, p. 151.〔前掲訳書, 195〜6ページ。〕
7) 認識の定まらぬあいまいな世界での「解釈の素材としての行為」とか「常識をテストする行為」といったいわば〝見る前に跳べ〟式の行為にうってつけの意思決定モデルが〝ゴミ箱モデル (garbage can model)〟である。
8) *Ibid.*, p. 262.〔前掲訳書, 335ページ。〕
9) 前掲訳書, viページ。

おわりに

(1) 「驕れる者久しからず——栄華をきわめ, 思い上がったふ・る・ま・い・をする者は, 長くその身を保つことができない」(『故事・俗信ことわざ大辞典』小学館, 1982——傍点引用者)。しかし, 問題は〝ふるまい〟ではなくて〝心〟これまでの議論でいえば〝世界についての心のマップ (心図)〟が問題だと思う。

驕れる者の心に芽生えた〝我が世〟の図。それが次第に確固となるにつれて, それに符合する〝我が世の春〟が実現する。そして, いっそう心の図が確信され, 〝我が世の春〟がさらに栄え, ……。この循環は続く, 一時は。しかし, 心の図を疑うことができなくなっている

者には、しのび寄る危機が見えない。やがて危機が誰の目にも明らかになったとき、驕れる者は追われる。盛者必衰の理由(ことわり)は、盛者の思い上がった〝心の図〟とそれを疑えなくなった〝心の性(さが)〟である。すべては、心の問題なのだ。

　平成不況で倒産企業が相つぐ中、トップの経営責任が問われている。倒産を招いたのが心の問題、すなわちその企業の心図と疑いを忘れた心性にあるとすれば、トップは経営責任を負うべきだ。経営はそれぞれの組織の心の中にあり、組織の心の図をイナクトするのに最も影響力があるのはミドルやもちろんロワー層ではなく他ならぬトップなのだから。

　ベトナム人300万人アメリカ兵5万8000人もの尊い命が失われたあのベトナム戦争。それが実は戦争指導者の〝心〟に大きな問題があったことを鮮明に描いたのがTVドキュメント『我々はなぜ戦争をしたのか　ベトナム戦争・敵との対話』（NHKスペシャル、1998年放送）である。アメリカ軍がベトナムから撤退してから22年たった1997年6月、互いに敵として闘った当時のアメリカ、ベトナムそれぞれ12人の軍人や外交官がハノイに集まった。なぜ泥沼の戦争に突入してしまったのか、自分たちはどこでどう間違ってしまったのかを敵との対話から探るために。4日間にわたる両国の戦争指導者のこの対話は〝ミスト・オポチュニティー（失われた機会）〟と名づけられた。

　それによると、確かに全面戦争を回避しえた機会が何度かあった。1962年の南ベトナムの中立化構想しかり、両国政府高官の秘密会談しかりである。さらに、戦争の悪化と国内世論の反発の中、国務長官マクナマラは7度にわたって秘密和平交渉をベトナム側に呼びかけた。そのうちの一つ、1966年12月ポーランドの首都ワルシャワで開かれる予定だった暗号名〝マリー・ゴールド〟の経緯が、ベトナム側の秘密

交渉担当官によって明らかにされた：「12月6日が交渉の始まる予定日だった。なのにあろうことか，12月3日4日それに13，14日と北爆が行われた。これでは，アメリカ側に交渉の意志がないと判断せざると得なかった。」これに対しマクナマラは声を荒らげてこう切り返した：「交渉の呼びかけはポーズなんかではなくマジメなものだった。どうすればわれわれの呼びかけを真剣に受け止めてくれたというのだ？！」。語るに落ちた質問で，ベトナム側は冷静にしかもきっぱりとこれに答えた。「それは簡単なことでした。北爆を止めればよかったんです。祖国が爆撃されているというのに，誰が交渉のテーブルに着くというのでしょうか。我々は奴隷の平和を望んではいません」と。このようにして秘密和平交渉も失敗に終り，北爆はなおも続けられ戦争もいっそう泥沼化していった。

　このエピソードからもアメリカの〝心の図〟の傲慢さがうかがえる。ミスター・ベトナム戦争ことマクナマラ長官のイナクトされた環境は，おそらく唯物的で精神性が薄く，その因果マップは図7に示すようなものだったのだろう。すなわち，爆撃を強めればベトナムは苦境に陥り，それに耐えられなくなってベトナムは交渉に応じ，われわれも北爆を停止できる，と。しかし，当のベトナム側の反応はそれとは違っていて，マクナマラの因果マップを図8のように変えてしまった。すなわち，ベトナム人民は，北爆は確かに苦境をもたらすが，だからといって交渉のテーブルには着かない。なぜならば，苦境のために不正義に屈することはできないから。

　マクナマラの心図は悪循環の因果マップと化し，したがって北爆もシステムの崩壊すなわち米軍の撤退まで続けざるを得なくなってしまった。

　これを想像力の欠除といってもよいだろう。ハーバード大学創立以

図7（北爆 → 苦境 +、苦境 → 交渉 +、交渉 → 北爆 −）

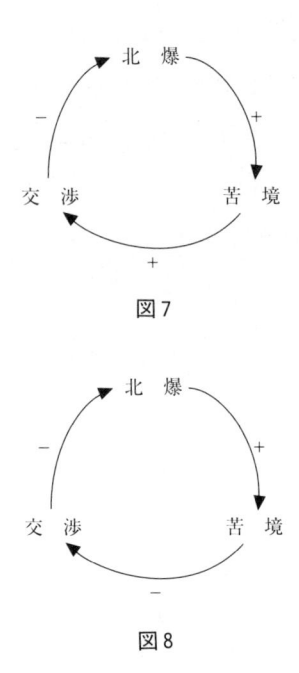

図8（北爆 → 苦境 +、苦境 → 交渉 −、交渉 → 北爆 −）

来まれにみる秀才といわれたマクナマラにして（あるいは，だから？）この有様である。"心の問題"こそ心せねばならない。

　アメリカによるアフガニスタンとスーダン両国への突然のミサイル攻撃のニュースを耳にして，"驕れるアメリカ久しからず"の言葉が頭をよぎった。

2 けったいな！
—— カール・ワイクの世界(2)——

はじめに

　ある若い旅人がデルフィの神殿に立ち：「西の賢人いわく〝天は自ら助くる者を助く〟と。一方，東の仙人いわく〝運は天にあり〟と。そこで尋ねたい〝いずれが真実か？〟」
　神託が下った：「小賢かしき者，去れ！」

A. ポストモダン経営学

　(1) 経営学は何といっても20世紀の学問です。したがって100年の歴史があります。その100年の歴史をある視点から物語ってみたいと思います。
　その視点とは次のようなものです。組織というのは，自らを含めた環境あるいは状況を把握し，それにもとづいていかなる政策や手を打つかという決定をし，それを実行に移す。そしてまた，実行された政策や手によって環境なり状況がどう変わったかを見直し，政策や手を再検討し，それを実施するというような営みをくり返しています。つまり，認識 (cognition)，意思決定 (decision-making) それに行為 (action) の3つの活動のサイクルをです。
　このサイクルが途切れると大変です。哀れ組織はやってゆけなく

なってしまいます。このことは，いかなる時代のいかなる組織でも真実です。その意味で，サイクルの3つの活動のどれもみんな重要なのです。

しかし，私はフト気がつきました。経営学100年の歴史を振り返ってみますと，どうやらその3つの活動の占めるウェートが時代によってシフトしていることをです。私は，この気づきを視点に経営学の歴史を物語ってみたいと思うのです。

経営学が20世紀初頭，最初に重要なテーマとして取り組んだのが，組織の行為という活動でした。言い換えれば，生産現場の生産性を上げる管理手法の研究や普及が，経営学の最初のメインテーマでした。

そのような経営学を最もよく象徴しているのが，アメリカの機械技師テイラー（F. W. Taylor）という人でした。彼は作業現場の能率向上と管理のために初めて工学的発想と手法を採り入れたのです。そのため，彼の提唱する管理方式は"科学的管理法（scientific managemant）"と呼ばれるようになり，彼もいつとはなく"経営学の父"といわれるようになったのです。

時は過ぎ，第二次世界大戦が終わり，時代も大きく変わると，経営学も大きく変わりました。今度は，組織の意思決定という活動がクローズアップされるようになったのです。経営学の対象が，一時代前のブルーカラーからホワイトカラーへあるいはロワー層からミドル層へ移ったといってもよいでしょう。

この時代の経営学を最もよく象徴するのが，意思決定論を軸に近代組織論を発展させたアメリカの経営学者サイモン（H. A. Simon）です。この時代は何よりも意思決定が大事ということで，かの有名なハーバード・ビジネス・スクールの実例研究を駆使した管理者教育が注目を集める一方，OR（オペレーションズ・リサーチ），MS（経営科

学）などの拡充・発展を通した意思決定技法の精緻化・体系化が行われたのです。

　しかし，栄枯盛衰は世の習い，経営計画，企業戦略といったいわば意思決定に彩られた時代も，やがて陰りを見せはじめた。そのことを理論面で象徴しているのが，サイモンのかつての同僚マーチ（J. G. March）らによって1972年に提唱されたゴミ箱モデルです。なぜならば，ゴミ箱モデルは，意思決定論を自ら否定する意思決定モデルだからです。いってみれば意思決定論の鬼子です。

　あるいは，KISSという言葉を知っていますか。これは，あまりにも精緻で分析的な意思決定志向的な経営企画専門家の在り方を批判するキャッチフレーズ「Keep It Simple and Stupid」のイニシャルで，1982年のものです。

　とはいえ，今日もなお経営学やマネジメントは意思決定を軸に主として展開されています。そのため，このような経営学をモダン経営学と呼びます。このモダン経営学がアメリカで主流である期間は，大よそ1950年から2000年までといってよいと思います。

　時移り，時代が常にかつ激しく変化し，世界を知り，状況を理解することが組織の鍵となった今日では，組織の認識という活動が経営学やマネジメントにおいて重要視されるようになってきました。それを反映してか，最近，経営学や組織論の先端的部分で組織の学習とか組織の知能といった問題への関心が次第に高まっています。来るべきポスト・デジジョンというかポスト・モダンの経営学やマネジメントが組織の認識を中心としたものとなり，その対象もミドル層からトップ層に移行するだろうと予言するゆえんである。アーメン。

　1979年アメリカの社会心理学者ワイク（K. E. Weick）の著わした『組織化の社会心理学（Social Psychology of Organizing），第2版』

は，こうした経営学の流れを予感させ，導いたきわめてエポック・メーキングな本です。

「組織は，自らが順応しなければならない"事実"とみなす現実を創造する」。何と新鮮で魅惑的な響きのするアイディアでしょうか。

このアイディアを，ワイクは，情報の多義性，組織化の進化論モデルそしてイナクトされた環境といった概念を駆使して見事に理論化したのです。彼の組織論は，組織の認識論そのものです。彼の理論は，意思決定を中心としたモダン経営学の終焉を告げ，認識を中心としたポスト・モダン経営学の誕生を知らせる秋の鐘(とき)なのだ。

というわけで，経営学の歴史が，図1のようにまとめられます。

「それがどうした？」と言われるとそれまでですが…。

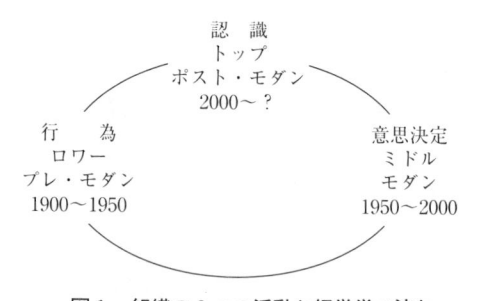

```
               認  識
               トップ
            ポスト・モダン
             2000～？
   行  為                意思決定
   ロワー                 ミドル
  プレ・モダン              モダン
  1900～1950            1950～2000
```

図1　組織の3つの活動と経営学の流れ

(2) この歴史観がどれほどのものか，気になるところであります。しかし，この際"歴史"はヒ・ストーリー，しょせん"物語"と心得て，正しさよりもおもしろさそれに印象深さ（ひいては人を感動させる魅力）が勝負と割り切ってみてはどうでしょう。なぜならば，過去の一連の出来事について，正しい語り口は無数にしかもそれぞれ等しい妥当性でありうるけれど，おもしろくて印象に残る語り口はそうそうザラにあるわけでなく，したがって比較的優劣がつけやすいからで

す。

　なお，"おもしろい語り口"なるフレーズは，実はとても含蓄のあるフレーズなのです。それは，"おもしろい"の英語"interesting"という言葉に暗示されています。"interesting"には"関心のある"という意味があります。したがって，"おもしろい"語り口を"現在から未来への展望を見通した社会的関心をもった"語り口と解すると，おもしろい歴史観は歴史哲学的にも意義ある語り口なのです。私の語り口がそうだとは申しませんが…。少々マジメすぎたかな，アーメン。

　それはさておき，おもしろい物語には，何よりも予言者的なヒーローが欲しい。その点，この経営学史はいかがなものか？

　管現といえば経営者による賃金制度の手直しがもっぱらの時代，唯一最善の作業方法と作業速度を実現する管理システムを発想し，その上それを多くの工場でほんとーに実施したのです，テイラーという人は。そんな彼テイラーは，経営学における予言者的ヒーローの資格十分ではないでしょうか。

　また，まだ組織の行為がメインテーマであったプレ・モダン経営学の時代の1945年に，「経営組織における意思決定過程の研究」をサブタイトルとした『経営行動』という名著を著わしたサイモンも予言者的ヒーローです。1978年度ノーベル経済学賞受賞も，そんな彼のヒーロー性を裏づけるに十分でしょう。

　そしてワイクはといえば，モダン経営学が最っ盛りの1979年に，組織の認識論ともいえる『組織化の社会心理学』を著わしています。さらに彼は，「解釈（意思決定ではないところに注意──引用者注）システムとしての組織のモデルに向けて」という論文を1984年に書いています。こんなエピソードからも，ワイクが経営学の歴史物語を彩る予

言者的ヒーローであると言えるでしょう。

「とっつぁんじゃないイエス様，経営学の三人衆はわかったが，六人衆といったらァ？」

「そうですネー。プレ・モダンならば，人間関係論のメーヨー（E. Mayo）です。モダンならば，近代組織論を展開したバーナード（C. I. Barnard）で，ポスト・モダンでは，ゴミ箱モデルのマーチ（J. G. March）というところでしょうか」。

また，この経営学史によると，時代区分がうまい具合に，大体50年，50年に区切れるのです。それも，第二次世界大戦を大体の境にして。このような巡り合わせは，印象的な物語にとって貴重です。

次に，この経営学史によると，すでに語られたように研究の対象階層が，組織の例のピラミッド型の3層構造すなわち，ロワー，ミドルそしてトップときれいに移行しています。この見事な対応も語り口をすっきりさせています。

ロワーといえば若年，ミドルは中年そしてトップは熟年といえます。さて，トップに求められるのは何でしょうか？　それは認識，時代の認識で，洞察力が求められるといってよいでしょう（この点，昨今の新聞を賑わせている組織のトップは軒並み失格である）。では，主に意思決定を担うミドルは何が求められるでしょうか？　それは分析力です。トップによって提起された問題や夢を解決すべく分析力がミドルには求められます。そして，その解決策を実施すべく組織の行為を担うのはロワーで，そこでは体力が求められ，エネルギーが大事です。とすれば，ミドルにとって大事なのは情報・知識で，トップが大事にすべきは経験・知恵ということになりますか。エネルギーといえば工学で，分析力を高めるためには数学が必要でした。では，洞察力を養うには何が必要でしょうか？おそらくそれは数学ではなくて国語

になると思います。

　となると，経営学史の例の三人衆はこれにピタリと符合するのです。テイラーは機械技師でしたし，サイモンはサイモン・ホーキンスの定理というごとく数学でも名を残すほどの人で，ワイクはシンボルとしての言語を抜きにしては商売が成り立たない社会心理学者です。偶然の一致にしては少々出来過ぎだと思いませんか。

　この経営学史では，モダン経営学は，デシジョン・メーキングをメインテーマとしたものです。この何とかメーキングにこだわって歴史の語り口を整理するとすれば，ポスト・モダン経営学は，さしずめセンス・メーキングがメインテーマということになります。そういえば，1995年にワイクが書いた2冊目の本のタイトルは，『センス・メーキング・イン・オーガニゼーションズ』でした。となると，プレ・モダン経営学のメインテーマはサービス・メーキングと言いたいし，言えます。サービス・メーキングからデシジョン・メーキングそしてセンス・メーキングへ，こんなサウンドの一致も語り口を印象的にしてくれます。

　さらに，"歴史はくり返す"という有名な箴言がありますが，私の歴史観によるとそれがよくわかります。事実，ワイクは，認識を軸にしたポスト・モダン組織論を展開しているが，後で見るように，そこで強調されているのは何と行為なのです。

　まだある。この歴史観のベースになっている"認識―意思決定―行為"のサイクルを忘れても心配御無用。有名な管理サイクルの"プラン―ドゥ―シー"が代りをしてくれますし，それを忘れることはよもやあるまい。

　以上8つ9つほどこの経営学史のセールスポイントを挙げてみました。さてその評価はいかがでしょうか？

汝，コロンブスの玉子というなかれ。アーメン。

B. けったいな！

(1) ワイクは，来るべきポスト・モダン経営学の旗手であります。その理論の内容は，すでに本書所収の「点と線と図——カール・ワイクの世界(1)」で紹介されています。ここでは，そのワイク理論の"けったいな"ところを3点にわたって述べてみましょう。

ワイクの学者としての姿勢は明快です。それは，学者はプロとして素人の言うような俗説・通説を唱えるな，というものです。そして彼は，自明で陳腐な通説をひっくり返して理論を"おもしろく"せよ，と言うのです。「おもしろさを意識的に追求することはさほど奇妙なことではない。もしいかなる理論もいつかどこかで誰かにとって真実であるとするならば，研究者として，正しい理論はともかくおもしろ

い理論を求めてもよいのではないか」[1]というわけである。何とふざけた態度でしょうか。

そして，おもしろい理論はすべからく観衆が当然と思っていることに挑戦的であるとして，彼は，モダン経営学の今日，多くの人が当然と思っていることに"ノン"と異議申し立てをするのです。

その異議申し立ては，"目標ノー""整序性ノー""改革ノー""オープンシステム論ノー"そして"意思決定ノー"の主に5つにわたっています。何と大胆でしょうか。

もちろん，これらの"ノン"は，事をおもしろくするためにことさら無理に言い立てているわけではなく，"組織化の進化論モデル"を核とした彼の理論から論理必然的に導かれる"ノン"なのであります。したがって，それぞれの異議は，なるべく彼自身の言葉で申し立ててもらいましょう。私の言葉では信用しない方もおられましょうから。

まず，"目標ノー"について。近代組織論の展開の端緒は，組織とは「一定の目的を達成するために意識的に統括された複数の人間の活動ないし諸力の体系である」としたバーナード（C. I. Barnard）の規定にあるといわれています。ちなみに，サイモンは，この規定の"人間の活動"のうちとくに意思決定に着目して，近代組織論を発展させたのです。

ところが，ワイクは組織の前提としての共有目標に疑問を投げかけるのです。彼は，組織を多義性削減する組織化の過程と捉えます。平たく言えば，さまざまに解釈できる出来事や注文や情報（ひいては環境や世界）について人びとがコミュニケーションを展開して共通の意味を見出し共有して，事に当たっているものが組織なのです。そうしたコミュニケーションは，（全知全能ではないので）自己の欲望を満た

すために"持ちつ持たれつ"の関係を結んでいる人と人との間で行われます。

したがって，組織のメンバーは自己の目標を達成するために他のメンバーとコミュニケーションをし，事に当たるのであって，組織として共有された目標を達成するためではないのです。言われてみれば，しごく当然な話です。ワイクは言う：「人びとは最初手段について収斂するのであって目的についてではない。これが，Allportの集合構造の言わんとするポイントである。個々人は，それぞれある行為を遂行したいと欲し，それを実現するためには他者に何事かをやってもらう必要があるから，互いに集まるのである。人びとが集合的に行為するために，目標の一致は必要でない。それぞれが別々の理由で別々の目標を追求していてもそれは可能なのである。この最初の段階で互いに求めるものは行為の貢献である。貢献する人がなぜそれに同意するのかとかその人にとってなぜそのような貢献が必要なのかはどうでもよく，ともかく貢献がなされることが大事なのである。集合構造におけるパートナーは，空間や時間やエネルギーをおそらく共有するが，ビジョンや要求あるいは意図を共有する必要はない。そうした共有は，もし生ずるとしても，ずっと後になってからである」[2]。

"共有目標不可欠なり"の組織像からは次のような規範が導かれます。"目標に向って首尾一貫したかつ秩序立った行動をせよ！"。そして，計画とか戦略とかが念には念を入れて立てられる，という次第にあい成ります。

ワイクはこのような行動規範にも異議を唱えます。首尾一貫性に対しては"組織化の進化論モデル"から，秩序性に対しては"必要多様性の法則"から批判するのです。

まず，前者に関して彼は言う：「（組織の過去の経験や記憶の――引

用者注）全面的な懐疑は超柔軟な組織を，全面的な信頼は超安定な組織をもたらし，そのどちらも長く適応することはできない。組織が生存するためには，保持された内容の使用において分裂していなければならない。イナクトメントと淘汰で，一方で記憶が信頼されているごとく，他方で記憶が信頼されていないがごとく行動されなければならない」[3]。

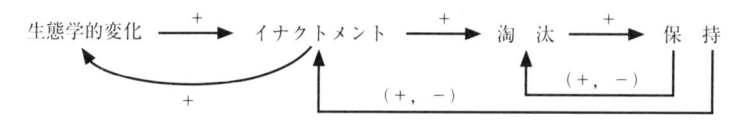

図1　組織化の進化論モデル

後者すなわち秩序性に関しての彼の批判は次のとおりです。「人は，自分の適応の成功にとって秩序的な行為が実際以上に与っていた，と思う。少なくとも認識的には，組織にとっての問題は，エントロピーすなわち秩序の減少の問題などではなくて，正にその反対なのである。すなわち，適応の成功にとって，秩序性が過大に評価され大事とされすぎているのが問題なのである。そのため，秩序的行為が将来再び実行され，おそらくもっとタイト化され，組織は突然（Moore 1964）自分が変化から隔離され，古ぼけたタイトな構造にとらわれているのを思い知る」[4]。これらのことから，整序性ノーなのである。

また，過去の経験への信頼云々ということに関して別の物言いができます。それは，"改革ノー"というものです。今日，上は政府から下は中小企業，大学にいたるまで"改革，改革"の大合唱。それが会社の場合，とくに社長が交替したときなどに新社長が（ようやく獲得したパワーを知らしめるためにか）就任挨拶で決まって出てくる言葉は

"改革"だ。ことほど左様に、"改革"は今日ポジティブ・バリューなのです。

　ワイクは、その"改革"にもノーと言うのです。この異議は、彼の"組織化の進化論モデル"から導かれます。すなわち、組織が安定かつ柔軟であるためには、伝統や文化をオーバー・ラーニングするのではなく、パーシャル・ラーニングしなければならない。"改革"換言すれば"伝統や文化のノー・ラーニング"が必要だということは、組織が日頃そのパーシャル・ラーニングを怠ったせいなのです。彼は言う：「組織化とはつねに動きの中にあって自己組織したり自己更新する能力があるので、変革が必要になる組織とはそもそも組織化に欠陥があったのでは、と思わざるをえない。事実、過去の経験を以後の行為と解釈の（両方でなく）どちらか一方のみの指針として用いれば、組織化のシステムが適応不能に陥ることはない。過去の指針に導かれない方の行為あるいは解釈が予期せぬ今現在の要件を代りの指針とするとき、最近の環境変化に対する適応性が高められる。このように過去の経験と現在の動向の2つの指針が同時に働くとき、自分が直面している事柄について新たな理解をもたらしてくれる新たな失敗をすることができる。組織が周囲の事情に疎くなり、リエンジニアリングや抜本的改革あるいは変革がどうしても必要になるのは、この日頃の更新のメカニズムが壊れているからだ」[5]。

　思い出して下さい、"組織化の進化論モデル"にフィードバック・ループがビルトインされていることを。そして、組織は（生態学的変化とは無関係に）ただただ保持内容を信頼してイナクトメントと淘汰にフィードバックしうるし、事実多くの場合そうしている。とすると、"組織はオープン・システムである"との通説が疑わしくなります。そこで、ワイクは、"オープンシステム論ノー"と言うのです。

「組織化のフォルムは伝統的なシステム像を含んでいるが、メインはオープン・システムのフォルムではない。この微妙な点を注意しないと、組織化モデルは容易に誤解されてしまう。このフォルムは、生態学的変化の役割および外生的因子が生態学的変化に影響を及ぼすという事実ゆえに、オープン・システムモデルに近い。しかし、生態学的変化が組織に直接作用するのはただ1ヵ所であって、それは組織のイナクトメントにである。もし組織が淘汰およびイナクトメントの両過程で保持を信頼するなら、組織は事実上生態学的変化から自ら長期にわたって隔離しうるのである。われわれの記述する組織は相当の自閉症なのだ。組織とは長期間自足できるものであるが、オープン・システムモデルは組織がどのようにして自己充足を予想以上に持続しうるかを解明すべく理論的努力を払ってこなかった。組織化モデルは、組織がクローズド・システムでありえかつそのように行為している、といっている。オープン・システムモデルも結構だと思うが、組織の慣性とか過去へのこだわりを何の支障もなく驚くほど長い間続けられるといった事実の理解にもその研究の情熱を向けてほしいものだ[6]」。

　当然のことながら、ワイクは〝意思決定ノー″とも言います。「組織の機能を継続させるという点では、会社の目標を来年度はどうすべきかを決める人よりも、会社のもっている知識は何か、淘汰やイナクトメントに関して次に何をなすべきか、淘汰とイナクトメントに関して対立する決定がなされているかどうか、などについて決定を下す人びとの方が重要だ。本当の意味で会社の歴史を知っている人は、会社の予言者（あるいは利得プロフィット？）である。会社の歴史についてどうしようとしているかを知れば、そのシステムの運命がどうなるかをかなり正確に述べることができる。というのは、会社内の諸過程のうち一方が歴史に反し、他方の過程が歴史を維持するというような

ことが許されない限り，崩壊の可能性が大いにありうるからだ」[7]。

これだけ並び立てれば，ワイク理論が今日のモダン経営学に挑戦的で，それだけおもしろいということがおわかりいただけたのではないでしょうか。これがわからないのは，ハッキリ言って少し……です。

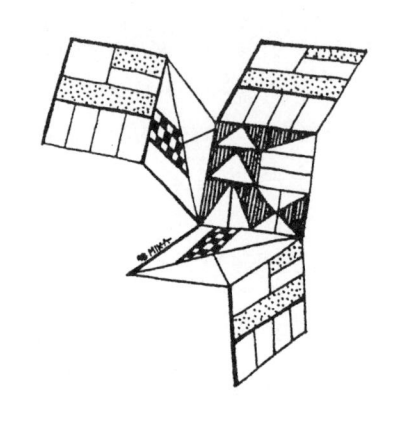

(2) ワイク理論の世界観や人生観は，東洋思想のそれにきわめて近いのです。この点，ワイク理論は，今日の経営学にあってとても異色であります。

まず，"組織化の進化論モデル"のフォームは，根本仏教の"縁起観"の"因縁果報"の図式ときわめて類似しているのです。以下は，法政大学大学院経営学専攻山崎泰央氏の1997年6月のレポートからの引用です。「縁起観とはその名の通り世界は『縁りて起こる』存在とみなすことであり，世の中の現象が"因・縁・果・報"という手順を経て生じるということだ。因とはすなわち原因であり，縁とは条件，果とは結果，報とは後に残る報いとして説明されている。この枠組みで現象を解釈するには，時として困難を伴う。特に「報」後に残る報いとは何ぞや，という疑問がしばしば生ずる。この疑問をワイク・セ

オリーによって解くことができた。縁起観でいうところの「報」とはワイクのいう「保持」の段階であるといえる。

ここで，縁起観をワイク・セオリーで照らしてみると，多少順番が変わるが，縁とは「生態学的変化」，因とは「イナクトメント」，果とは「淘汰」，報とは前にも述べた通り「保持」といった段階があてはまる。ワイクは生態学的変化とイナクトメントは互いに影響しあっているというが，これは縁起観においても同じように，因と縁とが互いに影響しあっている。つまり善い縁（ママ）によって悪い縁を善くすることもできれば，悪い因によって縁も悪いものになるという。誤解を恐れずにこれらの相似性を図示すると，図3のような図式が考えられる」。

図3　縁起観

ワイク理論の柱となる概念の一つは，そう〝イナクトされた環境〟です。この概念の組織の実践に対する意味合いは，組織は自らが形成したイナクトされた環境に形成される，というものです。和語に直せば，自らが想造した世界像が実際の世界を創造する，ということだ。ワイクも言う「組織を悩ましている環境は組織自らがそこにあらしめたのである」[8]と。要するに，〝自業自得〟です。

この世界観に立って今日の人類の技術・経済・文化の様を観ると，〝賢くて愚かなるもの，それは人間〟という東洋思想の虚無が実感さ

れるのではないでしょうか。

「それがどうした？」と言われるとそれまでですが…。

(3) 先に，ワイクの理論は，認識を中心としたポスト・モダン経営学の先駆である，と述べました。それはそれで間違いないところですが，ワイクにあっては〝認識〟のベクトルが常識とは少々異なっているのです。常識だと，認識があって，行為がある。すなわち，認識が行為を導く。ところが，ワイクは，行為が逆に認識を導くという。そのこころはこうである：「行為は思考に先行する (Bem1974；Zimbardo 1969)。その反対があたかも真であるかのように行動するとき，すなわち行為する前に考えようとするとき，人は常々賞賛される。組織においても，計画する人は行動する人よりも高給なのが普通だが，行為する前に考える人を良しとするのは有害である。というのは，あなたは最初に何かを行ったり言ったりしなければならない。その後，あなたは自分が何を考えていたか，決定したかあるいは行ったかを見出すことができるのであるから。あなたが何者であるかは，後になるまで，言葉がすでに発せられるまであるいは行為がすでに終了するまで，あなたはわからない」[9]。

このように，ワイクの組織論にあっては〝行為〟が重視されています。

したがって，私の経営学史観からすけば，ワイクのポスト・モダン経営学は，行為にウェートをシフトさせているという意味で，ポスト・モダンを突き抜けたポスト・ポストモダン経営学といえるのではないでしょうか。

ついでに言えば，21世紀の経営学は唯心論に回帰する気配なしとしないらしい。気鋭の若手経営学者洞口治夫氏は言う：「20世紀末の動向として顕著なのは，人間の心のありようを重視した経営行動の理解

であり、それは、20世紀における唯物論的実験を終えたのち、21世紀に社会科学が向かう唯心論への回帰を予見するものかもしれない」[10]。ワイク理論の柱の一つである〝イナクトされた環境〟は、自らの心のありようが与って想造したものであることを思えば、ワイクは回帰するであろう唯心論的経営学の魁でもあるのだ。

　私がいうのも、なんですが、けったいな先生やなァー、ワイクという人は。

　挑発的でどこか東洋思想の翳を帯び時代を遙か突き抜けている。それが、カール・ワイクの世界なのです。げに、けったいな世界と言うべきでないでしょうか。

注 1) Weick, K. E., *The Social Psychology of Organizing*, 2nd ed., Addison-Wesley, 1979, p. 59.〔遠田雄志訳『組織化の社会心理学　第2版』文眞堂、1997、78ページ〕。
　 2) *Ibid*., p. 91.〔前掲訳書、117～8ページ。〕
　 3) *Ibid*., p. 218.〔前掲訳書、283～4ページ。〕
　 4) *Ibid*., p. 186.〔前掲訳書、241ページ。〕
　 5) 前掲訳書、viページ。
　 6) *Ibid*., p. 239.〔前掲訳書、310ページ。〕
　 7) *Ibid*., p. 246.〔前掲訳書、319ページ。〕
　 8) *Ibid*., p. 153.〔前掲訳書、198ページ。〕
　 9) *Ibid*., p. 194.〔前掲訳書、250ページ。〕
　10) 洞口治夫「二つの社会科学の20世紀――経営学と経済学――」東京大学『社会科学研究』第50巻第1号（1998. 9）、3ページ。

おわりに

　年老いた旅人が、アテナィの安宿の床で今や死を迎えようとしている。見れば、30年ほど昔デルフィで神託を受けたあの若かりし旅人

だ。彼はゆっくりうなづきながらかすれるような声でつぶやいた：
「今にしてようやくわかった。…だったんだなァ」。

　しかし，最後の声は誰にも聞きとれなかった。そして彼は安らかに息をひきとった。

　丁度時間となりました。
　（なお，本稿は，知る人ぞ知るけったいな浪曲師イエス玉川の口演『最新経営学』のテープ起こし原稿をベースにしている──文責遠田）。

3　異常組織論

はじめに

　(1)　われわれ組織のなかで生活していてつくづく思うのだが，組織は本当に捉えにくい。規則正しくやってもどこかで大ポカをしたり，緩め気味なのに業績が上がったりする。また，セオリーはあってなきもののようだ。
　要するに，組織はなかなか一筋縄ではつかめない，面妖なものだ。この点については，組織で生活する者としても，あるいは組織を研究する者としても共感するところではないか。
　「組織とはなにか」という大問題にまともにアプローチするのも結構だが，少し違った角度，ひねったところから接近することによって組織の正体が捉えられないか？
　たとえば，よく見聞きする組織の異常や狂気。そのメカニズムを知ることによって，逆に正常な組織，あるべき組織の姿が見えてくるかもしれない。こうした期待が異常組織論を試みる一つの理由である。それは人間の心理の正体を探ろうとする心理学の分野に異常心理学という領域があるのと同じだ。
　異常組織というテーマはそうした研究次元を離れても，それ自体おもしろい。しかし，それが研究対象として日の目を見ているのは，いまいった心理学とか社会学に限られるようだ。そこでは，組織や集団が狂ったとき，その原因をリーダーの心理的欠陥に求めたり，あるい

は集団ヒステリーというレベルで異常が語られる。そういう意味で，心理学や社会学では，異常組織はそれほど「異常」な研究テーマではない。

ところが経営学の領域で，異常組織を明確な研究対象として真っ向から取り組んだという作業を管見ながら知らない。

そこで経営学や組織論を多少かじっているものとして，組織論の用語や概念で異常組織を語れないものか。それによって，心理学や社会学での分析とは若干違った物言いがあるいは可能かもしれない。この期待が異常組織論を試みるいま一つの理由である。

（2）なお，本論文では組織の異常を組織の認識の点から捉えている。ひるがえって，今日の経営学や組織論は組織の意思決定を軸に展開され，おおよそ50年の長きにわたり発展してきた（この点に関しては，「プロローグ」を参照されたい）。

本論文のアプローチが今日常套となっている意思決定ではなくて認識をベースにしているという点で異常・組織論といえなくもないが，狙いはあくまでも異常組織・論である。

A. 異常組織とは

（1）組織には通常，明示的であれ暗黙的であれ，それぞれに固有の価値，規範，決まり，教え，ルールあるいは言い伝えといったものがある。そうしたものの総体が，組織の伝統であり文化である。

組織は，そのような伝統あるいは文化を軸に秩序づけられ，一つのまとまりとなり，アイデンティティーも確立する。司馬遼太郎いうところの〝その国のかたち〟とは，こうしたことを国のレベルで見事に表現したものであろう。

(2) 組織が何事につけ伝統や文化にこだわりすぎるとどうなるか。整然とした秩序が出来し，組織のアイデンティティーは確固としたものになる。その分，中にいる人は次第に不自由をかこつようになる。

そうしたところでは，伝統に反した自由な振る舞いは秩序を乱す行為とみなされ批判される。人びとは羨望をこえた嫉妬も加わり，そうした振る舞いをする不届き者を摘発すべく相互監視の体制をつくり上げる。

彼らは皆見えざる密告者の影に怯え，目立つことを恐れてこれまでの事をこれまで通りにただくり返す。その結果，組織にはイノベーションがなく，組織はルーティンを処理する単なるマシーンと化し，変化する外的環境への適応力を失う。

このような組織の異常と恐怖は，ジョージ・オーウェルの『1984』(1949) に見事に描かれている。

逆に，組織が何事につけ伝統や文化を無視するとどうなるか。中の人びとは，自分の才覚を旧習に捉われることなく自由に発揮できるし，そのために批判されることもない。

しかし，そうした組織には軸となる共通したなにものかがないため，秩序は乱れ，アイデンティティーも喪失する。組織はタガがゆるみアナーキーな状態となり，人びとは互いにライバルとなる。孤立に耐えられなくなった人たちは集団を形成するが，このような組織ではそれぞれの集団がエスノセントリズム（自集団中心主義）というか排外主義をエスカレートさせ，やがてライバル集団の存在そのものを消さねばという狂気に駆られてゆくこともある。この種の組織の狂気と恐怖は，ウィリアム・ゴールディングの『蝿の王』(1954)にくわしく描かれている。

このような組織では，たとえ数々のイノベーションが芽生えたとしてもそれらが無事成育するのは難しく，その多くが実を結ぶことなく朽ちてしまうだろう。したがって，このようなアナーキーな組織も外的環境に適応できなくなってゆく。

(3) ところで，われわれは日常生活において，日頃の決まりやルールをきわめて厳格にし，整然とした秩序を楽しむことがある。民俗学でいう褻に対する晴れで，儀式やセレモニーがそれである。逆に，日常の規範や決まりを緩めたり一時棚上げにして，無節操や無秩序に興じることがある。民俗学でいう穢れで，祭りやフェスティバルがそれである。

したがって，先に言及した適応不全の組織のうち，伝統に固執しすぎて適応不全になった組織をセレモニー型異常組織と，伝統を無視し続けたため適応不全になった組織をフェスティバル型異常組織と呼ぼう。

ちなみに，本論文のベースとなっている"組織化の理論"の提唱者ワイク（K. E. Weick）それにマーチ（J. G. March）や西部邁がそれぞれ別の議論で展開した組織についての興味あるいくつかの概念がある。それらをもし（正常な組織を含む）3つの組織状態に関連させるとそれぞれどのように対応するか考えてみた。その結果が表1に示されている。

表1　3つの組織状態と関連概念

異常組織論	K・E・ワイク	J・G・マーチ	西部　邁
フェスティバル型異常	（ノー・カプリング）	（アナーキー）	悪しき無秩序
正　　常	ルース・カプリング	オーガナイズド・アナーキー	秩　　序
セレモニー型異常	タイト・カプリング	（マシーン）	悪しき秩序

（ただし，カッコ内は筆者の想像による）

B. 組織化の過程

a．コミュニケーション

　(1)　組織は常に経験の流れの中にいる。その流れの中の変化や違いの部分は，組織にとってパズルのようなものだ：あれこれ解釈できるが，どの解釈が適切か？　謎だ。定期的に鳴るベルの音は一義的でパズルではない；「これは授業の始まりを告げるベルだ」。しかし，不意のベルの音は多義的でパズルだ；「火災発生の知らせか？」「ベル系統の故障か？」「避難訓練の合図か？」「単なるイタズラか？」。

　あるいは，ある日突然，大口投資家から"損失補塡"を要求された証券会社や"中三生連続児童殺傷事件"を経験した日本社会は，それぞれどう解釈しどう対処したらよいか？　これまた，謎だ。

　こうした多義的な問題に個々人がそれぞれに解釈し行動してもラチが明かない。そこで人びとは，コミュニケーションをして，一定の答や意味を引き出しそれを共有しようとする。1 人の人間が多重人格の病になるのも，何万人もの集団が組織として機能するのも，その鍵を握っているのはコミュニケーションである。コミュニケーションによって，多義性（equivocality）が削減される。その過程が組織化（organizing）である。ちなみに，意味を共有しようともせずにあれこれ思いついた答や解釈を勝手に言い合っているだけではコミュニケーションとは呼ばない。

　(2)　多義的な問題やパズルに対して共通の理解を得ようとするコミュニケーションは，互いに無関係な人びとの間では行われないし，行う必要もない。それは，何らかの関係がある人びとの間で行われる。人と人との関係で，最も切実で基本的な関係は相互連結関係であ

る。人は全知でも全能でもない。個々人は，それぞれある欲望を満たしたいと欲しても，それを実現するためには他者に何事かをやってもらう必要があり，そのため他者に何事かをやってやらなければならない。こうした相互に連結したいわば持ちつ持たれつの関係を他者と結ぶことによって，人びとは自らの欲求を満たすのである。今はやりの言葉を使えば，利己的共生関係である。たとえば，（昔の）夫婦である。夫は仕事に専念したいとの欲求を満たすために，妻に生活費を渡して身の回りの世話をしてもらい；妻は保障された生活という欲求を満たすために，夫の身の回りを世話し生活費を得るのである（図1，参照）。

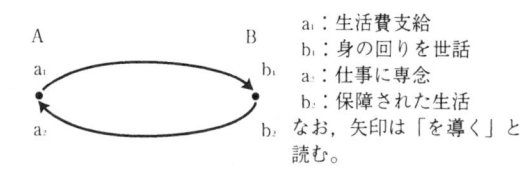

a_1：生活費支給
b_1：身の回りを世話
a_2：仕事に専念
b_2：保障された生活
なお，矢印は「を導く」と読む。

図1　相互連結関係

コミュニケーションはこのような関係の人びととの間で行われる。相互連結が2人でしかも最も単純ないわば基本的コミュニケーションにおいては，2つの反応機会がある。一つは自分の主張に対して他者が反応する機会で，いま一つは他者のその反応に対して自分が再度反応する機会である。したがって，そこでは，4つの基本的反応のパターン，換言すれば影響の連鎖がある（表2，参照のこと）。

表2　基本的影響連鎖

自　分	他者の反応	自分の再反応	影響のタイプ
Aを肯定	Aを肯定	Aを肯定	一　致
		Bを肯定	反同調
Aを肯定	Bを肯定	Aを肯定	独　立
		Bを肯定	同　調

野球のバッテリーの場合，キャッチャーがAを要求したのに，ピッチャーがBを投げたいと首をふったのに対し，キャッチャーがそれでもAを投げさせたなら，この影響連鎖のタイプはキャッチャーから見れば独立で，ピッチャーから見れば同調である。

このような相互連結関係は，コミュニケーションでの影響連鎖のタイプを含め，日頃の仕事ややりとりを通して次第に安定したタイトなものになる。それが業務単位となり，それぞれに特有な安定した意味世界をもつようになる。そうした業務単位がいくつかルースに結びついたものが組織である。

(3) とすれば，組織は目標を共有する必要がない。組織の基本単位である相互連結関係の人びとは，(先の夫婦のように，目標は別々で)それぞれ他者からの貢献を必要としているだけで，他者が何のためにやってくれるのかを知る必要もなく，あまつさえそれに同意する必要はさらさらないのである。「集合構造におけるパートナーは，空間や時間やエネルギーをおそらく共有するが，ビジョンや要求あるいは意図を共有する必要はない。そうした共有は，もし生ずるとしても，ずっと後になってからである」[1]。

このように，人が他の人と相互連結し組織を形成するのは，自分の欲望や目的を満たすためである。しかし，それらの欲望や目的は普通多岐にわたっているので，個々人の相互連結やコミットは数々の組織に分散している。したがって，人は普通一つの組織のみに丸ごと包含されているわけではない。この事実を部分的包含（partial inclusion）というが，これによって，人間の孤でありたいと同時に衆でもありたいという矛盾した願望がかなえられるのである。

そういえば，村という共同体からも会社という「眩しい」組織からも切り離されて，部分的包含すらなくした現代の20代無職青年

は，衆でありたいとの満たしがたい欲求を募らせ，いつ暴走しても不思議でない危険を抱えているのかもしれない。こう考えると，組織には人間の衆でありたい社会人でありたいとの欲求をかなえてやるという（これまであまり言及されなかった）大切な機能があるのがわかる。

　要するに，組織を構成しているメンバー間の結合は，目標やビジョンの点でもコミットの点でも，思われているほどタイトではなく，ルースなのである。とすれば，目的の共有と固い絆で結ばれたタイトな組織を善しとするこれまでのいわば暑苦しい経営学やリーダーシップ論が，にわかに疑わしいものに思えてくる。

　そう，ルースな組織こそ善しとすべきなのだ。ルース・カプリング[2]においては，1つの変数が乱されても，その乱れは波及しないで閉じ込められるか，波及するにしても他の変数に伝わるまで時間がかかり，その効果も小さくなる。したがって，ルース・カプリングは変動や撹乱から組織を安定に保つ。「安定した社会集団で人びとが相互作用するとき，個々人の間の行動はかなりルース・カプリングである。そこそこの期間存在している集団のメンバーはよくこう言っている：『自分たちは互いに好きだが，これは自分のためだからだ』。すなわち，彼らは，他人と持続的な関係を保っているが，それは，他人の喜怒哀楽にいちいち反応するのを控えることによって可能なのだ。人はそれぞれ基本的には，他人の（一挙手一投足ではなく）平均的行動に反応する。その意味で，他人への反応は，他人の行う個々の事柄に対してルースに結合しているのである」[3]。結婚が永続きする秘訣のみならず新生内閣や新大統領の支持率が昨今すぐに急落するわけが，この引用文に述べられているようだ。

b. イナクトされた環境

　(1)　太郎も次郎もH大学の1年生だ。大学に入って初めてのテストというので，彼らはかなり入念な準備をして経営学総論の前期試験に臨んだ。発表された成績はともにBだった。

　この成績をみて太郎は思った。「大学というところは甘くない。日頃から自分で勉強しなくてはいけないんだ」と。そして，彼は，後期，授業に積極的に臨み，先生のすすめる本も読んだ。後期試験の後に発表された成績はAだった。「ここでは，努力が報われるんだ」。受験ではさんざん苦汁を飲まされ，「すべては運サ」と半ば不貞腐れていた太郎にとって，それは新鮮な驚きですらあった。それからというもの，彼はいっそう勉強に励み，勉強がおもしろいと思ったことさえ何度かあった。「H大っていい大学だナ」と4年になった太郎は思い，最近では大学院に進もうかと真剣に考えている。

　一方の次郎は，「あんなに勉強したのにBか」とガッカリし，他の科目も思うようにいかず，「H大ってヘンな先生ばかりだ」と決め込んだ。それからは勉強にも熱が入らず，近ごろは，「退学しようか，他の大学へ入りなおそうか」といったことばかり考えている。

　2人をこうまで違えてしまったのは，彼らがH大でどんな教育を受けたかという「客観的」真実ではなく，それぞれが心の中で受け止めた「努力は報われる」や「H大ってヘンな先生ばかりだ」といった「主観的」事実である。たかが経営学総論の成績というタワイのないことがキッカケではあったが，それぞれの「事実」に次第次第にからめとられてゆき，ついには太郎は大学院への進学を，次郎は退学を考えるまでにいたったのである。

　大事なのは，〝裁判などで問題になるような「客観的」真実〟ではなくて〝心の中で受け止めた「主観的」事実〟なのだ。この〝心の中

で受け止めた「主観的」事実″にほぼ相当するものを，社会心理学者のワイクは″イナクトされた環境（enacted environment）[4]″と呼ぶ。なぜイナクトかといえば，それは，太郎・次郎物語からもわかるように，人が適応する環境は，実は自らが積極的にかかわって（行為し，その結果を解釈し，また行為し……）創造したものであるということを強調するためである。

　誤解をおそれずにいえば，イナクトされた環境とは，人の想像（イマジネーション）によって創造（クリエイト）された環境である。だからあえて訳せば″想造″された環境とでもなろう。

　人はイナクトされた環境に適応するのである。次郎の窮状はH大そのものの環境というより，自らが（貧困な語彙と短絡的発想で）イージーにイナクトした環境に適応というかからめとられた結果なのである。とすれば，頻発するいじめによる自殺の悲劇も，いく分かはいじめられたとする生徒の環境のイナクトの仕方にも問題があるのでは……，と思えてくる。げに恐ろしきはイナクトされた環境だ。

　それほど大事なイナクトされた環境が，組織ではどのように形成されるのか，また，それを適正なものにするにはどうしたらよいのか，これがワイクの組織論の中心テーマである。彼にあっては，組織の戦略とか意思決定の問題よりもいわば認識が問題なのである。

　(2) 組織（そして，そこにおけるコミュニケーションの輪）は，相互連結関係を核にした業務単位がベースとなって，適宜形成される。組織がさほどでもないハプニングやパズルに対する場合，そのコミュニケーション活動は，業務単位相互のいつも通りのコミュニケーションの輪で済むかもしれないし，あるいはそれを少しばかり広げた程度で終るだろう。しかし，組織が大変な問題やパズルに遭遇した場合は，コミュニケーションの輪が大きく広げられ，ときには外部の知識や意

見も取り入れられるようなコミュニケーション活動というか組織化の過程が展開されるだろう。

　組織は，このような過程を通して，経験の流れのハプニングや異なるものに対して何らかの処理をするため一定の解釈や意味を付与し，それを全体の理解・認識にしてゆく。さらに，そうした理解・認識のうち，後々も有効だろうとみなされたものは，後世に伝えられるべく組織に貯えられる。それらは，標準実施手続やルールのような具体的な形であれ，規範や教えや神話といった抽象的な形であれ，組織に記憶される。そうしたものの総体が組織の伝統であり文化である。そして，その根底を成すのが，組織の常識（common sense）[5]であり組織の世界観，環境像であり，より正確に言えばイナクトされた環境である。

　たとえば，ある証券会社にある投資家による損失補塡要求が出されたとする。これに対して，社の上層部を中心にさまざまな解釈や対処の仕方が議論された。「要求そのものがナンセンスだ」「相手は誰？大口投資家。ならばショーガナイんじゃないの」「法に触れるのでは？」「何でわが社にこんな無理難題が？わが社に何か弱いとこがあるんじゃないの。だったら，言う通りにしなくちゃ」「補塡も，長い目で見ればペイするのでは？なにしろ相手は上得意なんだから」「お客に逃げられたら大変だ」などなど。そして，社としての解釈・意味づけは「なにしろ大口のお客さんなんだから補塡やむなし」ということになった。もちろん，これに疑問や異議を感じたり唱えた社員もいたが，これが損失補塡という問題に対する全体の理解・認識となった。今後も似たような問題が出てくるだろうと予想して〝補塡する大口投資家リスト〟も作成された。また，〝長いものには巻かれろ〟が規範のようなものになっていった。

大口投資家による補塡請求の事の顚末は以上のようなものだったが，それには，その証券会社が，これまでの長いショーバイを通じて培ってきた次のような常識というかイナクトされた環境が根底にあったのだろう：「この世は不平等に出来ていて，"無理が通れば道理ひっこむ"が常なのだ」。

(3) 組織はハプニングや問題を解釈し処理し，それが成功したり失敗する。組織はそうしたことをくり返しながら，常識やイナクトされた環境を形成してゆく。そして，それがベースとなって組織の伝統や文化が培われてゆく。反対に，そうした組織の常識やイナクトされた環境が組織の行為を制約したり個々のハプニングや問題の解釈や処理に影響を及ぼす。「行為や解釈は，今ここの自然環境にではなくイナクトされた環境に適応しているのである」[6]。組織は自らが形成したイナクトされた環境に形成されるのである。

このように，組織にとって常識やイナクトされた環境はきわめて大事だ。いや，組織そのものといってもよい。組織は，そのようなイナクトされた環境を形成する何らかのレシピを有している。それに関して大雑把にいえば，たとえば民主主義というレシピは独裁主義というそれにくらべて，衆知を活かすのに長じている。

その意味では，日本は意外に民主主義的であったようだ。その例証として，明治維新の歴史がよく引き合いに出される。すなわち，黒船来航という大変に当たって，"公論衆議"のモットーの下，時の幕府は，各大名はもとより幕府の旗本や御家人それに諸藩の有力者や市井の人びとの知識や意見を募った。幕府のそうしたやり方は大事に当たっての付け焼き刃なんかでなく，"公論衆議"尊重の理念はすでに広く人びとに浸透していたようだ。有名な桜田門外の変からもそのことがうかがえる。1860年3月3日，時の大老井伊直弼を暗殺した水戸

浪士らの「斬奸主意書」に「……公論衆議を忌み憚り候て，……」というくだりがある。また，大政奉還も，徳川慶喜が〝公論衆議〟の理念を重んじ，それを彼なりに実現しようとした戦術だったと読めないこともない。さらにつけ加えよう。明治元年3月に発布された『五箇条の誓文』は，「広ク会議ヲ興シ，万機公論ニ決スベシ」からはじまっている。この第一条は，日本にはまだ無いから追求すべき目標として掲げられた到着点というより，すでにある民衆の心を集約して，それを出発点として確認した文章であろう。

　また，多様性に関する一般的レシピもある。仲良しの金太郎飴組織よりも一匹狼的人たちの組織の方が，複雑多様な問題にうまく対処できる。

　システム制御の領域に，有名な〝必要多様性の法則（law of requisite variety)〟というのがある。これは「多様性を駆逐できるのは多様性だけだ」というものである。これをわれわれの議論に適用すると，組織はインプットの多義性に対するに組織化過程を多義的にしなければならない，となる。では，どうすれば組織化過程が多義的になるのか？

　対象物の外形を把持する器具に輪郭ゲージというすぐれ物がある。このゲージは，長さ約18センチで180本の針金でできていて，それをある堅い対象物に押しつけると，対象物の外形がゲージに残り，この跡形は対象物の写しとなっている。さて，把持される対象物が複雑多様になればなるほど，ゲージの針金の数は多く，針金相互が独立的で，針金が針金を束ねている盤木との摩擦によってではなく対象物によって動くようになってなければならない。

　これを組織化過程に敷衍すると次のようになる。異質な業務単位あるいは人員が多数ルースに結びついた組織化過程は，類似の業務単位

や人員が少数タイトに結びついた組織化過程よりも，多義的問題にうまく対処できる。この辺のところは，日本共産党が逆立ちしても自民党にはかなわない急所である。「多義的な過程はあまりキチンとしていなく，いくつもの目的に仕え，無駄で非効率に見えることが多い。この一見非効率こそがその過程の機能不全どころか働く（working）ことの証しなのである」[7]。だとすれば，何かにつけ合理的とか整合性とか無駄排除を肝要とする今日の思考は近視眼的にすぎないかと思えてくる。

(4) 認識において行為はきわめて大事である。その第一の理由は，行為（とその結果）という解釈の素材なくしてそもそも認識はありえない，という単純な事実である。すでに行われてしまった行為は解釈の素材となるが，未来はもちろん現在進行中の行為はあまりにも不定型なので解釈の素材とはなりえない（あえて解釈しようとすれば，未来あるいは現在の行為を未来完了型にしなければならない）。解釈はつねに回顧的あるいは結果論なのである。

このことの意味するところは大きい。たとえば，タマにしか行為しない組織を考えてみよう。この場合，解釈しうる素材としてのすでに行われてしまった行為を見出すのにかなり昔まで遡らなければならない。しかし，そのような行為や経験は古ぼけてしまっているので，誤った解釈や認識に導きやすい。逆に「もし過ぎ去った経験が無為よりもむしろ行為で満ちているならば，組織は能率を高めるのに有利な立場にいる。行為を回顧的に見ていけば，組織がいま何をしつつあり，どんな事業をしていて，その企図は何であるかがはっきりする。無為を回顧的に見ていても，よけい意味不明になったり混乱するだけだ。的外れの意味づけがなされたり，自閉的な病態が現れてくる可能性がいっそう大きくなる。言い換えれば，行為こそ注意を向けること

のできる手ごたえのあるアイテムを与えてくれる」[8]。本書Ⅰ2の「戸惑う「コカ・コーラ」」は，この辺のところをドラマチックに物語っている。

　認識において行為が大事である第二の理由は，われわれの常識の多くは，それが常識であるがゆえにあえてチェックしにくくて，その適切性をテストするという行為を皆が回避しているから通用しているにすぎないという面が必ずしも否定できないからである。

　たとえば，日本のプロ野球界。日本のプロ野球界には，昔から，「アメリカの大リーグは別格で日本なんかとても太刀打ちできっこない。第一食べ物も体力も違う」という常識があった。このイナクトされた環境が組織全体に信頼されていたため（だから常識なのだが），あの江川卓でさえ，気に染まらぬドラフト指名を逃れるスベのひとつとしても「メジャーで投げたい」とは言わなかった。常識に反した行為は，通常の行為にともなう諸々の危険もさることながら，非常識な行為に対する非難，嘲笑といった不愉快も待ちかまえていて，失敗すれば取り返しがつかないことがある。

　そうした事情を知ってか知らずか，あえてその常識が本当かどうか，日本人は本当にメジャーで通用しないのか，を真正面から試し，その試行に見事に成功したのが野茂英雄である。日本のプロ野球界のメジャーに対する常識も徐々に変わりつつあるが，それは野茂のこの果敢な試行に負うところが少なくない。勇気あるテスト実行者としての名誉の点で，江川も伊良部も野茂には及ばない。江川はテスト回避者で伊良部は遅ればせの実行者だから。

　アフリカのマサイ族は勇猛で知られているがそこの女性は，日がな一日ブラブラしている男たちを横目に，一日中せっせと働いているそうだ。マサイ族の女性にとって〝男は遊び，女は働く〟というのが常

識というかイナクトされた環境なのだ。しかし、これも、マサイ族の女性（あるいは男性）がこのイナクトされた環境を絶対視していまだにテストをあえて実行したことがないから、常識として通用しているだけなのだ。

こう考えると、われわれの常識の多くは、常識ゆえにそれらの真偽をあえてチェックするような行為がなされないから通用しているだけで、もしテストを実行してみるとガラリと変わる性質のものかもしれない。それにともなって、世界の認識も変わる。いってみれば、個人や組織のイナクトされた環境やリアリティーはテストの実行によって変わってしまう、存外脆いものなのかもしれない。「管理者は環境と組織とに関して思うほどにはよく知っていない‥‥。この目に余る知識の不完全性の一つの理由は、管理者が仲間同志で知らず知らずのうちにテストを回避するからだ。そして、彼らは、なぜテストが回避されねばならないのか、そして危険と推定される場面でなぜ行為してはならないか（あるいはしえないか）についての精妙な説明を組み立てる。疑り深い人、未熟者それに新参者といった人たちはみないくつかの立入り禁止区が書き込まれた因果マップにあまり影響されておらず、そのため彼らは回避者が恐れて踏み込めぬところを攻め立てるのである。攻めてみた結果、彼らは、回避者の恐れが根拠のないものなのか妥当なものなのか知る。後者の場合、彼ら無法者の消滅が回避者の代理学習となるのである」[9]。

「成らぬは人の為さぬなりけり」というところか。

(5) 行為は認識に依存すると同時に、認識は行為に依存するのである。ところが、今日の経営学やマネジメントは、前者の面のみを見て「認識してから行為せよ」と言う。なぜか？　これまでの経営学やマネジメントは、あいまいでない世界、いわば調査をすれば事前に客観

的で一義的な環境を知ることができるような世界のものであったからである。となれば，当然「跳ぶ前に見よ」となり，今日の経営学やマネジメントはそれを規範としたものであった。

　たとえば，顧客の嗜好には客観的な「正解」がちゃんとあり（クイズでのお手つきのような）ペナルティーやそのリスクを少なくするためには，調査によってそうした嗜好を事前に「発見」し，それから行動すべきだ，というのである。

　このような経営学やマネジメントを根本で支えていた意思決定モデルが，合理モデルである（「プロローグ」および本章の「はじめに」で述べたように，今の経営学それに組織論は意思決定を軸に展開されていることを思い出してほしい）。

　それによると，意思決定とは，問題や目標が明確になったあと，しかるべき人たちが集まってさまざまな行為の案を工夫し，それぞれがもたらす結果を予測し，それらの結果を当初の問題や目標に照らして検討・評価し，最後に1つの行為案を選択して実施するという一連の過程である。

　こんなことを躊躇なくやれるのは，当の個人や組織が世界を透明であいまいでないと信じているか，現在保持しているイナクトされた環境を信頼しきっているときにかぎられる。このような意思決定モデルに依拠しているかぎり，認識の定まらぬあいまいな世界での「解釈の素材としての行為」とか「常識をテストする行為」といったいわば「見る前に跳べ」式の行為は金輪際期待できない。木に登って魚を求めるようなものだ。

　ところが，「見る前に跳べ」にうってつけの意思決定モデルがある。それが「ゴミ箱モデル」である。

　ゴミ箱モデルは意思決定を流れとみなし，雑多な決定因の流れがタ

イミングによって意思決定に流入したり流出する，たんなる機会とか場にすぎないと考える。たとえていえば，意思決定の機会はゴミ箱で，そこに意思決定ということでさまざまな人や情報がゴミのように投げ込まれたり流れ出たりするのだ。

　1972年にこのモデルを提唱したマーチらはそうした決定因として，なにはともあれ意思決定が行われる場としての「選択機会」の流れ，そして決定に直接，間接に関与する「参加者」とか，こんなアイディアがあるといった「解」の流れと，これこれの決定においては少なくともこれだけは考慮すべきだといった「問題」の４つの流れを考える。つまり，「参加者」「解」「問題」というゴミというか役者の流れがそれぞれ交互に独立に流れていて，それらが，なにかが決定されるらしいということで，「選択機会」というさまざまなゴミ箱あるいは舞台の流れにしゃしゃり出たり引っ込んだりする図のイメージである。

　個々の参加者の登場や退場も流動的だし，必ずしも問題にふさわしい解が流れこむとはかぎらず，逆に解が問題を引き入れることもある。やがて，選択機会に滞留している決定因のミックスが，なにか行為できそうな按配（あんばい）になったり，デッド・ラインが迫ったときに決定が下される。ゴミ箱モデルは，意思決定をその程度のもの（したがって，必ずしも問題を解決しない[10]）と考える。

　ゴミ箱モデルといってもそれだけのものである。しかし，このようなゴミ箱モデルであればこそ，あいまいで認識の定まらぬ世界での組織意思決定を記述でき（合理モデルでは必須の予測や評価を必要としないことに注意），したがって「見る前に跳」んで認識を導く行為を促すことができるのだ。

注 1) Weick, K.E., *The Social Psychology of Organizing,* 2nd ed., Addison-Wesley, 1979, p.91.〔遠田雄志訳『組織化の社会心理学　第2版』文眞堂，1997, 118ページ。〕
2) システムの各要素の独立性が高い状態をいう。たとえば，高校野球のチームよりプロ野球のチームの方がルース・カプリングである。
3) *Ibid.*, p.112.〔前掲訳書，145ページ。〕
4) イナクト（en-act）の反対語は re-act で，「反応」と訳され，文字通り主体の受動性を表す言葉である。
   それに対して，en-act には主体の能動性がよく表されている。
5) ここで，常識とは虚実に関する合意で，「共通の感覚器官とかなり共通の対人経験ゆえに客観的だと人びとが同意する事柄」を言う（*Ibid.*, p.3.〔前掲訳書，5ページ〕）。
6) *Ibid.*, p.177.〔前掲訳書，229ページ。〕したがって，ここでは，主体としての組織と客体としての環境という区別は相対化されている。
7) *Ibid.*, p.192.〔前掲訳書，248ページ。〕
8) *Ibid.*, p.245.〔前掲訳書，318ページ。〕
9) *Ibid.*, p.151.〔前掲訳書，195～6ページ。〕
10) ゴミ箱モデルのコンピュータ・シミュレーションによれば，問題を解決しない決定には，次の2つのタイプがある。1つは，問題をよそのゴミ箱にあずけたり飛ばした後に下される決定で，ゴミ箱モデルでは「飛ばしによる決定」という。いま1つは，問題を見過ごしたり，無視したりして，ともかくも決定するタイプで，ゴミ箱モデルでは「見過ごしによる決定」という。

C. 組織化の進化論モデル

(1) 組織において世界の多義性が削減されイナクトされた環境が形成される過程を周知の自然淘汰の過程（変異，淘汰，保持）になぞらえて，ワイクは進化論モデル（evolutionary model）を展開した。そして，組織化の過程は，イナクトメント，淘汰それに保持の3つのステップから成り立っているとする：

①イナクトメント（Enactment）　組織化にとってのイナクトメントは，いってみれば自然淘汰における変異に当たる。では変異とは

言わずになぜあえてイナクトメントと言うかといえば,自然界での（突然）変異にくらべて,組織が変異に対して果たしている積極的な役割をイナクトメントという言葉が捉えているからである。

　人や組織がかかわる経験の流れの中には,よく変化とか違いが生ずる。これを生態学的変化（ecological change）というが,イナクトメントは生態学的変化と直接関係している。行為者が何事かを行いそのため次の行動への制約を変える（生態学的変化）ような行為はイナクトメントである。また,生態学的変化を知覚した行為者はより深い注意を払うべく変化を隔離するような行為をする。囲い込み（bracketing）のこの行為もイナクトメントである。

　実際に生態学的変化を起こす行為であれ囲い込みという行為であれイナクトメントは,個人や組織にとって見なれない問題や奇妙なパズルを生み出す。社会においてこれを専ら任とするのがたとえば文字通りトリックスターやジャーナリストである。

　なお,変化を変化としてイナクト（囲い込み）するのは決してたやすいことではない。"中三生連続児童殺傷事件"に関連して,ある人権派の識者はいう：「A少年のあのような例外的事件をもって,少年法の改正を云々するのはいかがなものか」。この人士は,あれほどの問題ある事件すら単なる例外とみなして,"より深い注意を払うべき"変化としてイナクトしようとしないのである。変化をなるべく見ないようにするこの精神の怠惰こそ,あのチェルノブイリ原発事故やチャレンジャー事故の悲劇を招くのだ。

　②淘汰（Selection）　淘汰は,前のステップでイナクトされた多義的な問題やパズルにさまざまな解釈を押しつけてみてやがて一つの解釈を淘汰・選択するステップである。問題やパズルに押しつけられる解釈は,通常,個人のであれ組織のであれ過去の経験から形成され

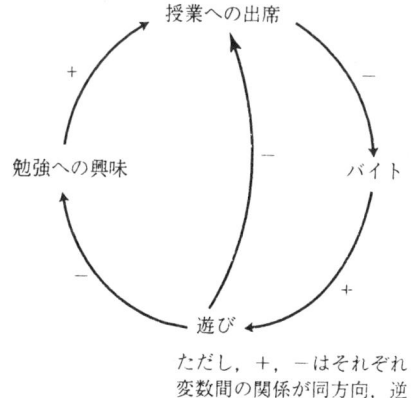

ただし，＋，－はそれぞれ
変数間の関係が同方向，逆
方向であることを示す。

図2　ある因果マップ

た因果マップをスキーマ（枠組）にしている。それは，相互に因果的に結びつけられた概念や変数から成るマップである。たとえば，多くの大学生が有する因果マップとは，大よそ図2のようなものだろう。そして，もしある友人が急に遊ぶようになったとすれば（イナクトされた多義的パズル），多くの学生はその因果マップをスキーマにして，「ヤツは授業に出ずにバイトに励み，金が出来たんで遊んでるんだろう」と解釈するだろう。

　なお，因果マップの概念や変数といってもそれは言葉である。したがって，良質な言葉なくして優れた因果マップは出来ない。こう考えると，駆使される（ロジックではない）語彙がどれだけ豊富かは，個人や組織にとってきわめて重要である。

　また，因果マップにはたとえば神や宿命あるいは運といった仮想や象徴を概念や変数として含むものも少なくない。神戸のA少年の因果マップでは〝バモイドオキ神〟は中心的な概念であろう。だからそうした因果マップを有する人はすべて危険か，といえば必ずしもそう

ではない。バーチャル・アイドルを真剣に追っかけている立派な大人（おとな）も，その因果マップの重要な部分は仮想的なものであろう。

　これまで合点のいったそうしたさまざまなマップを目前の問題やパズルに当てはめると，今何が生じているかについての妥当な解釈を与えてくれるマップもあるがそうでないマップもある。そして，妥当な解釈を与えてくれたマップが次第に淘汰され，保持される。さらに，特定の多義的問題やパズルの特定の解釈が選択され，将来の同じような状況に押しつけられるのを予期して保持される。評論家の仕事は正にこの淘汰ステップにある。

　ところで，解釈とは前にも述べたように回顧的なものである。人は何かをやって，それをある時点で区切って一つの有意味なイベントやエピソードとして振り返ってみて，初めて解釈できる。そのようにイナクトされたイベントの多くは多義的で，たとえ解釈が回顧的であるにしても，妥当な解釈は多数ある。その妥当な解釈のどれが適切かは，さらに後になって振り返ってみなければわからない。たとえば，第二次世界大戦中に始められた原子力開発は，現時点で振り返ってみると，無限のエネルギーを約束するものとも人類絶滅の危機を招くものとも解釈でき，そのいずれも妥当な解釈だ。そのどちらが適切な解釈かはもっと後になって，たとえていえば井上陽水の詩ではないが「最後のニュース」を聞く時に初めてわかるのである。

　戦略も実は，事前的なものではなく事後的なものだ。組織は，何かをやってみて初めてそれを振り返ることができ，自らがやってきたことの大筋を戦略と解釈・意味づけることができるのである。組織が戦略を定式化するのは，結果として戦略と解釈されてしまった何事かを実施した後であって前ではない。この順序を逆に考える多くの人は，解釈とか意味とはつねに事実の後にあてがわれ経過した行為が回顧で

きるようになった後にかぎるという，単純な事実を見逃しているのである。「この単純な事実が，組織の人びとの計画，予測，予想，予言に対する偏愛によって見失われてしまう。組織は，これまで論じたところによると文字通りほとんどナンセンスな活動である戦略形成とやらに相も変わらず時間を費やしている。組織が戦略を定式化するのは，それを実施した後であって前ではない。人は何か——何でもよい——をやってみてはじめて，それを振り返ることができ，自分がやったことを戦略と結論するのである」[1]。

もし戦略というものに期待したところを実現する効果があるとすれば，それはせいぜい戦略を含むすべての解釈・予言のもつ後述する自己成就的予言の作用に負っているのであろう。

さらに，意思決定も行為に先立つのではなく事後的なものといえる。意思決定とは，一連の行為の結果を回顧して，それを生ぜしめたであろうと解釈される主体の側のある作用に付せられた名称だ，というわけである。「必要にせまられて決定がなされるという見方の代りに，別の見方を楽しんでみる必要がある。それは，すでに何がなされたかを知ったあとで何が決定されたかを定義するのでは，という見方である。結果が前で決定はその後，というわけである」[2]。

昭和天皇の戦争責任論というのがある。これが，前者のすなわち代替案のなかから一つを選ぶのを意思決定という文脈で論じられるならば，それはムリ筋の空論でイタダケない。しかし，後者のすなわち事後的解釈としての意思決定という文脈で論じられる場合，責任論は大いに可能であろう（ただし，その場合スケープ・ゴートとしての天皇という趣きは拭えない）。

③保持（Retention）　保持は，淘汰されたマップや解釈の単なる貯蔵ではない。保持されている内容が内的一貫性がないこともあろ

う。そうした場合，既存のイナクトされた環境が新しいマップや解釈と整合するよう更新・修正されることもあるが，それらが未整理のまま放って置かれることもあろう。また，保持といっても，幸か不幸か，貯蔵中の保持内容が意図しないのに変質したり一部消えたりすることもある。

それはともかく，保持されている内容が組織に大きな影響を与えることがある。「何の変哲もない標準実施手続や保持システムの内容が国際的危機をエスカレートさせたり，議事録の書き方次第で組織に影響を及ぼすことができる」[3]。また，保持ステップは（とくにイナクトメント・ステップとは反対に）組織の安定源であり，アイデンティティーや〝その国のかたち〟がよりどころにしているところである。「保持システムの内容とくにくり返される因果マップが組織内の主要な安定源である」[4]。

そうした保持内容の中心はイナクトされた環境である。それは，それまで多義的であった環境や世界をメリハリのある因果の形に要約したものでその多くはフィクションを交えている。それは，かくかくの多義性が一体何であるかについての一つのそれなりの (sensible) 説明を与えてくれるものでもある。それほどの機能を有すればこそ，（生態学的変化にフィットすべきとはあえて言わないが）適切な〝イナクトされた環境〟を組織が維持・継承し，適宜検索できるようになっているかどうかは，組織の命運にとってきわめて大事なのだ。こうした保持を任とするのが教育とくに初等・中等教育やライブラリーである。

(2) 多忙なサラリーマンは時間を有効に使うため携帯電話を利用する（イナクトメント）。すると，その携帯電話を通してついでの用事を頼まれいっそう多忙になり（生態学的変化），さらに携帯電話の使用

が増え，それがなおいっそう彼を多忙にする……。あるいは，"いじめによる自殺"のマスコミ報道（イナクトメント）は"いじめによる自殺"を誘発し（生態学的変化），さらにこうした報道がまたまた自殺を頻発させる。このように，イナクトメントと生態学的変化との間には相互作用がある。

"歌は世につれ，世は歌につれ"なる名文句がある。これは，流行歌（イナクトメント）とその時代時代の主として男女の恋愛の形（生態学的変化）とが相互に作用し合っているという核心を見事に衝いている。こう考えると，社会現象のほとんどは，イナクトメントと生態学変化との相互作用がもたらしたものと言えなくもない。

ところで，"自己成就的予言（self-fulfilling prophecy）"というのがある。これもその相互作用に関連している。たとえば，定期検診で"胃潰瘍の疑いあり"との検査結果（イナクトメント）を知らされた健常者が，それを気にして胃の調子を悪くし（生態学的変化），再検査での胃の粘膜の斑点を指摘され（イナクトメント）それをさらに気に病んで本物の胃潰瘍になること（生態学的変化）が少なくないそうだ。この"胃潰瘍ではないか"との診断は自己成就的予言で，それが予言した"胃潰瘍"を実際に実現させてしまったのである。

自己成就的予言が悪くばかり作用するとはかぎらない。これから出かける旅行を楽しいものにする上でも，人生を意義あるものにする上でも，自己成就的予言（この場合，"今度の旅はきっと楽しいだろう"とか"人生は何らかの意義があるハズだ"と思い込むこと）の作用を利用しない手はない。最近よく言われる"ポジティブ・スィンキング""プラス思考"とはこの実用例である。さらにつけ加えれば，ピカソの絵が名画に見えるのも，あるいは自己成就的予言のなせるワザの部分が少なくないのかもしれない。

淘汰ステップへのインプットは2つあり，1つはイナクトされた多義的な問題やパズルである。いま1つは，保持ステップで蓄えられているイナクトされた環境や常識で，それが淘汰にインプットとしてフィード・バックされ，程度の差こそあれ特定の解釈を選択するときの制約となる。また，常識がイナクトメントを制約することがよくあるように，保持とイナクトメントの間にもフィード・バックループがある。さらに，イナクトメントの量が増せば淘汰活動の量も増え，同様の関係が，淘汰と保持との間にもある。

```
生態学的変化 ──+──→ イナクトメント ──+──→ 淘 汰 ──+──→ 保 持
         ↑                ↑        (+, -)      (+, -)
         └────+───────────┘←──────────┘←──────────┘
```

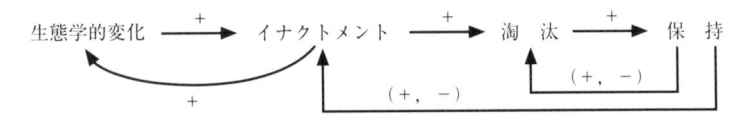

図3　組織化の進化論モデル

このように考えると，組織化の過程は，図3のように表すことができる。なお図の＋記号は変数が正の因果関係で結ばれていることを示し，保持からのフィード・バックに添えられた（＋，－）記号は，組織が保持内容を信頼する（＋）か信頼しない（－）かを決定できることを示している。

組織化過程の各ステップは基本的には，業務単位を組立ブロックとして組み立てられる。その組み立て方は，一般に，次のように考えられている。まず，各ステップへのインプットの多義性が大（小）と知覚されると，（コミュニケーションの輪に加えられうる業務単位のプールから動員すべきそれらをピックアップする際に利用できる）指針というか組立ルールは少なく（多く）なり，それら少数（多数）の組立ルールをすべて満たす多くの（少ない）業務単位が動員され，したがってインプットの多義性が多く（少なく）削減される。以上の関係は図4に簡潔に示されている。ただし，矢印の線に添えた－符号は因果の関

3 異常組織論　171

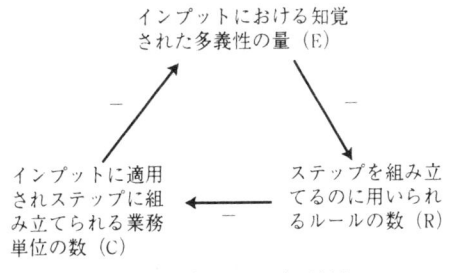

```
                インプットにおける知覚
                された多義性の量（E）
                        ↑
                       －
          ↗                    ↘
  インプットに適用              ステップを組み立
  されステップに組   ←  －    てるのに用いられ
  み立てられる業務              るルールの数（R）
  単位の数（C）
```

図4　各ステップの連鎖

係が逆であることを表している。

　たとえば，少年による2つの犯罪があるとする。1つはケンカで友人を殺害した事件といま1つはA少年の連続児童殺傷事件である。前者の事件は後者のそれにくらべて多義性は少なく，マスコミも何が問題でどう扱ったらよいかかなりはっきりしている。そのため，マスコミとして事件を解釈する組織化過程というかコミュニケーションの輪を組み立てる適切なルールは多数ある。たとえば，「当該問題に頻繁に起用された業務単位を選べ」とか「当該問題の多義性の除去に成功した業務単位を選べ」とか「少年の人権を傷つけないような業務単位を選べ」や「少年の性向をさぐれる業務単位を選べ」などなどである。これらのルールをすべて満たす業務単位は〝学校関係者〟や〝教育評論家〟で，それらが，この事件を解釈するためにマスコミの組み立てるコミュニケーション活動の業務単位となる。

　他方，A少年の連続児童殺傷事件はきわめて異常でそれだけ多義性が高く，マスコミにとっても何が問題でどう処理したらよいかはっきりしない。そのため適切な組立ルールといってもごく一般的な，当たり障りのないわずかなものしかない。たとえば，前者の事件での「頻度」とか「成功」のルールはこの事件には適用できず，せいぜい「人権」と「性向把握」のルールが適用される。そして，このルール

を満足する業務単位は,"学校関係者"や"教育評論家"はもちろん"精神分析家"や"犯罪心理学者"さらに"社会学者"はては"人権派弁護士"や"作家"など多数で,これらのにぎにぎしい業務単位がA少年の事件を解釈するためにマスコミの連日組み立てたコミュニケーション過程である。

東京六大学野球1989年春季最終成績

	法	早	明	慶	立	東	勝	敗	分	点
法	×	●●●	●●△	●●●	○○	○○	9	4	1	4
早	○○○	×	●●	●●●	●●●	○○	8	5	0	4
明	○●△	○○	×	●●	●●●	○○	7	5	1	3
慶	○●●	●●●	○○	×	○●△	○○	7	6	1	2
立	●●	○●●	○●●	●●△	×	○○	6	7	1	2
東	●●	●●	●●	●●	●●	×	0	10	0	0

早大優勝!?

俗にも,「うわさは,あいまいなほど広がる」といわれている。

なお,インプットの多義性の度合はフィード・バックされるイナクトされた環境への信頼度にも左右される。同じ事柄や情報のインプッ

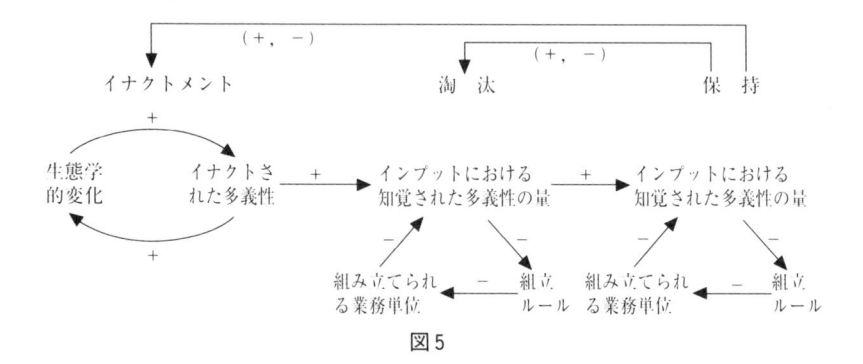

図5

トでも，それを解釈するスキーマとしてのイナクトされた環境が信頼されていないとインプットの多義性の量は，信頼されているときよりも大となる。

図4を図3に組み込んだものが図5で，組織はこのような過程をくり返しながら，常識や世界観あるいはイナクトされた環境を強化したり修正したりしているのである。

注 1) Weick, K.E., *The Social Psychology of Organizing,* 2nd ed., Addison-Wesley, 1979, p.188.〔遠田雄志訳『組織化の社会心理学　第2版』文眞堂，1997，243ページ。〕
2) *Ibid*., p.195.〔前掲訳書，252ページ。〕
3) *Ibid*., p.207.〔前掲訳書，269ページ。〕
4) *Ibid*., p.236.〔前掲訳書，306ページ。〕

D．異常組織論

a．異常のメカニズム

(1) 進化論モデルによれば，組織は組織化の過程において，2つの意思決定ポイントを有している（図3あるいは図5の2つの（＋，－）記号がそれ）。このポイントでの意思決定にくらべれば，今日の組織論や意思決定論で云々している代替案からの選択という意味でのいわゆる意思決定などは，組織の命運にとってさほどのことではない。見えないところで行われる意思決定こそ重大なのだ。

それはともかく，この重要な2つの意思決定点で，組織が整合的な決定をしているとしよう。まず，＋，＋で一貫している場合，すなわち，組織が伝統や文化を全面的に信頼し，イナクトメントにおいても淘汰においても保持されている常識やイナクトされた環境を尊重しそれに制約されているとどうなるか。

組織は過去の経験や記憶を信頼しているため，その行為はこれまでの行為のくり返しであり，そのため外的環境にさしたる生態学的変化を生まない。もし生態学的変化があったとしても，こうした組織はこれまでと同じような囲い込みをするので，変異や異変も何かのマチガイとか例外として処理してしまう。こうして，組織は外的環境に同じシーンを見続ける。これについてすぐ頭に浮かぶのは，低レベル放射能漏れやダイオキシン汚染をひた隠しにして平然としている動燃や所沢市役所である。

淘汰のステップでも，似たようなシーンの連続にこれまでと同じマップを疑うことなく適用し同じような解釈を施しているだけなので，保持されている常識やイナクトされた環境はただただ確認・強化されるのみである。こうして，無謬神話が生まれる。このような組織では多義的な問題が少ないのでコミュニケーション活動もルーティンである。

無謬神話が浸透し，業務のみならずコミュニケーション活動もルーティンな組織。組織がこうなると，堺屋太一がいうところの〝機能集団の共同体化〟あるいはD.J.キャンベル（D.J.Campbell）いうところの〝習慣の狎れ合い（habit meshing）〟の傾向が強くなる。習慣の狎れ合いについていえば，「いかなる組織内でも習慣の狎れ合いという過程が生じるが，そこでは各人の習慣が他者の環境の一部となっている。罰が与えられる出会いによって〔習慣が〕消去される傾向があり，……報酬が与えられる出会いによって両者の側で行動傾向の強さが高められる。このように，いかなる社会的組織も，適応性が高められることとは無関係に，内部での具合の良さの方向へと流れていく傾向がある」[1]。

〝内部での具合の良さ〟を追い求めるようになった組織では，既存

の秩序が乱されるのをおそれ,秩序の維持はおろか秩序の強化が図られる。こうした組織にとって主たる脅威の一つは,「集団維持ではなく,自己維持の点から行為するような人間である」[2]。したがって,過度に秩序的な組織では,その分組織メンバーは自由に振る舞えなくなり,組織にそれだけハプニングや問題が生じにくくなる。

組織における"秩序と多義性"のバランスが崩れると,悪循環が生ずる(図6)。すなわち,秩序が強化されると多義的問題が少なくなり,そのためいっそう秩序が強化される……という具合だ。こうして,そのような組織は,ますます秩序強化－多義性過少の度を深めながら適応能力を弱めやがてセレモニー型異常組織になるのである。

図6 秩序と多義性

逆に,－,－で首尾一貫している場合。すなわち,組織が保持された内容を全面的に疑い,イナクトメントと淘汰において過去の記憶を無視するとどうなるか。

組織はこれまでとは異なる行為をことさらすることが多くなるため,外的環境に生態学的変化もしばしば生むだろう。たとえ生態学的変化がないとしても,こうした組織はこれまでとは違った囲い込みをするので実際より多くの変異をイナクトするかもしれない。こうして,組織は外的環境に変異やハプニングを次から次へと見る。「激動の年を迎え,さらなる改革を断行せねば」と正月毎に宣う社長は少なくない。

次々と知覚される多義的な問題やパズルに一定の解釈を付与する淘

汰ステップでも，こうした組織は保持内容を信頼しないため解釈作業をゼロからしかも何の指針もなく行わねばならない。そのためもしコミュニケーションの輪をよほど拡充強化しないと，多義的問題はあまり解決されずむしろ問題の洪水を招くだろう。

　要するに，こうした組織では，中の人は何をやってもよく，その解釈も定まりがたくしたがって罰せられる恐れも少ないので無秩序になりやすい。組織がいったん無秩序になると，先ほどとは逆の悪循環が生ずる。すなわち，秩序が弱まると多義的問題が多くなり，そのためいっそう秩序が弱まる……。こうして，この組織はますます無秩序，多義性過多そして適応不能となってゆく。このように，伝統や文化を全面的に疑い無視する組織は，多義性が過多でアナーキーな状態を招き，先で述べたフェスティバル型異常組織になるのである。

　(2)　組織がいずれの異常組織にもならないためには，伝統や文化に対してあいまいあるいは矛盾したスタンスをとればよい。すなわち，組織は保持されている常識やイナクトされた環境を全面的に信頼したり疑うのではなく，イナクトメントと淘汰のどちらかのステップでそれらを疑い過去から解放されなければならない。そうすれば，組織には，イナクトメントか淘汰のいずれかで常識とか伝統といった過去に拘束されない問題やパズルあるいはマップがインプットされる。その分，組織は過去から現在に近くなるのである。ちなみに，セレモニー型異常組織は自らを過去に置きすぎ保守的であり，フェスティバル型異常組織は現在に近づきすぎ現在のさ細な変化にも闇くもに反応して不安定である。

　ともかく，行うこと（イナクトメント）と言うこと（解釈）が食い違っている組織は，秩序と多義性とのバランスが維持され，安定性のみならず適応性も高い。

これを大規模なスケールで見事にやってのけているのが，中国の経済改革である。現代中国の常識あるいは伝統は社会主義思想である。しかし，1980年代以降〝改革解放〟のスローガンの下，大胆に市場経済を導入した。これは，常識を疑ったイナクトメントである。ならば，淘汰ステップにおいても社会主義を否定するような言説・解釈がまかり通っているかといえばそうでもない。いぜんとして，共産党の指導が徹底している。淘汰では社会主義が信頼されているのである。このあいまいさは，社会主義市場経済という一見矛盾するネーミングに文字通り表されている。

ひるがえって，財政構造改革との整合性とやらにこだわって，思い切った景気対策をなかなか打ち出せないでいるわが橋本首相は，矛盾を大胆にやってのけるこの鄧小平の爪の垢でも煎じて飲むとよい。

(3) セレモニー型であれフェスティバル型であれ，いずれの異常組織も適応性に大きく欠けていることはすでに述べた。このことはシステム論的にもいえる。

組織化過程のサイクル（図3）を見てみよう。そこには，ループが3つあり，そのうち2つは保持からイナクトメントおよび保持から淘汰へのフィードバック・ループである。もし組織がセレモニー型異常で，そのフィードバック・ループが＋，＋のときは，組織化過程のサイクルの－符号は総計ゼロである。他方，フェスティバル型異常組織の場合は，－符号の総数は2である。

システム理論によれば，負つまり－の因果関係を偶数個（0，2，4，…）含むサイクルは逸脱－増幅サイクルで，そうしたサイクルから成るシステムはいわゆる悪循環に陥っていてコントロール不能である。「つまり，ある変数が（上方であれ下方であれ）いずれかの方向

にいったん動くと，その変数の同一方向への動きは，システムが壊れるか変質しない限り止まらない」[3]。

　そうならないためには，組織の場合，保持からの2つのフィードバック・ループのいずれかを－にして，組織化過程のサイクルにおける－符号の数を奇数（1）にすればよい。

　このように考えると，組織の記憶や記録のフィード・バックを制御する部門や人物は組織の運命にとってきわめて重要である（先の鄧小平や後述するゴルバチョフがそれぞれ中国およびソビエト連邦をどのようにしたか，おわかりだろう）。正に，知識より知恵というべきであろう。

　「手こずるシステムはどうさばけばよいか？　決してやってはならぬことは，一つの変数だけにこだわることである。相互依存の基本的特性が示すところによれば，変数間のパターンや関係が取り組むべき現実であって，実体は取るに足らない。……変革すべきは，変数と変数との間なのだ」[4]。この平成不況も他ならぬ悪循環がもたらしたものと悟れば，その対策もおのずと違ってくるのだろうが…。

　組織が異常組織に陥った場合も，組織化過程の個々の変数をどう変えても（たとえば，保持の内容を修正したり，イナクトメントや淘汰の活動量を抑えたりしても）適応不全は改善されない。自滅の運命から逃れるためには，変数間の関係（ここでは2つのフィードバックの＋，－符号）をうまく変えなければならない。

　実体（substance）よりも関係（relation）というわけだ。集合体が組織としてまとまった行動をどれだけできるかも，基本的には個々のメンバーが相互に培ってきた関係や絆によるものである。「きわめて大きな集合体でもそこにみられるコントロールの源は，2人の間の相互作用である」[5]。なのに，"神の見えざる手" ならぬ "律儀者の要ら

ざる手″というべきか，多くの管理者は「オレがコントロールせねば」とカンバル。その結果はといえば，せっかく築き上げられていた自己調整のループが不要な介入によって切断され，組織がギクシャクするのがオチだ。これ，「小さな（大きな？）親切，大きなお世話」あるいは「オーバー・マネジメント」というものだろう。

また，体(てい)のいい人減らしにすぎないリストラやリエンジニアリングも，そうしたせっかくの自己調整ループを人員削減によってズタズタにするおそれが十分あるので，理に合った合理化策とは思われない。

これまで，システムのコントロールに関して，実体よりも関係それも相互依存関係というかループあるいは循環的関係が大事だと述べてきた。しかし，循環的関係には他にも留意すべき特性がある。

まず，因果について。2つの事象が相互依存的関係にあるとき，そのうちの一方を原因と他方を結果と言いたくなるが，それは単なる名称の問題で，実はどちらでもよいのである。

図7において，〝毎日のジョギング〟が〝健康〟の原因といえるが，それは〝健康〟であることの結果ともいえるのである。

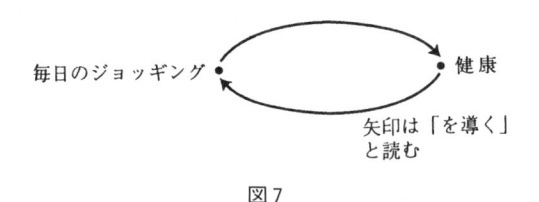

毎日のジョギング ● ⟶ ● 健 康

矢印は「を導く」と読む

図7

多くの事象は，このように因果は循環していて一方向的ではない。「リーダーシップスタイルが生産性に影響を及ぼすとか，親が子を社会化するとか，刺激が反応を呼び起こすとか，目的が手段を規定するとか，欲望が行為を導く等々。こうした主張は間違っている。なぜならば，それぞれに反対方向の作用が明らかにあると思われるからであ

る：生産性がリーダーシップスタイルに影響を及ぼし，子供が親を社会化し，反応が刺激を呼び起こし，手段が目的を規定し，行為が欲望を導く」[6]。

　一方向的な思考からすべからく原因をつきとめなければ気の済まぬマジメな管理者がいるものだ。しかし，組織の多くの事象が循環的関係にあるとすれば，そうした彼がせっかくつきとめた原因も，おそらくお門違いかどうでもよいものだろう。しばらくして，その事実に気づかされた彼は再びさらなる原因を追及し，これをくり返すうちにストレスをためてゆく。

　また，自業自得ということを忘れて自己の力を過信する人もやはり一方向的思考の虜である。そして，このツケは大きい。「ループということを忠実に考えれば，自己の力とか自己が決定するといった厳かな発想が幻にすぎないことがわかる。ほとんどのわれわれの行動が因果のサーキットにビルトインされているものならば，われわれの行う事がハネ返ってきてわれわれにつきまとい支配する。その顕著な例が環境の復讐であろう。われわれが環境に一方的に行った事が巡り巡って今やわれわれを脅かしているのである」[7]。

　循環的思考は，また，敵・味方の区別をあいまいにする。東南アジアの熱帯雨林地帯にウツボカズラという食虫植物がある。それは小さな昆虫をおびき寄せ，中にある液で溶かして養分として吸収している。ところが，その液には，外皮がキチン質で覆われ決して溶けない特殊なボウフラが寄生している。そして，そのボウフラは半ば溶けかかっている昆虫を捕食している。つまり，このボウフラはウツボカズラの食物を横取りしていて，そのかぎりではウツボカズラの敵である。しかし，さらに観察すると，ウツボカズラはそのボウフラの出す排泄物を養分として吸収している。ボウフラの排泄物の方が溶けた昆

虫よりも養分として吸収しやすいのだそうだ。してみると，ボウフラはウツボカズラの友ということになる。このように，ウツボカズラとボウフラの関係（図8参照）を循環的に考えると，ボウフラはウツボカズラの敵でも味方でもある（あるいはない）のである。

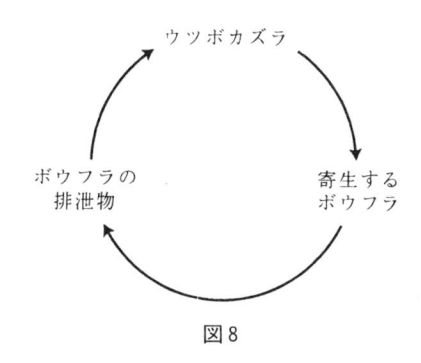

```
          ウツボカズラ
         ↗         ↘
   ボウフラの       寄生する
   排泄物         ボウフラ
         ↖         ↙
```
図8

"バイキンを駆逐して果たしてヒトは生きられるのか？"

b．認識モードと異常

(1) ワイクは，また，個々の組織の認識の仕方を4つのタイプに分類し，組織のさまざまな特性をその4つの認識モードに関連づけるという大胆な試みを行った[8]。

たとえば，倒産に対して，それを不況のせいにする経営者がいたり，自分の力不足を嘆く経営者や不運と片づける経営者がいる。

また，馬券を買うとき，ある人は競馬といえども予想可能だとして，データをあれこれ検討して買うが，ある人は予想なんかできっこないとしてカンとひらめきで買う。

このように，事柄や状況の認識は人によってあるいは組織によってかなり異なる。しかし，どんな個人でも組織でも，事柄や状況を認識するとき，そのやり方はけっして行き当たりばったりではない。一定

の流儀のようなものが，それぞれにあるようだ。

　組織のそうした認識モードは，次の2つの尺度で特徴づけられる。

　その第一は，管理者が環境をどのようなものと想定しているか，すなわち，環境とは本来ハードでキッチリと分析できるものとみなしているか，ソフトでハッキリとは分析できないものとみなしているかを表す尺度である。たとえば，消費者の真に望んでいる商品が本来あって，それはバイアスのない調査によって探り当てられるとするのが前者で，そんな本来の需要というものはなく，こちらの探り方次第で（思うようにか否かは別にして）その姿が変わるとするのが後者である。

　第二の尺度は，組織が環境を知るために，どれだけ積極的に環境にかかわるかを示すものである。たとえば，常識に対するテスト実行者の野茂英雄は積極的で，テスト回避者の江川卓は消極派である。

　この2つの尺度を利用して，組織の認識モードを4つに類別できる。

　まず，環境をソフトでキチッと分析できないものと見なし，かつ環境との積極的なかかわりが大事だとする組織。この組織にとって環境とは，自らが描く像にしたがって実際に創り出すものである。

　この種の組織は，それが売れるとの確信にもとづいて，製品開発をし，市場開拓をする。顧客の需要がはっきりわかるまで待つのではなく，自らが想定する需要を顧客に押しつけるのである。

　この型の組織は，おもしろくて適切な「答え」を創り出すために型破りな行為を好んでする。それは，また，何事につけ慣行や伝統にとらわれない解釈を果敢に展開する。

　この組織は，冒険，試行，実験といった環境への直接的働きかけによって環境を認識し，環境に適切な答えを発明し押しつけようとす

る。これは「為せば成る」をモットーとする，いわば〝発明型〟である。この種の組織は，思ったような環境が出来しない場合，自らの努力不足を反省する。

　次に，環境を客観的でハードなものとみなし，かつ環境との積極的かかわりが大事とする組織。これも，環境認識のための行為という点で積極的である。しかし，この組織は，環境に適切な答えを強いるのではなくて，すでに内在している正しい答えを探り当てようとするため型破りな解釈を展開したり淘汰したりしないという点で，前の組織と区別される。いわば〝発見型〟である。

　発見型組織は，隠されている「真実」を環境に吐き出させるために周到な仕掛けを環境にほどこす。心理学を援用して設計されたアンケート調査や緻密に仕組まれた市場調査などが，優秀な調査専門家によって行われる。そうしたスタッフを擁する調査部門も立派で，こうした組織では，そのような人たちの評価も一般に高いようである。

　第三は，環境を客観的でハードなものとみなし，かつ環境にあまり積極的に働きかけない組織。この組織にとって，環境は固有の「真実」を有する存在で，したがって，正しい答えが求められる。しかし，それは環境への積極的働きかけを通してではない。アンテナにかかってくる情報で十分というわけだ。そしてそうした情報も業界常識や伝統にそって解釈される。正しい答えは，中立的とみなされる公式的データを論理的に読みとる作業を通じて得られる，というわけである。統計学が腕を振るうところである。

　それゆえ，この組織は，そうしたいわばハードなデータを漏らすことなく受け入れ，それを整理し，蓄積し，必要なときにすぐに取り出せる体制の確立を目指す。環境認識は，これまでにその有効性を幾度となく確認された手続きを経た書類や報告書，データ・ベース，図書

といったキチンとしたデータを論理的に分析すれば得られる，とするのである。いわば〝まじめな観察型〟である。この種の組織は，思ったような環境が出来しない場合，自らの分析能力不足を反省する。

　最後は，環境をソフトでキチッと分析しがたいものとみなし，かつ環境にあまり積極的に働きかけない組織。この組織も第三のそれと同様，答えを求める行為は積極的ではないが，正しいというよりおもしろくて適切な答えを創ろうとして慣行や伝統にあまりとらわれない解釈を展開するという点で区別される。この種の組織の管理者は，ハードな公式情報や客観的データ（そもそも客観性に対して懐疑的である）を重視しない。彼らは，うわさ，風説，立ち話といったいわばソフトな情報にランダムに触れ，それによって得られる直観や予感の描く環境を仕立て上げようとする。いわば〝気ままな観察型〟，これがこの組織である。

　そうしたソフトな情報は，たとえば，ディーラーや小売店あるいは顧客との直接の接触を通して得られることが多い。したがって，こうした組織は，交際網をことのほか大事にする。それは，たんにその網がソフト情報をキャッチするのに役立つばかりでなく，そこでの交流を通して自己の思うところを相手に伝え，環境に影響を及ぼすこともできるからである。

　これまで述べてきた認識の４つのモードが，表３にまとめられているが，それぞれの説明によると，発明型組織はフェスティバル型異常組織に，まじめな観察型組織はセレモニー型異常組織になりやすいことが予測される。なぜならば，前者の発明型組織は組織化過程のイナクトメントと淘汰とにおいて，常識とか伝統を信頼していないし，後者のまじめな観察型組織は常識や伝統を全面的に信頼しているからで

ある。

表3　組織認識の4つのモード

	気ままな観察型	発　明　型
分析不可能	受動的探知 ノンルーチン，インフォーマル・データ 予感，直観 場当たり的解釈	積極的探知 環境の強制・発明 実験，テスト・マーケット おもしろい解釈
分析可能	まじめな観察型 受動的探知 ルーチン，フォーマル・データ 伝統的枠内での解釈	発　見　型 積極的探知 フォーマルな調査 アンケート調査，市場調査，スパイ 正しい解釈

環境についての仮定（左側）　　消極的　環境とのかかわり　積極的

注 1) Weick. K.E., *The Social Psychology of Organizing*. 2nd ed., Addison-Wesley, 1979, p. 179.〔遠田雄志訳『組織化の社会心理学　第2版』文眞堂，1997, 231ページ。〕
2) *Ibid*., p.126.〔前掲訳書，163ページ。〕
3) *Ibid*., p.72.〔前掲訳書，94ページ。〕
4) *Ibid*., p.79.〔前掲訳書，102ページ。〕
5) *Ibid*., p.8.〔前掲訳書，11ページ。〕
6) *Ibid*., p.86.〔前掲訳書，111ページ。〕
7) *Ibid*., p.87.〔前掲訳書，111ページ。〕
8) 組織の認識モードという考え方は，Weick, K. E. and R. L. Daft, "The Effectiveness of Interpretation Systems," in Cameron, K. S. & D. A. Whetten (eds.), *Organizational Effectiveness*, Academic Press, 1983, pp. 77-93.と Dafr, R. L. and K. E. Weick, "Toward a Model of Organizations as Interpretation Systems, "*Academy of Management Review*, Vol.9, No.2, 1984, pp.284-295.の2つの論文で紹介された。よりくわしくは，遠田雄志編『組織の認識モード』税務経理協会，1996年を参照されたい。

E. ケース・スタディ

　(1) ここに，異常組織の3つのケースが記述されている。1つは，正常な組織が，フェスティバル型異常を経てセレモニー型異常組織になってゆくケースである。2つ目は，セレモニー型異常組織のケースで，3つ目はフェスティバル型異常組織のケースである。そして，それぞれのケースが，第D節で論じた異常組織論で読み解かれている。

a.『動物農場』より

　(1) 小説『動物農場』(1945)は，動物が中心の寓話である。それは，英国の作家ジョージ・オーウェルの数少ない小説のなかの傑作のひとつで，第二次世界大戦終結直後の1945年8月17日，イギリスおよびアメリカで刊行され，大好評を博し，今日なお多くの国々で翻訳出版されている（なお，ここでは，高畠文夫訳『動物農場』角川文庫による）。

　いつのことやらどこのことやらよーわからんが，こんな話があったそーな。

　ジョーンズ氏の荘園農場で，人間どもが寝静まった，ある晩のことだった。長老豚のメージャー爺さんが，そこで飼われている動物たちの前で演説をぶった。「われわれ動物は搾取されている！」と。

　それに刺激された動物たちが反乱を起こし，ついに人間が支配していたその「荘園農場」は「動物農場」になった。そして，動物農場のなかでは，すべての動物は平等であるとか，二本足で歩いてはならない，ぜい沢をしてはいけないとか，大層崇高な理想を掲げ，それにそった生活をしていこうとしたそーな。

最初のうち，動物たちは，協力し合い，仕事も順調に進み，万事うまく運んだ。ところが経済政策や防衛問題をめぐって意見が大きく対立し，あわや分裂かというときに，策士のナポレオンという豚が一方の旗頭のスノーボールという豚を追放した。そしてナポレオン体制がずっと続いていった。
　そのあいだ，最初に掲げた動物主義は次第に形骸化していった。平等どころか豚を頂点とする階級社会となり，豚どもはぜい沢三昧，そしてそれに文句を言いたくても獰猛な犬が監視しているのでなかなか言えないという始末。
　最後はどうなったかというと，人間の農場主たちを招いたパーティーの席上，すでに人間のまねをして二本脚で歩く豚のナポレオンがおごそかに宣言した。「今日から『動物農場』の看板を外し，元の『荘園農場』の看板を掲げる」と。
　(2)『動物農場』の組織としての変遷を異常組織論で読み解いてみよう。
　ジョーンズ氏の荘園農場では，動物たちはまずまずの日々を送っていた。ときどき，事件や椿事といったさまざまに解釈できる多義的ハプニングが生じ，広く知るところとなっても，みんなはそれらを（人間主義を核とした）常識の枠内でやがてはほとんど理解し，農場が混乱するようなことはなかった。まずは，正常な組織であった。
　ところが，この常識は，長老豚のメージャー爺さんの演説によって根本から揺さぶられた。やがて，動物たちの中にはサボルものも出てきた。こんなことは，今までなかったのに…。その上，「これまでの生活が奴隷の生活だって？」とか「ジョーンズは主人なんかでなく敵だって？」といった声がどこからともなく聞こえてくる。もちろん，こんなことも初めてのことだった。

動物たちは，荘園農場の保持内容である人間主義を否定したり疑うようなイナクトメント（この場合，サボルこと）と淘汰（この場合，「これまでの生活は奴隷の生活だったかも知れない」とか「ジョーンズは敵かも知れない」と解釈してみること）をし始めたのである。このようにして，農場には多義的問題が次から次へと発生した。その上，それらの多くは，みんなの共通理解はおろか多数決や何らかの権威による公式的解釈すら得られない。そのため，農場は多義性がたまってゆくばかりで，「おれたちは一体何をしているというのだ？これからどうなるんだ？」皆目見当がつかなくなってしまった。農場は，多義性過多で秩序が乱れ，ほとんどフェスティバル型異常組織といってよいほどだった。

　しかし，ひょっとしたことから反乱が成功し，それをキッカケに，様子が一変する。ジョーンズが追放されたことによって，人間主義の影響力が日に日に弱くなり，代わって（牛小屋の戦いを含む数々の共同作業を通して），動物主義が急速に浸透していった。秩序も回復し，農場は正常な状態にもどった。その間，リンゴとミルクを豚が独占するというようなハプニングもあったが，「ジョーンズに帰ってきてほしくない」という原則で豚も動物たちもまとまることができた。

　しかし，スノーボールとナポレオンが対立するようになり，その対立も次第に激しくなっていった。それまでの動物主義ではとくに経済政策や防衛問題について共通理解あるいは公式的解釈が得られず，それをめぐって農場中が２つに割れてしまった。農場はいがみ合いと分派的行動が目につくフェスティバル型異常に再びなったのである。

　あわや動物農場は分裂か，というとき，ナポレオンによるスノーボールの追放という形でともかくも分裂が回避された。そして，経済政策や防衛問題をはじめとする数々の多義的問題も動物主義に代わる

ナポレオン主義を枠組にして共通理解が得られるようになった。その後，わずかの間ではあったが，動物農場は正常だった。

　しかし，支配層の豚たちが堕落しはじめると，動物農場の様子も次第に変わっていった。まず，外部からの情報が遮断され，総会は取りやめになり，獰猛な犬たちがそこらじゅうをかぎ回るようになった。もはや農場では，保持内容のナポレオン主義と異なるイナクトメントや淘汰が行われないようになってしまったのである。すなわち，外部情報が遮断されたことによって，外部環境での（ナポレオン主義にそぐわない）生態学的変化を知ることができなくなった。また，動物たちがたとえば豚たちの二足歩行を目撃したとしても，それをナポレオン主義に反するヘンなことだと問題にすることもできない。そもそも，それを訴える場がないのだ。となれば，動物たちは，ナポレオン主義にそった行為とか囲い込みしかしないようになるのも仕方がない。さらに，動物たちがナポレオン主義による解釈とは異なる解釈を思ったとしても，獰猛な犬たちが恐くて異見がなかなか言えない。こうして，淘汰においてもナポレオン主義にそった解釈のみが行われるようになった。

　動物農場は，次第にナポレオンの無謬神話や個人崇拝がはびこり，秩序の乱れを極端におそれるようになっていった。その結果，動物農場は，豚たちの勝手放題にもかかわらず，問題のない多義性過少で秩序過剰なセレモニー型異常組織，それも「ナポレオン万歳！」の大合唱の陰で血の粛清が行われる異常組織となったのである。

b.『ガダルカナル』より

　(1) ガダルカナル島。それは日本よりはるか遠く6,000キロ離れた南太平洋ソロモン諸島に浮かぶジャングルに覆われた小さな島であ

る。その島の名もない飛行場の争奪をめぐって、日米両軍が1942年8月から1943年2月の約半年間激しい戦闘をくり広げた。この戦いで、日本は将兵3万1,400人のうち2万人余の尊い命を失うという太平洋戦争開始以来初の敗北を喫し、以後日本軍は敗退に次ぐ敗退を余儀なくされてゆくのである（なお、ここでの記述は、NHKスペシャル『太平洋戦争　2　ガダルカナル』1993年放送、による）。

　最初、日本は海軍の最前線基地としてガダルカナル島に飛行場を設営していた。ところが、1942年8月7日、米海兵隊1万9,000人が圧倒的な艦砲射撃の下同島に上陸し、その日のうちにそこを無血占領した。

　ただちに、奪回作戦が展開された。8月18日、その第1陣として、一木支隊916名が送り込まれ、8月21日未明、敵の正面を突破すべく白兵突撃を敢行した。しかし、敵の機関銃や自動小銃によるすさまじい十字砲火を浴び、攻撃は一方的敗北に終った。ほぼ全滅で、916人の兵士のうち777名が戦死であった。なお、白兵突撃とは、夜陰に乗じ敵陣になだれ込み、銃剣突撃で一気に決着をつけるという戦法である。

　次いで、8月31日、川口支隊6,200人が送りこまれた。今度は敵の背後から奇襲すべく、各部隊は未開のジャングルに分け入り、9月12日時刻も場所もバラバラのまま白兵突撃を2晩にわたってくり返した。しかし、今度も敵の圧倒的火力の前に惨敗。ムカデ高地は日本兵の血に染まり、後に血染めの丘と呼ばれるほどの凄惨な戦いだった。

　この2度の失敗を、大本営はどう受け止めたのか？　このとき現地に派遣されていた井本参謀は「敵防御強く、火力・兵力の増強なくば、三度同じ失敗を重ねる」と打電した。しかし、大本営はこれを「弱気」と一蹴した。

事ここに至って事態の深刻さを悟った日本陸軍は、辻政信参謀を現地に派遣した。今度も火砲など十分準備できぬまま、2万6,000人の兵士がまたもやジャングルをう回し、10月24日攻撃命令を受け、銃剣突撃をくり返した。しかし、前にも増して激しい砲火を浴びて今回も敗北に終った。
　その後、日本陸軍は撤退か奪回かの決定に2ヵ月以上も逡巡し、1942年12月31日の御前会議でようやく撤退の決定が下され、1943年2月7日、撤退作戦が完了した。撤退までの空しく過ぎていったその間に、1万4,000人もの将兵が飢えと病のために死んでいった。
　(2)　なぜ、ガダルカナル戦で日本陸軍は白兵突撃の失敗を3度もくり返したのだろうか？
　実は、夜陰に乗じての白兵突撃は、1904年の日露戦争以来、日本陸軍の最も得意とする戦法だったのだ。それは、日露戦争、満州事変そして支那事変で勝利をもたらし、訓練に訓練を重ねていた戦法だったのである。
　白兵突撃戦法を支えていたのは、わが国特有の精神主義・大和魂である。それは、旺盛な突撃精神があれば、わずかな勢力でも多数の敵を打ち破れる、という信念で、士官たちが陸軍士官学校や陸軍大学校などで徹底的にたたき込まれていたものである。
　要するに、当時の日本陸軍の組織としての常識は、精神主義に支えられた白兵突撃必勝の確信であった。
　しかし、この戦法が効を奏さなかった大きな戦闘がかつてあったのだ。それは、ノモンハン事件で、1939年、満州とモンゴルの国境をめぐる日本軍とソビエト軍との間の戦いであった。第一次世界大戦の教訓から近代兵器で武装したソ連軍に、日本軍は何と日露戦争当時とほぼ同じ武器と同じ戦法で立ち向かい、2万人近くの犠牲者を出すという

大敗北を喫したのである。

　ただちに，敗北原因の調査のため小池大佐を長とする研究委員会が設けられた。2ヵ月の現地調査の末，調査結果が報告された。それは，一　白兵突撃より火力を重視せよ，二　精神力だけでは対抗できない，三　独善的なおごりを捨てよ，を内容とするものだった。しかし，時の上層部は，その提言を無視し，あまつさえ小池大佐を転属させてしまった。

　要するに，ノモンハン事件において日本陸軍は，まず，ソ連軍の近代化ということに気づかなかったか少なくともそれに注意を払おうとはしなかった。その上，敗北という冷厳な事実を真正面から受け取めようとしなかった。日本陸軍の上層部は研究委員会の提言を無視し，「敗けたのは，連隊長以下の将兵が命令通り動かなかったからだ」という彼らの抱いていた確信に抵触しない解釈でお茶をにごした。これでは，難局を打開するため衆知を集めることなどは到底不可能である。

　このような日本陸軍という組織を異常組織論の言葉で言い換えると次のようになろう：日本陸軍は，白兵突撃絶対という保持内容を信頼してソ連軍の近代化といった生態学的変化をイナクトできなかった。その上，敗北という（あえて言う）折角のイナクトメントに対しても，日本陸軍の上層部は保持内容を信頼するあまり，真相に迫ろうとする解釈をふるい落とすような淘汰しか行わなかった。こうした組織には，生態学的変化を反映した多義的な問題はないのである。くり返し言う。日本陸軍はその頃すでに，イナクトメントと淘汰において保持内容を全面的に信頼して止まない，秩序過剰で多義性過少のセレモニー型異常組織であったのだ。

　その3年後，異常さの度をさらに増した日本陸軍は，ガダルカナル

の地においてわずか2ヵ月の間に3度もの無謀な白兵突撃をくり返すという愚を行ったのである。

　過信は思考を硬直させる。失敗を失敗とみなさず，それを単なる不運とか例外あるいは何かのマチガイとして安直に処理してしまう企業や組織はないだろうか？　成功体験に埋没している企業や組織はないだろうか？

c.『激動のペレストロイカ』より

　(1)　ミハイル・セルゲイビッチ・ゴルバチョフ。今となっては懐かしい名前だ。その彼が，1985年3月，ソビエト共産党書記長に就任して推し進めたのがペレストロイカである。それは，スターリン，ブレジネフ体制の下，あらゆる面でゆきづまっていたソ連を根底から改革しようとするものであった。

　しかし，それが，こと志に反しソ連邦の解体を招き，今や政敵エリツィン指導の下にあるロシア共和国は混迷の極にあるといわれている（なお，ここでの記述は，BBC・NHK共同制作『激動のペレストロイカ1～6』1991年放送，による）。

　18年もの長きにわたるブレジネフ体制の下で，ソ連の政治は腐敗し，経済は停滞した。1982年11月10日，そのブレジネフはこの世を去った。しかし，なおも当時の特権を手ばなそうとしない旧勢力がいぜんとして強く，古い秩序が色濃く残っていた1985年3月11日，ゴルバチョフはソビエト共産党書記長に就任した。そして，彼は旧弊を打破し，ソ連をよみがえらせるために体制の改革，すなわちペレストロイカの路線を打ち出した。しかし，ペレストロイカは険しい道を歩まねばならなかった。旧体制を取り戻そうとする保守派から，ことごとく激しい抵抗を受けざるをえなかったのである。

ペレストロイカの第1ラウンドはグラスノスチすなわち情報公開であった。1986年4月25日，このグラスノスチのその後の運命を左右しかねない大事件が突発した。チェルノブイリ原発事故である。

　当初は，この事故に関してもいつも通りの形式的な報道しかなされなかった。ソビエト共産党政治局の保守派がそのように指導したからだ。しかし，事故の惨状に接し，その深刻さを知った一部の科学者やジャーナリストは，そうした保守派の姿勢に勇気をもって抵抗した。その上，事柄そのものは，隣国を通じて容易に世界中に知れわたってしまう類のものであり，詳しい情報をいつまでも秘匿していられる性質のものでもない。さらに，ゴルバチョフが巧みな政治手腕を発揮して，あくまでも型通りの報道で済まそうとする保守派を押し切った。こうしてともかくも事故の3週間後ではあったが，ゴルバチョフは，事故の正確な情報を国民に対しても世界に対しても完全に公開することをテレビを通じて約束した。グラスノスチは，このように幾多の曲折をへてようやくその第一歩を踏み出したのである。

　これに勢いを得た改革派は，市民の強い支持をも背景にして，上映を禁じられていたスターリン批判映画の公開，次いでサハロフ博士を含む政治犯の釈放といった政策を何とか実現していった。グラスノスチは少しづつその歩を進めたのである。

　続く大きな改革は，政治システムの変更であった。ゴルバチョフは，1987年1月の党中央委員会総会で，党の民主化のためのある提案を行った。それは，党のあらゆるポストの人事を複数の候補者で競ういわば複数候補選挙制を導入しようという案であった。しかし，何事も安泰を願う多くの党幹部の猛烈な反対にあい，この提案は取り下げられた。

　だが，ゴルバチョフはあきらめずに，次の機会を狙っていた。1988

年6月末，彼は47年振りに全国党代表者会議を開催した。そこで，彼は，ソビエトの新しい最高権力機関としての人民代議員大会の創設と，その代議員を複数候補制の選挙で選出するとの提案を行った。この会議の様子は逐一テレビ中継され，国民注視の下，ゴルバチョフの提案は圧倒的多数で採択された。この政治システムの変更は，政治の民主化とソビエト共産党の権力の縮小への大きな一歩となった。

これまでの選挙は名ばかりのもので，共産党の公認する1人の候補者をただ型通り追認する儀式にすぎなかった。複数候補制によってはじめて，選挙が本当の選挙となったのである。はたせるかな，1989年3月27日に行われた人民代議員選挙では，保守派の党幹部や官僚たちの数々の妨害にもかかわらず，2千人以上の代議員のうちほぼ400人の改革派が当選した。わずか20％以下の改革派代議員とはいえ，その影響は数字以上のものがあった。

それまでの議会といえば，党の用意した台本にしたがって進行するのが常だった。しかし，人民代議員大会の改革派は，第1回人民代議員大会初日の1989年5月25日に，早くも大会を単なる儀式の場から熱い議論の場に変えてしまった。激しい議論を通して，国家の指導者が揺さぶりをかけられる場面が何度もあった。また，この大会で，集会とデモの規制が解かれた。

次々と指導部の腐敗が人びとの前に明らかにされ，次第に共産党の神聖さが薄れてきた。そうした中の1989年7月，炭鉱労働者にとって必需品である石鹸の不足がきっかけで，炭鉱ストライキが突発した。わずか3週間の短い間に50万人もの労働者が参加したこのデモは，労働者側の勝利に終った。デモの波及をおそれた国家の指導部が，労働者側の労働条件改善要求を飲んだのである。国家の指導部が国民に譲歩することなどは，レーニン時代からこのかたかつて一度もなかっ

た。

　1988年，ペレストロイカがスタートして3年たち，この頃からソビエト連邦の15の共和国で自治権拡大の要求が高まってきた。なかでもリトアニア共和国でそれが顕著だった。1940年のソビエトによる併合以来抑圧されていた民族感情がペレストロイカを機に噴出したのである。リトアニアはソビエト連邦からの主権回復と独立の運動を公然と開始した。

　こうした動きに対して，連邦政府は自治権拡大に歯止めをかけられる権限を得ようと試みたがうまくいかなかった。また，その頃の周辺諸国の情勢はといえば，東欧諸国における共産党の支配体制が揺らぎ，東ドイツでは民主化要求が激化し，1989年12月にはベルリンの壁が崩壊し，冷戦時代は終焉を迎えようとしていた。この頃から，ペレストロイカはゴルバチョフの制御が効かぬものに変容していった。

　こうしたさ中の1989年12月，リトアニア共和国共産党はソビエト共産党からの離脱を決定し，1990年3月11日，リトアニア共和国は，ソビエト連邦からの独立と主権を宣言した。これに対して，1990年3月15日，人民代議員大会はその宣言の無効を決議した。その後1991年1月13日，連邦軍がリトアニアの首都ビリニュスに進攻し，独立運動を武力で弾圧しようとした。しかし，14名の犠牲者を出したが，独立運動は勝利し，1991年ソ連邦はリトアニアの独立を認めた。

　その後，次々と共和国が独立し，ついにソビエト連邦は解体してしまった。1991年のことである。

　(2)　ペレストロイカがなぜ推進者ゴルバチョフの意に反して，ソ連邦の解体という事態を招いてしまったのか？

　ペレストロイカの露払いは，グラスノスチ（情報公開）であった。

それ以前は，国内外の情報のほとんどがソビエト共産党中央あるいは最高幹部のコントロール下にあった。彼らはそうした情報操作によって，国民に「世の中すべて順調に進んでいて，案ずるに及ばず」と思い込ませていたのである。

ところが，グラスノスチが進むにつれて，内外の実態が次第に国民の前に露わにされていった。たとえば，チェルノブイリ原発事故である。これは，世の平穏とは全く反対の危機，関係者の生命の危険を警告する無視しえない出来事である。それは，一握りの党幹部や官僚が内密に処理すべき問題ではなく，国内外の人びとの知恵を動員し，処理すべき問題なのである。このようにきわめて重大な出来事や情報すら，党の保守派はその事実をもみ消そうとした。グラスノスチによって情報が公開されてはじめて，国民は今何が問題なのかを知ることができるようになった。

グラスノスチは言論の自由も促進した。スターリン批判映画がこの流れの中ではじめて公開された。これなどは，国民に自分たちのこれまでの生活や思想について深刻な疑いを抱かせる情報である。「自分たちの生活は奴隷の生活だったというのか？」「スターリンは建国の英雄ではなかったのか？」　こうした疑問も，衆知を集めて論ずべきものだ。しかし，そうした大きな懐疑も，グラスノスチそして言論の自由があってこそ生まれたのである。

グラスノスチの行ったことは，マルクス・レーニン・スターリン主義にそぐわない（これまでなら知らされない）情報を，できるだけ国民に提示することである。異常組織論の言葉でいえば，グラスノスチとは保持内容に反したイナクトメントをやろうということである。そして，それは，そうして生み出される多くの多義的問題を衆知を集めて解釈・理解し，国として新しい常識やイナクトされた環境を創造し

ようとするものなのだ。

　ペレストロイカのカンフル剤は，複数候補者による選挙制度と人民代議員大会であったといえよう。新しい選挙制度によって国民ははじめて自分の意志を反映した代議員を選ぶことができ，そうして選出された代議員は臆することなく自分の意見を述べ，国の指導者をも批判できるようになった。たとえば，20人もの犠牲者の血が流されたグルジア紛争に対して人民代議員大会は壇上の幹部のひとりを名指しで責任追及をした。以前ならば責任追及はおろか議題として採り上げられることすらなかったろう。

　また，人民代議員大会は，集会とデモの自由そして共産党独裁の放棄を決議した。これによって，一つの事柄や出来事に対して，多くの人びとや団体が多様なしかも一定程度のパワーのある意見を公けに主張できるようになった。その一つの具体的な成果が，炭鉱ストライキで，それが労働者側の勝利に終ったことである。そのより大規模な表れが，民族自決，共和国独立のうねりである。

　これらのことを異常組織論の言葉でいえば，人民代議員大会の創設は，保持内容に反したさまざまな解釈を公けに展開できるようにした。換言すれば，人民代議員大会によって，組織の淘汰ステップも過去の経験を疑うことができるものに変質したのである。

　このようにして，ペレストロイカは社会主義イデオロギーと共産党独裁をイナクトメントと淘汰で全面的に否定するものとなり，ゴルバチョフの制御も次第に効かなくなったことも手伝って，ソ連邦という組織に多義的な問題が次から次へともたらされた。そのため組織は多義性過多と無秩序に陥り，ついには連邦解体というアナーキーなフェスティバル型異常組織になったのである。

ひるがえって，日本はどうか？　第四の権力といわれるマスコミの現状がその答えの一端を暗示しているようだ。

　社会という組織における，"イナクトメント・淘汰・保持"の連鎖の中でイナクトメントと淘汰の任を2つながら強力に引き受けているものの一つにマスコミがある。というのは，今日のマスコミは，マスコミジャーナリストによってイナクトされた特異な社会現象を広く伝えると同時にそれに一定の解釈を施したマスコミ評論もまたマスコミを通じて流しているのが常だからである。ちなみに，三権分立でいうところの行政，立法そして司法にしたところで，単純化していえば，それぞれイナクトメント，淘汰そして保持に対応するにすぎない。マスコミが第四の権力といわれるゆえんである。

　このようなマスコミが，イナクトメントにおいても淘汰においても社会の保持する価値や常識を全面的に信頼したものであれば，それは御用マスコミである。ペレストロイカ以前のソ連や戦時中の日本のマスコミがそれであったといえよう。反対に，イナクトメントにおいても淘汰においても社会常識を全面的に疑うマスコミは，無責任マスコミである。

　1997年8月22日の深夜に放送された『朝まで生テレビ』（テレビ朝日）に，日本のマスコミの現状の一端をかい間見た気がした。話が"女子高生の援助交際"に及び侃侃諤諤の議論が交わされたが，驚いたことには，若手評論家からはおろか，今売り出し中の評論家からも，援助交際をはっきりと悪いといった意見が聞かれなかった。もしこの番組が現代日本のマスコミを少しでも反映しているとすれば，それは無責任マスコミといわざるをえない。というのは，日本のマスコミは"取り立てて援助交際を喧伝すること"と"それを悪と断定しないこと"によってイナクトメントと淘汰において日本社会の価値や常

識を否定しているからである。そして、無責任マスコミが導く社会は、異常組織論によれば、アナーキーなフェスティバル型異常組織となるのだが…。

おわりに

当然のことだが、組織のイナクトされた環境と組織メンバー個々人のそれとはおそらく一致しないだろうし、組織メンバー個々人の間でも一致ということはないだろう。

これまでは、異常組織のメカニズムを、組織のイナクトされた環境が組織の行為や解釈にどのようにフィード・バックするかによって説明してきた。ここでは、組織のイナクトされた環境と個々のメンバーのイナクトされた環境との違いに着目して、異常組織について少しばかり触れてみよう。

そこで結論から言ってしまうと、個々の組織メンバーが自分のイナクトされた環境にのみ執着し組織の常識というかイナクトされた環境を無視すると、フェスティバル型異常組織が生まれる。逆に、組織メンバーが組織のイナクトされた環境を絶対視し自らのそれを無化すると、セレモニー型異常組織が生まれる。

すなわち組織のみんなが自分のイナクトされた環境を絶対視し、他の人の行為や解釈を許さないとき、組織は分裂し、アナーキーになる。そうならないためには、各自が自分のイナクトされた環境ばかりにこだわらないでたとえ大まかでもみんなが共有できるイナクトされた環境をつくり、組織としてなるべく早く多義性を減らさなければならない。

一方、組織メンバーが組織の公的にイナクトされた環境を絶対視

し、公式的な行為や解釈以外の存在を許さないとき、組織は組織というよりルーティン・ワークを処理するたんなるマシーンとなる。そうならないためには、（絶対視されている）組織のイナクトされた環境に関して、組織メンバーが疑問を呈することによって組織に多義性をインプットしてやればよい。

いずれにしても、組織が異常にならないためには、自分あるいは組織のイナクトされた環境に関して懐疑的で、他の行為や解釈の存在とその妥当性も同等なものと認める寛容さが必要だ。「人は保持された因果マップをある特定の状況で生じうるある一つの説明で、その他の多くの可能な説明のなかの一つにすぎないものとして行為すべきなのである」[1]。そして、組織であれ個人であれ、現在保持しているイナクトされた環境はとりあえずのものだという、いわばあいまいなスタンスが大事なようだ。これ、あいまいだから組織は正常、というゆえんである。

そのことをわかりやすく描いている有名な小説がある。それはハーマン・ウォーク著『ケイン号の叛乱』で、第二次世界大戦から6年の後、1951年にニューヨークで発表され、1952年度ピューリッツァ賞・小説部門を受賞し、ベスト・セラーとなった。1954年にアメリカで映画化、日本でも公開され、話題作となった。したがって、そのストーリーを記憶している人も多いと思われる。

この物語は、組織論の立場からすると、2つの管理スタイルを対比的に描いているという点で興味深い。一つは艦長ド・ブリースのあいまいで少々いい加減な管理スタイル。いま一つはその後任の艦長クイーグの規律規律で一点のあいまいさも許さぬ管理スタイルである。

いってみれば、前者はルース・マネジメント、後者はタイト・マネジメントの組織である。今流行の言葉でいえば、前者では組織が自律

的に秩序を形成するいわば複雑系とみなされているのに対し，後者では組織がハードな機械系とみなされている。そしてクィーグの方式が次第に破綻を来してゆく様子が数々のエピソードを通して描かれている。

　ひるがえって，今日の経営学やマネジメントは，組織におけるあいまいさの役割をどれだけ理解しているだろうか。次第に窮地に追いこまれてゆくクイーグ艦長の姿に今日の経営学やマネジメントの末路を重ね合わせてしまうのは，果たして私だけであろうか。

グッバイ！ミスター・マネジメント

注 1)　Weick. K. E., *The Social Psychology of Organizing* . 2nd ed., Addison-Wesley, 1979, p.221.〔遠田雄志訳『組織化の社会心理学　第2版』文眞堂，1997, 288ページ。〕

III 組織認識論

闇夜の国から　二人で舟を出すんだ
海図も磁石も　コンパスもない旅へと
舟はどこへゆく
うしろで舵とるお前は　あくびの顔で
夜の深さと　夜明けの近さを知らせる
歌おうよ　声あわせ　舟こぐ音にもあわせ
闇夜の国から二人　二人で舟を出してゆく

　　　　　井上陽水作詩「闇夜の国から」より

1　組織認識論のススメ

　きょうは，組織の行為や意思決定というレベルを超えて，組織の認識という視点から，さまざまな組織現象を眺める組織認識論について，出来るだけ分かりやすくかつ簡潔に，その魅力や展望について話してみたいと思います。

A.　経営学の流れ

a.　認識をメインテーマとするポストモダン経営学

　まず最初に経営学の流れから話して参りたいと思います。経営学は20世紀の学問です。したがって100年の歴史があります。その100年の歴史をある視点から物語ってみたいと思います。下の図1をご覧になって下さい。

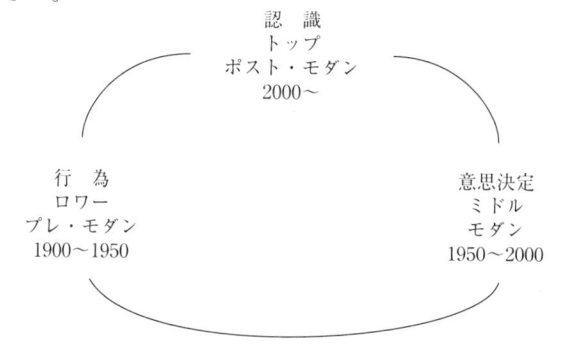

```
              認　識
              トップ
           ポスト・モダン
             2000〜

  行　為                    意思決定
  ロワー                    ミドル
プレ・モダン                 モダン
 1900〜1950               1950〜2000
```

図1　組織の3つの局面と経営学の流れ

この図は，経営学100年の歴史を物語るのに，組織活動の3つの局面，すなわち行為・意思決定・認識というそれぞれの局面から眺めてみたというものです。

　20世紀初頭におきましては，経営学はテイラーに端的にあらわれておりますように，組織の行為の局面，具体的に言いますと現場作業の能率向上という面に焦点が当てられておりました。それが第二次世界大戦後には，主にサイモンらによって，意思決定へと焦点が移されていくことになりました。だいたい行為という局面が重視されておりましたのがアメリカでは，1900年から1950年くらいまでの50年間，意思決定は1950年から2000年までの50年間です。そう考えていきますと，次は，認識という局面が重視されてくるのではないかと思います。

　この行為から意思決定を経て認識へという流れは，組織階層のピラミッドで言いますと，ロワー，ミドル，トップにそれぞれ対応していると思います。認識という局面がこれから組織理論の中心的テーマになっていくというのは，私の予測でありますが，現に組織研究の先端部分でもそうなってきているように見えますし，現場の経営の動きもやはりそうなってきているようです。

　実は，こういう考えにいたったのは，ワイクを研究していて，認識というものを意識するようになり，その段階でこれまでの歴史を振り返ってみたが故なのです。「意思決定，意思決定」でずっと研究を続けていたら，こういう考えは浮かばなかったのではないかと思います。

b. ワイク理論

　次にワイク理論についてお話しします。ワイクの『組織化の社会心理学（第2版）』という本，これは1979年に出版されましたが，これを翻訳することになった経緯を少しお話ししたいと思います。と言い

ますのも，ここは明治大学ですし，今は亡き稲川和男先生とのことにもちょっと触れておきたいと思ったからです。稲川和男先生が中心になって，他に寺本義也先生とか大滝精一先生方と一緒に，月に1度のペースで"組織フロンティア研究会"というのをやっていた時期がありました。1983, 4年頃にスタートしたと思うんですが，そこでよく寺本さんたちが「イナクトメント，イナクトメント」って言っていたんですね。「どういうことなの？」って尋ねてみると，「環境創造のことだ」って言うんです。面白いらしいからワイクをやってみようという話はあったんですが，ワイクのその本をちょっと覗いてみると，これが難しくて，どうもとっかかりづらいんですね。そこで私が，みんなで翻訳しようと提案したんです。ところが，そのうち皆さんお忙しくなってしまいまして，何だか棚上げみたいな形でうやむやになってしまったんです。その後，私は大学院で学生との勉強などにこの本を使って，とにかくずっと和訳を続けていったんです。その作業が文眞堂さんの目にとまり，思いがけずも出版の運びとなりました。ホットしているのもつかの間，彼の2冊目の *Sensemaking in Organizations* という1995年の本もついでに，という訳で，こちらの方は来春出版予定です。

　ワイク理論というのは，一言で言えば「組織は，自らが順応しなければならない"事実"とみなす現実を創造する」というアイデアが柱になっています。これはもう意思決定のレベルの話でなく，明らかに認識というレベルの話ですよね。

　ここで，先ほど述べた2つの本の相違点について話しておこうと思います。1979年の『組織化の社会心理学』では，組織化の進化論モデルが中心になっておりまして，組織認識の形成過程，プロセスを描いたものと言えると思います。それに対して1995年の『センスメーキン

グ』の方は,組織の認識そのものについて,まあ組織認識の実体といいますか中身について述べておりまして,組織の認識とはどういうものかが中心になっています。

そこでは,センスメーキングの7つの特性,1.アイデンティティに根づいた,2.回顧的,3.有意味な環境をイナクトする,4.社会的,5.進行中の,6.抽出された手掛りによる,7.正確性よりももっともらしさ,ということが中心に論じられています。これを覚えやすく語呂を合わせると,「赤い写真ても」とでもなりますか。「あ」はアイデンティティー,「か」は回顧的で,「い」はイナクトメント,「写」は社会的,「真」は進行中で,「て」は手掛り,「も」はもっともらしさです。この7つの言葉が私の話のどこかに必ず出てきますから,注意していて下さい。

79年の『組織化の社会心理学』の紹介や解説については,小生が細々とやって参りましたが,95年の『センスメーキング』の方は,共訳者の西本直人がやってくれると思います。私とは一味違ったワイク論になるのではと期待しています。

B. 組織認識論

a. 組織の認識とはいかなるものか?

続いて,組織の認識の特徴についてお話しようと思います。組織というのは生き物なんです。生き物ですから,進行中の流れの中で認識しなければならないんです。79年の本に,メキシカン・サワラの話が出てきましてね。漁師がもぐって捕まえようとして,そこで活き活きと泳ぎ回っているのがサワラであって,正確に観察すべくホルマリンづけにしては,それはもうサワラじゃないという話です。組織という

のも生き物です。ですから組織の認識というのも，進行中の経験の流れの真ただ中の生々しい認識でなければならないのです。現実の企業を考えてみて下さい。そこでは，正確性とスピードのトレード・オフにおいて，正確性にこだわってはいられません。スピード重視といいますか，正確性よりも〝もっともらしさ〟なんですよね。生き物としての組織の認識ということを考えれば宜なるかなということでしょう。

　意味づけ，解釈というのも間違いなく認識の一つです。ここで，センスメーキングと解釈の違いを簡単に説明しますと，完了形で静態的なディスプレーというかテクストが何を意味しているのかというのは解釈です。例えば殺人現場なんていうのがコレです。生き物としての組織の認識ということになると，それはセンスメーキングになります。センスメーキングというのは，進行形でさまざまな事柄とダイナミックに結びついていて，時々刻々変化し続けている中でなされるんです。例えば，臨界事故の進行の最中に，目前の事態を次々と読んでいくのがセンスメーキングです。

　ところで，認識の重要性を考えるときに，認識は意思決定の先行段階だから重要だという風な理解では中途半端だと言っておきます。認識は環境創造，イナクトメントに関わるから重要なのです。このことをもっとよく分かってもらうために，もう少し話を進めます。

　教室のピグマリオンというのをご存じでしょうか。学生を半分ずつに分けて，「こっち側の学生はとても優秀で素質もある」と先生に告げて授業をしてもらったら，本当に好成績になった。実は何の根拠もなかったのに，という話です。社会学の世界で有名な予言の自己成就なんていうのもありますね。となると，これらのことも考慮に入れて，認識というものを捉えなければなりません。

　そもそもの認識にバイアスがあると，その後の知覚も行為もそれに

そったものになりがちで，結局，認識にそった世界が構築されてしまうということが多々あるのです。言い換えると，もっともらしい認識が世界を創りあげてしまう。この壮大な例は，冷戦です。アメリカが先かソ連が先かはともかく，仮にアメリカがソ連を仮想敵国と見なして，ミサイルを配備すると，今度はソ連がアメリカは敵だということになって，やはりミサイルを配備するなどの行為に出てくるでしょう。するとアメリカはやっぱりソ連は敵なのだと確信するようになる。こうやって，あの米ソ冷戦構造が築かれていったのです。

b. 組織の認識とはどのようになされるのか？

こうなると，〝見る前に跳べ〞なんです。〝跳ぶ前に見よ〞ではうまく適応できない。跳ぶことが認識の素材や端緒としてのアクションになるのです。この辺がゴミ箱モデルとの接点と言えるでしょうか。

次に合意形成ということについてお話ししたいと思います。今，いろいろなところでコミュニケーションがクローズアップされています。そこで言われているコミュニケーションとは，情報や事実の伝達ということですが，これは組織の行為や意思決定のレベルでは，妥当な定義でしょう。しかし組織の認識というレベルで考えると，コミュニケーションを合意に達するための相互作用と捉えると良いと思います。このように考えると，例えば組織の年齢構成の歪みがコミュニケーションにどんな偏りをもたらし，その結果組織の認識がどうなるか，といった面白いテーマが浮かんできます。共同作業や忠誠心なんか，今ではあまり重要視されていないようですが，それらもコミュニケーションに，ひいては組織の認識に大きく影響を与えるんではないでしょうか。

次にリーダーシップということを考えてみましょう。組織で主要な

パワーを握っているのはトップです。それは，組織の認識を決定づけるのがトップのリーダーシップだ，ということを意味しています。したがって，認識という点からリーダーシップが新たに論ぜられなければならないと感じます。率先して部下のやる気を引き出すようなリーダーシップというのはアクション局面のリーダーシップで，プレモダンのものでしょう。ワイクは，リーダーはのっぺりとした世界に顔，フェイスをあてがうのがリーダーだと言っています。

　組織の認識を決定づけるのはトップですが，そのトップは現実の日々刻々変化している現場から遠く雲の上に居て，現場の様子に疎い。またトップも現場にいたのでしょうがそれはずっと昔のことで，その現場認識は古いでしょう。このようにトップは空間的にも時間的にも現場から遠ざかっているので現場知に弱いんです。そこに，ミドルの役割として新たにトップと現場との認識的な〝つなぎ〟役を見ることができます。この辺は，「映画『八甲田山』に見るミドルの役割」で詳しく述べております。現場知に疎くなっているトップに，現場で進行中の出来事を的確に捉えそれをトップに理解させるということになると，ミドルも数学的分析力よりも洞察のための国語力と説得のためのレトリックなどが求められると思います。とは言え，トップは夢を語らなければいけません。そうしたことを考えると，〝呑気な亭主としっかり女房〟というところが望ましい組織のあり方と言えるでしょう。

c．パラダイム

　サイモンが1945年に出した『経営行動』で，組織における意思決定過程の研究が中心に扱われていました。その第1章の冒頭で，これまでのマネジメントはアクションが強調されていたが，これからはその

前段階の意思決定，デシジョンメーキングだと書かれています。この伝でいきますと，おそらくワイクは，これまでのマネジメントは意思決定が強調されていたが，これからはその前段階の認識，センスメーキングだと書くのではないでしょうか。

　サイモンは，50年ほど前に各人各様の価値前提をもっている人びとが，なぜ組織に入ると調整された行動をするのか，という問題を自ら提起しました。そして彼はその問題を，組織の影響力理論と誘引‐貢献理論とで見事に解きました。ワイクはそれに対して，多元的な現実世界の中で，人びとはなぜ調整的な行動をするのか，という問題を自ら提起しました。彼は，「組織は自らが順応しなければならない事実とみなす"現実"を創造する」というアイデアでその問題を解いたのです。このように経営学の根本的な問題とそれに対する解ということでは，意思決定から，認識へとパラダイムが移りつつあると考えてよいのではないでしょうか。

C.　組織認識論，その展望

a.　おもしろい物言い

　認識パラダイムで考察すると面白い物言いが沢山できます。例えば，認識の環境創造性ということから言えば，必然性とは何かという根元的な問題に行き着かざるを得ません。必然的な出来事だと思っていたものが，実は，あいまいな事柄の恣意的解釈がひとり歩きをして，その現実を創造し，その結果から昔にさかのぼって，「これは，必然的だった」と言っているだけかもしれません。"医原病"ということもあるのです。

　認識においていかに行為が大事かという点からも面白いことが言え

ます。アルプス遭難事件という話があります。ハンガリー軍の演習部隊がアルプスで遭難して，もうどうしようもないと観念したときに，ある隊員がポケットの中から地図をとりだして，地図があったあったと言いだした。それが契機になって，みんな元気を取り戻して歩き出し，歩きながらさまざまに外界を探索し，無事帰営することができた。帰り着いてからその地図をよく見ると，アルプスの地図ではなくピレネーの地図だったという話です。行為がいかに重要であるかがお分かり戴ける話だと思います。

　リーダーシップ論と関連して言えば，迷い多き世界にともかくもしっかりしたフェイスをあてがうのがリーダーだ，とワイクは述べております。その意味では，ヒトラーはすごいリーダーだったと言えます。チャーチルなどもそうでしょう。戦後の日本で言えば池田勇人，野球なら西鉄ライオンズの三原監督でしょうか。この辺の研究もエキサイティングだと思います。

　今流行の意思決定を中心とした経営学に対して言えば，例えば情報の共有は果たして是か非かといった問題も面白いでしょう。少なくともトップ層だけは情報を共有していなければならない，とよく言われますが，トップに上がってくる情報というのは大抵コメントが付けられています。組織の認識にとって重要なトップ層がみんな，同じデータとコメントということになったら，それこそ組織はモノトーンの金太郎飴みたいになってしまうのではないでしょうか。そう考えると，情報共有という考え方はいかがなものかと言えるでしょう。

　先ほども少しばかりコミュニケーションに触れましたけれども，コミュニケーションに関しては，サイモンのそれは意思決定前提に影響を与えるためのものであります。それに対してワイクのコミュニケーションは多元性というか多義性を削減するための相互作用ということ

になります。こうしたコミュニケーションの定義の転換は，刺激的でかつ興味をそそる問題をわれわれに提供してくれます。

　〝業績評価〟ということにも一言言えます。成功，失敗の判断は数字でするのが望ましいとよく言われています。これはまさにイナクトメントの話であって，わが社はこれからは数字を重視する世界をイナクト（創造）し，その中で生きるのだ，と宣言することなのです。

　さらに，意思決定会計という言葉に準えて言えば，認識会計という領域も開かれるのではないでしょうか。

　意思決定パラダイムでは不確実性への対処が求められますから，〝多々益々弁ず〟です。ところが，認識パラダイムでは，あいまいであまり多様に解釈できる現実に対応するということから考えれば，ある場合には情報を遮断した方がいいのかもしれない。意思決定ということからはIT，インターネットなんかは大変望ましいことになる。しかし，認識という点からすると，多元的世界で悩んでいる時に，ITやネットによる過剰な情報はむしろ害になるのかもしれません。多義性削減にはそれよりも，会議や対話といった伝統的メディアの方が有効である，とワイクやダフトは主張しております。

　意思決定や戦略が回顧的なものだということからも面白いことが言えそうです。〝驕る平家は久しからず〟。これは人類史の数少ない原則の一つですが，これなんかは意思決定ではなく認識の次元で考えてはじめて腑に落ちる言葉です。

　認識の回顧性について言いましたが，先見性のある経営者が素晴らしいとはよく聞きます。それはそうでしょうが，時間軸を逆さにして眺めれば，その先見性も実は過去の事象を見事に歴史化する中から生まれるものなのかもしれません。

　最後に，組織の環境適応について，お話しします。この物言いは意

思決定パラダイムのもので，認識パラダイムでは，環境と組織認識の相互作用とでもなりますか。ともかく，この相互作用，相互適応のダイナミズムがこれまでとは違う新しい視点から考察されるようです。その試論ともいうべきものが「組織の適応モデル」として本書に収められておりますので興味のある方は御覧になって下さい。

b. 組織設計

　組織設計ということでは，保守的無謬組織は危ないと言えます。新たな行為や挑戦を回避する傾向のある組織は，どうしても新たに認識する機会が少なくなるので，どんどん時代遅れになっていきます。事なかれ主義の官僚的組織とか現在の警察組織なんかがそうです。こうした組織を説明する一つの試みとして，異常組織論というのもあります。

　さきほども少し触れましたが，リストラで年齢構成に歪みが生じたり，忠誠心も失われたとなると認識にも歪みが生じ，組織は危なくなってしまう。従って，今流行のリストラに対するカウンターセオリーとしても，組織認識論は有効だと思います。

c. 危機管理

　危機管理ということでは，これまでのようにアクションや意思決定のレベルで考えていても十分ではないと思います。さらに踏み込んで，認識のレベルにまで到らなければならないと考えております。例えば，専門家の落とし穴，パニックにおけるスタッフの有利性，昂奮と視野狭窄，原子力政策は唯一の被爆国日本ゆえに危険であるといったことは，認識にまで遡ってはじめて言える面白い命題です。これらに関しては，高橋量一との共同作業による一連の危機管理の組織認識

論的考察を参照して戴きたいと思います。

D. 今後の展開

a. 心

　意思決定ということになると，分析したがって頭が大事だということになります。よく考えてから動こうという訳です。ところが認識ということになれば，大事なのは心だとでも言えるのではないでしょうか。認識はアイデンティティーに関わるのですから，それは頭ではなくて心の問題と言ってもいいでしょう。俗に〝下種の勘繰り〟という言葉がありますが，自分の心の幅を超えるようなことは何も見えてきません。従って，高潔なアイデンティティーと豊かな心を養うことが，これからは大事なのではないでしょうか。

b. 教育

　それからイナクトメントということでは，言葉の良し悪しが環境を創造する上で重要です。語彙の豊かさが大切です。意思決定ということでは算数なり数学が大切だと言えましたが，それに対応して言うならば，これからは国語が大事だと言えます。

　今日の私の話をお聞き下さいました方々の中から，どなたかお一人でも組織認識論にご興味をお持ち戴けましたなら，これにまさる幸せはありません。ご静聴ありがとうございました。

2000年7月1日，明治大学リバティータワーにて開催された　解釈学的経営情報学研究部会における講演より。

記録・文責：高橋　量一

2　組織の適応モデル

〔キーワード〕
常識，互解，教育，会話，驚き，疑い

はじめに

(1) 今日，さまざまな方面で常識というものが激しく揺れている。企業では忠誠心はもはや不要だといわれ，食品会社がいつの間にやら品質より売上大事としている。国の公共事業を天の恵みとしていた自治体がいまやそれを有難迷惑などと言ってはばからない。国のレベルでいえば，「脳死は人の死」を国民の常識にしようとしている。社会に目を転ずれば，17才の異常な犯罪が異常でなくなり，乳幼児虐待にもさほど驚ろかなくなり，性転換手術が堂々国立大学病院で行われている世の中なのである。

　組織の適応とはそうしたものなのだろう。つまり，組織認識論的にいえば，組織の常識が環境に合わせて変わり，その変わった常識に合わせて環境がまた変わる，といった相互作用が適応という営みなのだろう。

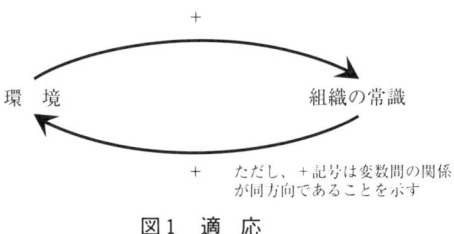

環　境　　　　　　組織の常識

ただし，＋記号は変数間の関係
が同方向であることを示す

図1　適　応

(2) ワイク（K. E. Weick）の組織論は，この相互作用を見すえて展開されている。[1] そのことは彼の〝イナクトされた環境（enacted environment）〟なる絶妙な言葉に見事に表されている。つまり〝イナクトされた環境〟とは，あたかも互いの尾を食い合う2匹の蛇のごとく，組織によって観念的にイナクトされた環境がそれに合わせて現実的にイナクトされた環境を創造するといういわば主客両義の言葉なのである。

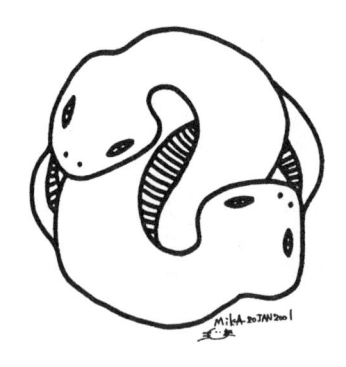

そうしたイナクトされた環境を組織が形成する過程をモデル化したのが，組織化の進化論モデルで，1979年に出版された *The Socical Psychology of Organizing* 2nd ed., Addison-Wesley〔遠田雄志訳『組織化の社会心理学 第2版』文眞堂，1997〕でくわしく述べられている。その後，彼は1995年に *Sensemaking in Organizations,* SAGE Publications, を著わした。この本はタイトルが示すように，組織における意味の形成やわかり方についてきわめて興味深い考え方やアイディアを展開している。本小論は，そうしたアイディアのいくつかを援用して，組織と環境との相互作用を通した常識の修正・更新のメカニズムについて考察したものである。

注 1) "弘法ならぬワイクも筆の誤り"と言うべきか,彼の2冊目の著書 *Sensemaking in Organizations,* 1995,における "図5.1　組織と環境がどのように相互作用するかを表した刺激－反応モデル"の図はどう見ても "環境→組織"の一方的作用なのである。Cf. *Sensemaking in Organizations,* SAGE Publications, 1995, p. 122.

となると,ワイク言うところの基本的レシピ "何を私が言うかを私が知らずして何を私が考えているかを私がどうしてわかろうか?" も一方向のものに見えて,それをベースとしている組織化の進化論モデルも……と疑わしくなる。「組織化モデル全体の正に基本的テーマは意味形成の以下のレシピに見出される： "何を私が言うかを私が知らずして何を私が考えているかを私がどうしてわかろうか?" 組織とは,自らが考えていることを知るためにくり返しくり返し自らに話しかけるものと見なされる。本書全体がいわんとするのは基本的にこのことなのだ」(Weick, K. E., *The Social Psychology of Organizing,* 2nd ed., Addison-Wesley, 1979, pp.133-4〔遠田雄志訳『組織化の社会心理学　第2版』文眞堂,1997,174ページ〕)。

さらに,戦略や意思決定は回顧的に形成されるとのワイクの論述は,おもしろさを狙うあまり,一方向性を過度に強調したものなのでは…,と思えてくる。

A.　組織の適応

a.　組織とは?

(1)　われわれの棲む世界は多義的でさまざまに解釈できる。しかもそれら解釈されたどの世界も他ならぬわれわれの棲む世界である。要するに,われわれは多元的現実（multiple realities）の世界にいるのである。

こうした多元的現実の世界で組織の人びとはなぜ調和のとれた行動ができるのか,[1] これが組織（organization）についての認識論的な根本問題である。[2]

組織の必要条件は,組織の人びとが現実（リアリティー,意味あるいはセンス）を共有することである。というのは,人びとは組織において同じ現実を見るからこそ手段的であれ目的的であれ共同行為がと

れるのである。

　その上，組織は継続性がなければならない。その点組織は，仲良しグループとか〝加藤先生を囲む会〟といった一時的な集団とは異なる。したがって，組織において人びとが共有する現実は，それに関与する人びとの新陳代謝に左右されないいわば頑健性（robutsness）がなければならない。組織のメンバーが頑健な現実を共有していれば，メンバーの一部が欠けてもあるいは新メンバーが加わっても，共有される現実は維持され，協働も継続される。たとえば，組織における役割（role）がこの頑健な共有意味世界を反映して規定されていれば，それを担う個人に何があっても他の人が代行でき，協働は継続され組織は存続してゆける。

　頑健な〝共有意味世界（universe of discourse）〟，これが組織の必要十分条件である。換言すれば，組織とは頑健な現実を社会的関係の中で構築する装置である。[3]

b. 常識と互解

　(1) 日はまた昇りまた沈み，流れる川は元の水にあらず。組織の適応，すなわち組織がこうした世の中で安定かつ柔軟であるためにはどうすればよいか？　この問題を解く恰好のアイディアがある。それは，客観性（objectivity）に対する主観性（subjectivity）を一律に扱うのではなく，階層に分けて論じてみようという，ワイリー（N. Wiley）の考え方である。それは，主観性を内主観性（intra subjectivity），間主観性（inter subjectivity）そして集主観性（generic subjectivity）に分け，次第に客観性が高まってゆくというものである。[4]

　しかし，それらの言葉は英語圏の人にはその香りや味わいも含め十分伝わるだろうが，日本人のわれわれにはいま一つピンとこない。そ

こで，3つの水準の主観性に対応する和語として，私見，互解（相互理解）それに常識を当てがい，次のように定義してみた。互解（mutual sense）とは，組織の複数の個人の私見（private sense）が主として私的なコミュニケーションたとえば会話を通して共有された理解でいってみれば"仲間内のリアリティー"あるいは"サブカルチャー"である。したがって，互解はそれに関与した人びとの個性が反映する属人的なものである。それに対して常識（common sense）は，その形成に関与しなかった新参者にも主として公的なコミュニケーションなかんずく教育を通して伝えられる現実でいってみれば"わが社のリアリティー"あるいは"カルチャー"である。したがって，常識は関与者の個性が稀薄な反面共有可能性が高い。組織の必要十分条件として述べた頑健な現実とはこの常識にほぼ相当する。

ワイクも言う。常識とは「共通の感覚器官とかなり共通の対人経験ゆえに客観的だと人びとが同意する事柄」[5]で，それによって虚実や善悪あるいは美醜に関する同意が形成される，と。

継承され共有可能性の高い常識は，組織の現在というより過去の経験を蒸留したもので，たとえば規範，ルール，SOP（標準実施手続）やルーティンそれに儀式や制度に具現化されている。

ここで，互解が主として私的コミュニケーションを通して形成されるのに対して，常識が主として公的コミュニケーションなかんずく教育を通して伝えられるという点に留意して欲しい。常識は組織によって権威づけられるものなので，その継承のみならず修正も組織のあり方を反映したたとえば先生−生徒，上司−部下，先輩−後輩あるいは親−子といった社会的関係の中であるいは公的なメディアを通して教え育まれる。それに対して，互解は組織の権威づける常識とは異なるいわば局所的な共有意味世界である。したがって，それは組織におけ

る社会的関係が薄いたとえば私的会話やミニコミを通して形成される。幕末の長州藩でいえば，藩の常識の継承・精緻化は明倫館で行われ，互解は松下村塾で形成された。

(2) ワイクのいうコントロールとイノベーションは，ほぼここでいう常識と互解に対応する。[6] また，コントロールとイノベーションはそれぞれ組織の安定性と柔軟性にかかわっているとすれば，組織が適応的であるためには常識と互解とがバランス良く存在していなければならない。

注 1)「多元的現実からなる世界で，行為はどのようにして調整されるようになるのか？これが組織化の根源的問題である」(Weick, K. E., *Sensemaking in Organizations,* SAGE Publications, 1995, p. 75.)。

2)「各人各様の意思決定前提を持つ人びとが，なぜ組織として調和のとれた意思決定そして行為をするのか？」これが組織についての意思決定論的な根本問題で，それを50年程前に組織の影響力理論と誘引・貢献理論とで見事に解いたのがサイモン (H. A. Simon) である。

3)「社会とは，私の考えでは，現実を規定する装置として機能するものである」(『中央公論』1994年9月号「今月の言葉」25ページ) は養老孟司氏の言葉である。

なお，組織のこの定義は，1930年代半ばバーナード (C. I. Barnard) に端を発している周知の組織の定義「組織とは，一定の目的を達成するために意識的に統括された複数の人間の活動ないし諸力の体系である」とくらべて，根源的で包括的である。なぜならば，〝一定の目的〟は〝頑健な現実〟から導出されるし，〝一定の目的〟を共有する集団より〝頑健な現実〟を共有する集団の方が広範囲だからである。法政大学に大学関係者がこぞって達成しようとする目的があるだろうか？ ところが，「法政大学の常識は世間の非常識」との囁きには多くの教職員が頷く。

4)「ワイリーによれば，間主観性は2つ以上の内主観性が主に会話という相互作用を通して形成され，自我が〝私〟から〝われわれ〟に移行する。次に間主観性から集主観性への移行であるが，彼によれば，「そこでは，具体的な人間，つまり主体はもはや存在しない。相互作用のレベルを越えると自我は背後に退く。社会構造は，具体的で個性化された自我ではなく，集合的な自我，つまり相互に互換可能なパーツ——役割を引き受ける人やルールに従う人——をもたらす」(Wiley, N., The micro-macro probrem in social theory, *Sociological Theory* 6 (1988), p.

258)。これを受けて，ワイクは「組織化を間主観性と集主観性の間を行き来する運動と捉えたい。組織化とは，生き生きとしたユニークな間主観性的理解と，初期の間主観的構築に参加しなかった人が身につけ，維持し，拡大していく理解とが入り混じったものであると私は考えている」(Weick, K. E., *Sensemaking in Organizations*, SAGE Publications, 1995, p. 72)。
 5) Weick, K. E., *The Social Psychology of Organizing*, 2nd ed., Addison-Wesley, 1979, p. 3.〔遠田雄志訳『組織化の社会心理学 第2版』文眞堂，1997，5ページ。〕
 6) 「組織化が緊張的なシステムだとよく言われたり（たとえば，Aram, 1976)，その最たる緊張がイノベーション（間主観性）とコントロール（集主観性）の間の緊張だとよく言われたりする理由は（Hage, 1980 ; Nemeth & Staw, 1989)，ひとえに変換を動きの中でかつ積極的に管理しなければならないからである。組織とは適応的な社会的形態なのである。間主観的形態として，組織はその親密性のエネルギーを捉えてコントロールするのである」(Weick, K. E., *Sensemaking in Organizations*, SEGA Publications, 1995, p. 72)。

B. 組織の適応モデル

a. 組織化の進化論モデル

(1) ワイクの組織化の進化論モデル (evolutionary model of organizing) は，組織がイナクトされた環境を形成する過程をモデル化したものである。それはまた，共有意味世界の形成過程を通して，組織の適応を認識論的に捉えようとするモデルと見なすこともできる。

組織の経験する変異やハプニングの多義性 (equivocality) が削減され（組織化），次第にイナクトされた環境が形成されてゆく過程をワイクは周知の自然淘汰の過程（変異，淘汰，保持）になぞらえてモデル化した。それが組織化の進化論モデルで，次のようなイナクトメント，淘汰それに保持の3つのステップから成り立っている。

① イナクトメント (enactment)[1] 個人や組織がかかわる経験の流れの中で，変化とか違いがよく生ずる。これを生態学的変化 (ecological change) というが，イナクトメントは生態学的変化と直接関係している。行為者が何事かを行いそのため次の行動への制約を変える（生態学的変化）ような行為はイナクトメントである。また，行為者は生態学的変化をより深い注意を払うべく隔離するような行為をする。囲い込み (bracketing) のこの行為もイナクトメントである。

　実際に生態学的変化を起こす行為であれ囲い込みであれイナクトメントという活動は，個人や組織に見なれない問題や奇妙なパズルを生み，提示する。社会においてこれを専ら任とするのがたとえば文字通りトリックスターやジャーナリストである。

　② 淘汰 (selection) 淘汰は，前のステップで提示された多義的な問題やパズルに対して，その解釈を共有すべくコミュニケーション活動[2]を展開し全員一致や多数決あるいはボスや権威機関の一声などによってはたまた何となく一つの解釈を淘汰・選択するステップである。社会においては，評論家なる人たちが鎬を削る場である。

　③ 保持 (retention) 保持は，選択された解釈や「合点のいく意味形成 … の比較的ストレートな貯蔵である」[3]。

　保持ステップは組織のいわば記憶であり，アイデンティティーや司馬遼太郎氏いう〝その国のかたち〟がよりどころにしているところで，社会において保持を任とするのが法曹やライブラリーである。

　多忙なサラリーマンは時間を有効に使うため携帯電話を利用する（イナクトメント）。すると，その携帯電話を通してついでの用事を頼まれいっそう多忙になり（生態学的変化），さらに携帯電話の使用が増え，それがなおいっそう彼を多忙にする……。あるいは，〝いじめによる自殺〟のマスコミ報道（イナクトメント）は〝いじめによる自殺〟を誘発し（生態学的変化），さらにこうした報道がまたまた自殺を頻発させる。このように，イナクトメントと生態学的変化との間に

は相互作用がある。

　また，淘汰ステップへのインプットは通常2つあり，一つはイナクトされた多義的な問題やパズルである。いま一つは，保持ステップで蓄えられている解釈やイナクトされた環境で，それが淘汰にインプットとしてフィード・バックされ，程度の差こそあれ淘汰ステップに影響を与える。また，成功の記憶が行為を方向づけることがよくあるように，保持とイナクトメントの間にもフィード・バックループがある。さらに，イナクトメントの量が増せば淘汰活動の量も増え，同様の関係が，淘汰と保持との間にもある。

```
生態学的変化 ──+──→ イナクトメント ──+──→ 淘　汰 ──+──→ 保　持
           ←─────────────────┘              (+, −)    (+, −)
                      +
```

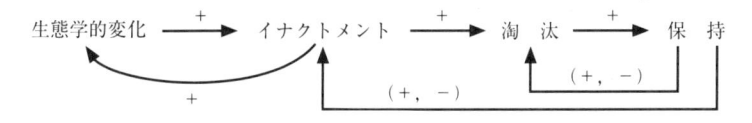

図2　組織化の進化論モデル

　このように考えると，組織化の過程は，図2のように表すことができる。なお図の＋記号は変数が正の因果関係で結ばれていることを示し，保持からのフィード・バックに添えられた（＋，−）記号は，自然ならぬ組織は保持内容を信頼する（＋）か信頼しない（−）かを決定できることを示している。

　これが"組織化の進化論モデル"で，その3つのステップのイニシャルをとって"ESRモデル"とも呼ばれる。[4]

　それはともかく，組織化の進化論モデルとシステム制御の理論によれば，組織が適応的であるためには，組織はイナクトメントか淘汰のいずれかにおいて保持されている内容を疑わなくてはならない。[5] 組織が，適応不全に陥らないためには，伝統や記憶に対してあいまいあるいは矛盾したスタンスをとればよい。"懐疑的保守主義"である。すなわち，組織は保持されている考え方やイナクトされた環境を全面

的に信頼したり疑うのではなく, イナクトメントと淘汰のどちらかの
ステップでそれらを疑い, 過去から半ば解放されなければならない。
そうすれば, 組織には, イナクトメントか淘汰のいずれかで遺訓とか
伝統といった過去に拘束されない目新しい問題やパズルあるいはマッ
プがインプットされる。

　(2)　組織の適応を組織認識論の観点から捉えたモデルとして, 組織
化の進化論モデルはその説明力や含意の妥当性などからいっても優れ
ている。しかし, 難点もいくつかある。

　まず, 組織化の契機, すなわち何がきっかけとなって変化やパズル
の意味の探索が始められるのかについての記述が不完全である。正確
を期すため, その点についてワイク自身の言葉を引用する。「経験の
流れの中に違いが生じると, 行為者はより深い注意を払うべく変化を
隔離するような行為をする。囲い込みのこの行為はイナクトメントの
一形態である。行為者が生態学的変化を生むような何事かを行い, そ
れが彼の次に行うことへの制約を変え, そしてそれがさらなる生態学
的変化を生み……といったとき, イナクトメントの他の形態が生ず
る」[6]。

　しかし, 変化が必ずしも変化として知覚され組織に問題として提起
されるとは限らない。変化が"変化"の看板を立てて登場するわけで
はない。ならば, 「何が変化の気づきあるいは組織化の契機となるの
か？」

　また, 保持内容を疑えというが, そのきっかけについても説明不足
である。「(4)保持は淘汰とイナクトメントの双方に作用し, その効果
は正でも負でもありうる。ただし, 正負は過去の経験を信頼する
（＋）か信頼しない（－）かの決定による。」[7]

　しかし, 組織が伝統や遺訓を何の理由もきっかけもなく恣意的に

疑ったり否定したりするとは思えない。ならば,「どうして過去の経験が疑われるようになるのか？」

さらに,保持ステップにおける営みがほとんど記述されていない。「保持は,合点のいく意味形成すなわちわれわれがイナクトされた環境と呼ぶ産物の比較的ストレートな貯蔵である。」[8) そこでは,選択された解釈や合点のいく意味形成がただ次々と貯蔵されるだけなのか？ 新しく入庫された解釈が古い解釈やイナクトされた環境を修正したり変更したりするのではないか？ならば「保持されている内容の修正・更新はどうなっているのか？」

b. 組織の適応モデル

(1) 組織化の進化論モデルに関する以上の3つの問題を解く鍵は,先に紹介した2つの水準の共有された意味あるいは現実すなわち互解と常識の概念である。

まず「何が変化の気づきあるいは組織化の契機となるのか？」常識は組織メンバーの行動の指針である。たとえば,ルーティンやSOPに従って事が処理され,計画の立案や実施も常識にそったものになる。そして,そうした行動の結果は,これまた常識に従った予想に照らして見られ,判断される。「色メガネで見るな」とはよく聞く説教だが,それは無理な話で,この場合常識という遅ればせのメガネで先読みして見るのである。[9) この常識が環境をそれなりに捉えたものであるうちは,そうした行動の結果は予想にそうものであろう。そして,組織メンバーはいっそう常識にしたがって行動し,再び満足な結果を得る,ということがくり返される。いってみれば,常識の自己成就である[10)。しかし,常識はあくまでも過去の経験を蒸留したものなので,常にそしてより多様に移りゆく環境をやがて捉え切れなくな

り，あるいは環境を創造する力も弱まってくる。そのため，常識に従った事の処理や計画が，予想に反して不適切なものになったり，中断や断念を余儀なくされたりすることが多くなる。[11] こうした齟齬は，一部の好奇心旺盛な人や素直な人たちに驚き（surprise）を引き起こす。「どうして!?」「どうなってるの!?」驚きと共に発せられるこの問いが，変化の気づきそして新しい意味形成の引金となるのである。

次に「どうして過去の経験が疑われるようになるのか？」驚きによって気づかれた〝変化〟は，常ならぬ〝異なるもの〟である。それは，常なるものゆえの安定した一義的解釈から解放され，さまざまに解釈される。そのため，この異なるものの解釈を確定しようとする人たちがさまざまな私見をもって集まり，基本的には私的な会話を通して，次第に互解が形成されてゆく。異端者の活躍する場である。組織によって権威づけられていない新鮮な共有意味世界の誕生である。

互解は，組織としての協働のためといったいわば実用的欲求というよりどちらかといえば，パズルを解くといったいわば知的インタレス

トが動因となっているのではないか。たとえば，経営あるいはマネジメントの領域での3人の先駆者というか互解の仕掛け人のテイラー，サイモンそしてワイクである。彼らはみな，自ら問を発し，それを見事に解くのだが，それは必要に迫られてというより知的欲求に駆られてといったほうがふさわしい。[12] それはともかく，こうした互解が組織のあちこちに生まれるようになると，これまでの常識したがって過去の経験が次第に疑われるようになる。

　そして「保持されている内容の修正・更新はどうなっているのか？」互解が簇出し，常識への疑いが募ってくると，公的コミュニケーションなかんずく教育を通して互解が常識の一部に取り込まれるようになる。そしていつの日か，常識が一変しているかもしれない。これが組織認識論的にいう革命[13]である。反対に，互解の形成が鈍くなると，教育すなわち組織の公的関係を反映したコミュニケーションを通して，既存の常識が強化・普及される。

　これにて，話は始めに戻るのだが，この循環を簡単に要約しよう。常識は組織メンバーの行動指針となり，始めのうちは予想にかなった結果をもたらし，そのためいっそう強力な行動指針となり再び満足な結果を……，といったことがくり返される。この間はさしたる齟齬もなく，したがって互解もあまり生まれないので，公的教育を通して，この常識がいっそう強化・普及される。しかし，この常識もやがて環境を捉え・創造できなくなり，予想外れの結果をしばしば生むようになり，齟齬が目立つようになる。互解もあちこちに生まれ，この常識は次第に疑われるようになり，教育を通して一部の互解を取り込んで修正される。そして，新しい常識は新たな行動指針となって，始めのうちは（新常識に従った）期待に応え，公的教育によって強化されるが，やがてその期待に応えられなくなり，互解を生み，またまた修正

される，という循環をくり返す．

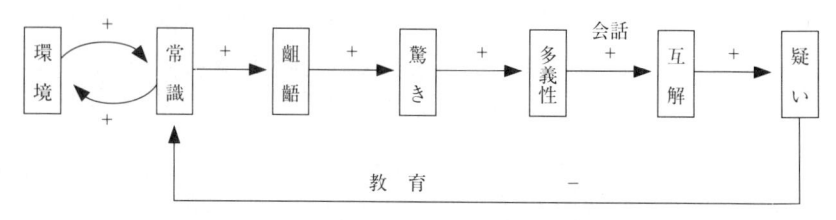

```
環境 → + → 常識 → + → 齟齬 → + → 驚き → + → 多義性 → +会話 → 互解 → + → 疑い
         ↑                                                              ↓
         +                                                              
         ←──────────────── 教育 ──────────────── −
```

図3　組織の適応モデル（標準型）

　以上のことを因果マップにまとめると，図3のようになる．なお図の＋記号は変数が正の因果関係で結ばれていることを，−記号は負の因果関係で結ばれていることを示している．

　このループは−記号が奇数の逸脱-減衰で，このシステムは制御可能である．組織認識論の言葉で言えば，こうした組織は常識と互解とが並存していて適応的である．したがって，この図は組織の適応の標準モデルといえよう[14]．

　組織の適応換言すれば制御にとって負の因果関係は大事である．組織の適応モデルでは，それは唯一〝疑いから常識への負のフィード・バック〟の〝教育〟として埋め込まれていて，その制御可能性はきわめて簡明である．それに対して，組織化の進化論モデルでは，そうした負の因果関係は〝保持からのイナクトメントと淘汰への2つのフィード・バック〟での意思決定に依存している．こうした状態は，システム論では，〝複数の因果ループをもつシステムの制御問題〟[15]となり，その制御性は条件依存的で，簡明でない．

　「組織が適応的であるためには，イナクトメントか淘汰のいずれかにおいて保持されている内容を疑わなくてはならない．」この（新しい意味での）〝半信半疑〟の勧めは，ワイクの組織化の進化論モデルから導かれる魅力的な命題である．これも組織の適応の標準モデルに

整合的に組み込みたい。そのためには，イナクトメントと淘汰とにおいて保持内容を全面的に信頼したり，疑ってばかりいると組織は適応不全になることを，組織の適応モデルの言葉で因果的に示し，それらのループを図3に組み込めばよい。

まず，組織がイナクトメントと淘汰とにおいて保持内容を信頼してばかりいるとどうなるか。このような組織は常識と環境との齟齬を経験しても，常識を過信するあまりそれを何かの間違いとか偶然や例外として無視し，組織に何の問題も提起しない。組織は見慣れた事柄をいつも通りの解釈に従って処理する。そのためこれまでの常識がさらに確認・強化され，環境との距離をさらに大きくするがそれでも無視し……といった悪循環をくり返すうちに，気がついたときには組織が環境の変化に取り残されていたというハメになる。こうした組織には驚きに起因する互解はなく，あるのは牢固とした常識というか固定観念のみで，適応不全となる（図4）。

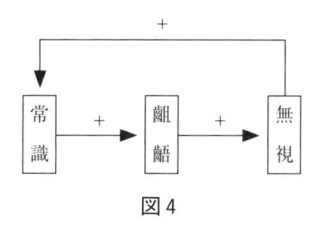

図4

反対に，イナクトメントと淘汰とにおいて保持内容を疑ってばかりいるとどうなるか。組織が互解に刺激されて常識に外れた行動や解釈をするようになると，組織は異なる事柄の応接に追われる上に雑多な諸説が罷り通り，急速に多義性が高まる。あちこちで会話が交わされ互解がさらに形成され，いっそう常識を疑う行動や解釈を呼び起こし，そのため多義性がさらに増大し……。悪循環である。こうした組

232　Ⅲ　組織認識論

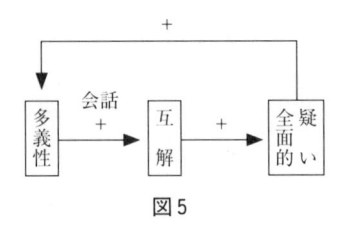

```
         ┌──────────── + ────────────┐
         ↓                            │
       ┌───┐  会話   ┌───┐        ┌───┐
       │多義│   +    │互 │   +    │全疑│
       │義性│ ──→   │解 │ ──→   │面的│
       └───┘        └───┘        │的い│
                                    └───┘
```
図 5

織にあるのはせいぜい無数の"仲間内の認識"で，組織の常識は失われ，組織はタガが外れた状態となり適応不全に陥る。この因果ループは図 5 に表されているが，"全面的疑い"とは組織化の進化論モデルでの"イナクトメントと淘汰において保持内容を疑う"ことを意味している。

　とすれば，"イナクトメントか淘汰のいずれかにおいて保持内容を疑うこと"は"部分的疑い"と表すことができる。そして，常識への部分的疑いは常識への部分的信頼でもあるので，公的教育も機能し，(全面的疑いのような) 多義性のやたらな増加の方向には導かないだろう。ともかく，この場合は，公的教育を通して，これまでの常識の一部が疑われたり見直されたり時には有力な互解を取り入れたりして，常識が徐々に自らを修正してゆく。そして，この新しい常識がまた環境と相互作用する。

　このように考えると，先の"標準型"に図 4，図 5 を当てはめることができ，図 6 が得られる。

　(2) 組織の適応の一般モデルはなかなかの能弁である。まず，ループ②と③はいずれも － 記号が 0 の偶数で，システムは逸脱 - 増幅となり発散して制御不能となる。事実，ループ②に陥った組織は新鮮な互解がなく牢固とした常識が支配するセレモニー型異常組織となる。またループ③の組織はタガとなるべき常識がなく凡百の互解が氾濫する

2 組織の適応モデル 233

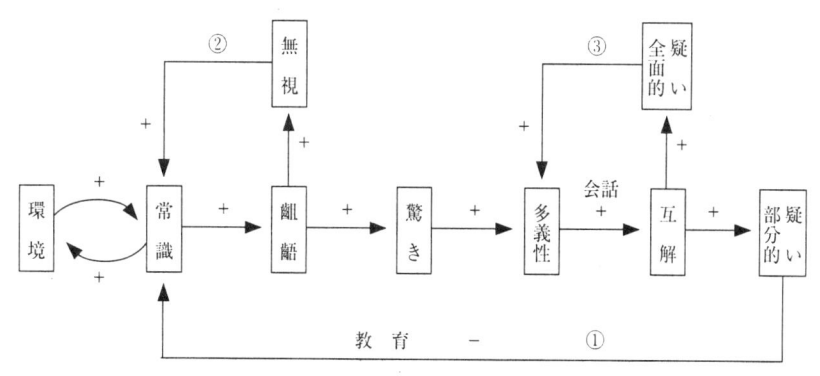

図6 組織の適応モデル（一般型）

いわばフェスティバル型異常組織となる[16]。他方，ループ①は－記号が1の奇数で，逸脱-減衰で制御可能である。このループの組織にはいつも常識と互解が存在している。そして，互解が盛んに形成され広まり，これまでの常識が疑われその継承も困難となる時期は，組織の革新局面である。この時期，既成の常識は弱体化し有力な互解を取り込んで自らを更新する。そして，更新された常識は環境との齟齬も少なく，驚きもあまり引き起こさないので互解もさほど形成されず，その分公的教育を通した常識の継承・強化が活発に行われる。組織のこの時期は，組織の保守局面である。ループ①の組織はこのように保守と革新の局面をくり返す中で，常識と互解のバランスを保ちながら常識を更新してゆくのである。

事実，組織の革新・保守のダイナミズムと教育活動とはかなり相関しているようだ。たとえば，近代日本の歩みはとくに学校教育と次のように密接に関係している。明治維新，時の為政者は鎖国時代の常識は開国後の厳しい環境にもはや通用せずと断じ，早急に近代化を図った。そのため1872年学制を発布し全国に学校を設立し，近代教育を通して旧来の常識に代って富国強兵・殖産興業の考えを国民に徹底させ

た。明治維新から20年余のこの時代は革新の時期である。1890年に教育勅語が発布され，富国強兵を思想的にさらに強化するべく忠君愛国の教育が施されてから満州事変にいたるまでの約40年間は保守の時期である。事実，この間は，日清・日露の両大戦に勝利し，この常識と環境との齟齬もさほど目立たず，自信に満ちた教育を通してやがて軍国主義の時代を迎える。1930年から太平洋戦争が終るまでの15年間，定着した軍国主義が拡大・強化された。この間，教育はおろか全国民が軍国主義という常識と環境との齟齬を見ざる・聞かざる・言わざるで，日本はループ②をたどり，いわば超保守の時期である。1945年から校内暴力などの問題がボツボツ出はじめた1980年までの間は革新の時期で，軍国主義に代って自由と民主主義を新たな常識とするために民主教育が盛んに行われた。1980年から今日までは，学級崩壊・登校拒否などに象徴されるように自由と民主主義が行き過ぎ，何が常識で何を教えるべきか混沌としている。今，日本はループ③に陥り，いわば超革新の時期である。蛇足ながら，超革新の時期も超保守の時期も教育は死んでいる。

　組織が適応的であるためには，組織に驚きと互解がなくてはならない。そのためには，常識と環境との違いに気づいたら，誰もが素直に驚きを表せる自由がなければならない。そして，驚きをもたらした異なるものについて互解が形成されるために私的な会話が自由に交わされなければならない。要するに，組織が適応的であるためには少なくとも表現の自由と結社の自由が不可欠なのである。

　換言すれば，表現の自由のない組織は，ループ②をたどり，セレモニー型異常組織となる。国内外の情報を国民に知らせないで体制を維持しようとしているどこぞの国がこれに当たる。また，○○天皇の威光が隅々まで行き渡り，物言えば唇寒しといった職場は少なくないと

聞く[17]。表現の自由はともかく結社の自由のない組織はといえば，驚きはあるがそれが互解に結実しないので多義性だけが募り，この種の組織はフェスティバル型異常組織となる。国民が衛星放送やインターネットを通じて内外の情報をよく知っていた崩壊直前のソ連がこれに当たろう。

　ルート②の組織は，常識と環境との齟齬の無視言い換えれば変化を変化として見ないことによって適応不全に陥る。しかし，変化を変化として認識するのは決してたやすいことではない。変化が"変化"の看板を立てているわけではなく，変化として組織に持ち込むから変化となるのだから。"中三生連続児童殺傷事件"に関連して，ある人権派の識者はいう：「A 少年のあのような例外的事件をもって，少年法の改正を云々するのはいかがなものか。」この人士は，あれほどの問題ある事件すら単なる例外とみなして，"より深い注意を払うべき"変化とみなさないのである。変化をなるべく見ようとしないこの精神の怠惰こそ，阪神大震災や東海村臨界事故の被害を不必要に拡大させてしまうのだ。[18]

　失敗は，あるいは常識と環境変化のズレがもたらしたものかもしれない。とすれば，この種の組織は失敗から何も学ばない組織である。ここでは，常なるものをオーバー・ラーニングするが，常ならぬものはノー・ラーニングなのである。

　牢固とした常識に縛られて適応不全に陥った組織は，そこから脱脚するために今度は"変革""抜本的改革"を叫ぶ。抜本的改革とは，組織化の進化論モデルでいえば，保持されているイナクトされた環境を全面的に否定すること，組織の適応の一般モデルでいえば"常識の全面的疑い"を含むルート③を組織がたどることを意味し，そこでは常なるものをノー・ラーニングし常ならぬものをオーバー・ラーニン

グする。ルート③の組織は，百家争鳴でタガが外れた状態で適応不全となる。そうならないためには，「固定観念に捉われるな！」とか「もはや既成概念は通用しない！」といった掛け声に踊らされて，一気に行為も解釈も非常識にしてしまうのではなく，ある時は行為[19]を次に解釈[20]をそしてまた行為を……というように交互に非常識にしてゆけばよい。

また，互解のもたらす常識への疑いを常識の修正・更新に結びつけるようなしなやかな教育を確立することも，組織がルート③をたどらないための方策である。

組織はイナクトメントか淘汰のどちらか一方で過去の経験を信頼し，他方で疑わなくてはならない。これがいわゆるワイクの〝スプリット・デシジョン〟，和語では〝言行不一致〟の勧めである。しかし，首尾一貫性を尊び，マジメを善とする大方の人間や組織ならずとも，この勧告はなかなか実行しにくいだろう。その上それは，ワイクのセンスメーキング論の主要な軸の一つとなっている〝認知的不協和理論〟にも抵触する。事実，この点が組織化の進化論モデルの刺激的なところでもあるが弱点となるかもしれない。ひるがえって組織の適応モデルでは，言行をとこさら不一致にすることではなく教育をしなやかにすることがせいぜい実行できる妥当な対応と考えている。[21] げに恐ろしきは教育であり，また政治である。

注 1) 組織化にとってのイナクトメントは，いってみれば自然淘汰における変異に当たる。では変異とは言わずになぜあえてイナクトメントと言うかといえば，自然界での（突然）変異にくらべて，組織が変異に対して果たしている能動的な役割をイナクトメントという言葉が捉えているからである。

2) 世の中の出来事や情報は，人によってさまざまに解釈される。すなわち，多義的である。こうした多義性を削減して互いに共通する解釈や認識に達するための相互作用（interaction）がコミュニケーションである。本稿では，コミュニケーションを私的会話と教育の2つに大別している。

なを，人間が多重人格の病になるのも，何万人もの集団が組織として機能するのも，その鍵を握っているのはコミュニケーションである．また，人は他の人たちとのコミュニケーションを通して自己を形成していく．このように考えると，コミュニケーションは今後の組織理論や経営学ひいては社会科学におけるキー・タームとなろう．

3) Weick, K. E., *The Social Psychology of Organizing*, 2nd ed., Addison-Wesley, 1979, p. 131.〔遠田雄志訳『組織化の社会心理学　第2版』文眞堂，1997，171ページ．〕

4) 組織化の進化論モデルである図2のイナクトメントと淘汰をそれぞれ行為と解釈に読み変えると，このモデルは認識の形成における"行為し，その結果を解釈し，それにもとづいてまた行為し…"というきわめて当たり前のサイクルを精緻化し一般化したものであることがわかるだろう．

5) Cf. Weick, K. E., *The Social Psychology of Organizing*, 2nd ed., Addison-Wesley, 1979, p. 133.〔遠田雄志訳『組織化の社会心理学　第2版』文眞堂，1997，173ページ．〕

6) *Ibid*., p. 130.〔前掲訳書，169ページ．〕

7) *Ibid*., p. 132.〔前掲訳書，172ページ．〕

8) *Ibid*., p. 131.〔前掲訳書，171ページ．〕

9) 「神経系は，いわば世界の進行よりもほんの少し先行する世界のモデルを保持している」(Weick, K. E., *Sensemaking Organizations*, SAGE Publications, 1995, p.145)．

10) 「組織がある因果マップを作り，それを以後の出来事にあてがうとき，そのマップが組織の棲むテリトリーを実際に創造するのである．こうしたことが続くと，地図が領土になってしまうのである」(Weick, K. E., The *Social Psychology of Organizing*, 2nd ed., Addison-Wesley, 1979, p. 250.〔遠田雄志訳『組織化の社会心理学　第2版』文眞堂，1997，324ページ．〕)

11) 環境と常識の齟齬は必然的である．なぜならば，現象学的に言って，環境は連続的であるのに対して，それを捉え，表現する言葉や概念は離散的で，常識はそうした言葉や概念から構成されているからである．また，環境は途切れなく流れているのに対して，その認識は人がその流れから一歩出た時点で回顧的に形成されるのだが，常識はそうした認識から構成されている．連続的で流れている環境と離散的で断続的な常識との間には常にミゾが存在し，これが次第に深まってゆくと，誰かが驚きをもって環境と常識との齟齬を感じるのである．Cf. Weick, K. E., *Sensemaking in Organization*, SAGE Publications, 1995, p. 108 and p.25.

12) 3人のパズルについては，本書所収の「経営学の流れ」を参照されたい．

13) たとえば，今日喧伝されている"IT革命"．これが革命たる由縁は，それがあらゆる種類の組織で常識を一新させることにあるのだろう．こうしたことも，組織認識論的考察の意義をうかがわせる．

14) ワイクが1995年に著した *Sensemaking in Organizations* は、"組織の適応モデル"のうちのとくに常識から互解が形成されるまでの過程を扱ったものと言ってよいだろう。その本の中で、センスメーキングを「1　アイデンティティーに根づいた、2　回顧的、3　有意味な環境をイナクトする、4　社会的、5　進行中の、6　抽出された手掛りが焦点となる、7　正確さよりももっともらしさ主導の、プロセスである」(Weick, K. E., *Sensemaking in Organizations,* SAGE Publications, 1995, p. 17)。そして、互解の形成の過程は正にこの7つの特性を有しているのである。

　まず、互解の反面認識である常識は組織のアイデンティティーの基礎となっている。また、互解は、常識と食い違う結果に気づいた時点から過去にさかのぼって、たとえば「そういえば、あの時現場に不審な車が停っていたっけ」などと振り返りながら眼前の結果をもたらしたであろう筋を創作することである。そして、常識は組織の行為や計画の指針となって多かれ少なかれ環境をイナクトする。主として私的会話を通して形成される互解は、会話を交わす人たちの人間関係やそこでのボキャブラリーに左右されるという点できわめて社会的である。常識はともかく互解が現在進行中の出来事とか事態を問題にしていることは、そのキッカケが生々しい驚きに発していることからも明らかであろう。今のところ正体不明な出来事や事態の筋を探ろうとするとき、どんな手掛りが探り上げられるかで形成される互解が全く異なってくる。そして、互解がかなり恣意的に探り上げられた手掛りに依存するもので、しかも進行中の事柄についてのものだとすれば、その正確性を求めるのはぜい沢というか神のみの技でせいぜいもっともらしさが求められるところであろう。

15) Cf. Weick, K. E., *The Social Psychology of Organizing*, 2nd ed., Addision-Wesley, 1979, pp.74-7。〔遠田雄志訳『組織化の社会心理学　第2版』文眞堂, 1997, 96～9ページ。〕これによれば、ワイクの"適応のための半信半疑の勧め"は、イナクトメント・ループと淘汰ループとが同等の重要性をもつときに限るのである。

16) 異常組織については、本書所収の「異常組織論」を参照されたい。

17) 傲慢な経営者は、傲慢なだけでも二重に罪である。一つは、彼の環境認識が不適切であっても、誰も怖くて諌めようとはせず、そのため彼はいっそう過信を募らせる。いま一つは、彼の傲慢さが自由に物を言えない組織にし、牢固とした常識が罷り通るきわめて認識力の劣った組織にしてしまう。苦況に陥っているある百貨店も、果たせるかな"××帝国"と呼ばれていたのである。

　なお、"驕れる者久しからず"は人類史における数少ない原則の一つである。これについては、本書所収の「点と線と図——カール・ワイクの世界(1)——」を参照されたい。

18) 危機管理については、本書所収の「東海村臨界事故——その組織認識論的考察——」および「阪神大震災——その組織認識論的考察——」を参照されたい。

19) 行為を非常識にする一つの手立ては、意思決定をゴミ箱モデルで行ってみることである。くわしくは、本書 Ⅰ「ゴミ箱理論」を参照されたい。
20) 解釈を非常識にするコツの一つは、通説や俗説の因果律や評価性などを逆転させた説を自ら立て、その新説によってさまざまな出来事や情報を解釈してみることである。これに関してくわしくは、本書所収の「なにかおもしろいことないか仔猫チャン」を参照されたい。
21) 組織化の進化論モデルでは、組織の適応を、保持からのフィード・バックにおける意思決定の問題とみなしているのに対し、組織の適応モデルでは、教育の問題としている。したがって、少なくともモデルから意思決定の記号というか痕跡が無くなっているという点で、組織の適応モデルの方が組織化の進化論モデルよりも、よりポストモダンといえないだろうか。

おわりに

(1) これまで組織の適応について考察してきたが、こんな小論からでさえ、組織および組織メンバーにとって大切なものがいくつか見えてくる。

組織が適応的であるためには、常識と互解とがバランス良く共存していなければならない。しかし、互解はもとより常識を形成、発展させるのは他ならぬ個々の組織メンバーである。したがって、組織メンバーは、何事にも積極的に取組み、結果が予想通りか否かを適切に見極められるだけの繊細な私見を有し、そうした予想のわずかな狂いにも驚き、興味を感ずる旺盛な好奇心それに知的インタレストを持つことが大切だろう。

次に、驚きを共にする人たちと会話を通した互解を形成するには、柔らかな思考や豊富な語彙も求められよう。また、組織の常識を健全なものにしておくために、組織メンバーはある意味で〝懐疑的保守主義者〟であって欲しい。

そして，組織の安定性と柔軟性を保つには，組織にしなやかな教育と自由がなければならない。

(2) ポスト・モダン経営学は組織の意思決定ではなく認識を中心としたものとなるだろう[1]。その組織認識論を展開する上で，組織の適応モデルは組織化の進化論モデルにくらべていくつかの利点がある。

まず，組織の認識の更新・発展の過程は，組織の適応モデルにおいて直接的に考察されている。それに対して，組織化の進化論モデルではほとんど考察されていない。

第2に，修正される組織の認識と環境変化との相互作用について，組織の適応モデルが〝環境⇄常識〞と直接的に捉えているのに対して，組織化の進化論モデルでは，〝生態学的変化⇄イナクトメント〞と表されていて，いくつかの推論を重ねないとその相互作用が見えてこない。

さらに，組織認識論においてコミュニケーション論はきわめて重要な役割を占めると思われる。しかるに，組織化の進化論モデルではコミュニケーションを一緒くたに扱っているのに対して，組織の適応モデルでは類別して緻密に考察されている。

最後に，組織化の進化論モデルはイナクトされた環境の形成過程一般をモデル化したもので，たとえば行為者による〝囲い込み〞とか〝知覚された多義性の量〞といった言葉が暗示するように，どちらかというと単体としての組織の認識の形成に当てはまる。それに対して，組織の適応モデルは，たとえば常識や互解あるいは驚きといったことに見るように，雑多な利害を有する個人から成る複雑な組織の認識のダイナミズムを捉えやすいと思われる。

注1) くわしくは，本書所収の「経営学の流れ」，および「けったいな！──カール・ワイクの世界(2)──」を参照されたい。

本稿は，法政大学産業情報センターのワークショップ『組織認識論研究会』での議論の一つの産物である。法政大学産業情報センターの数々の御支援に感謝する。

氷雪のラップランドにて　2001.2

3 東海村臨界事故
──その組織認識論的考察──

はじめに

　平成11年9月30日午前10時35分，茨城県東海村のウラン燃料加工施設，JCO東海事業所である爆発が起きた。危機の発生である。"このとき，この事態を誰がどのようにして捉え・認識したのだろうか？"
　そして，核分裂が続く中，住民は見えない恐怖に怯え続けた。翌日午前2時35分から，JCO社員による挺身突入作業によってようやく臨界を脱したが，それは最終的には死者2名を含む49人が被曝するという，わが国における最大の放射線事故となった。"事故の終息に向けて，JCOはそして政府はどのように行動したのか？"
　事故後，違法な作業手順がJCOの中で堂々とまかり通っていたことや科学技術庁が何年もの間立ち入り検査をしていなかったことが次第に明るみにされた。"なぜ，このような杜撰な安全管理が，しかも唯一の被爆国日本で行われていたのだろうか？"
　これらの疑問に答えるために，組織の行為はもとより組織の意思決定をこえて組織の認識のレベルまでさかのぼって考えてみた。組織認識論的考察と称するゆえんで

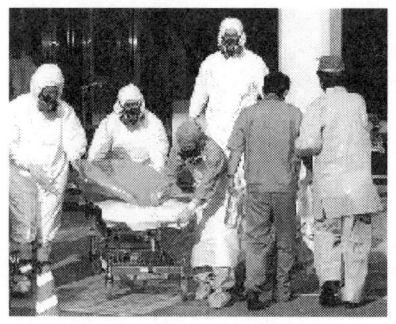

ある。

A. テレビドキュメント『調査報告　東海村臨界事故－緊迫の22時間を追う』

　平成11年9月30日午前10時35分，茨城県東海村のウラン燃料加工施設，JCO東海事業所で臨界事故が発生した。核分裂が続く臨界が完全に終息するまでの22時間，住民は見えない恐怖に怯え続けた。日本で初めての臨界事故に情報は混乱。事故発生からしばらくの間，行政は臨界状態が継続しているとは知らずに，付近住民への屋内退避などの指示が大幅に遅れることになった。なぜこのようなことになったのであろうか。翌日午前2時35分から，JCO社員による被曝覚悟の12回にも及ぶ挺身突入作業によってようやく臨界状態を脱したが，最終的には死者2名を含む49人が被曝するという，わが国における最大の放射線事故となった。

　NHKでは，事故発生からわずか10日後の10月10日に，NHKスペシャル『調査報告　東海村臨界事故――緊迫の22時間を追う――』と題してこの事故を取り上げ，綿密な取材のもとに事故の経過・背景などについて放送した。それは，3つの部分から構成されていた。本論ではまず最初に，この番組の進行に合わせて，東海村臨界事故の顛末を克明に追っていくことにする。

　(1)　JCO東海事業所に隣接する民家のある主婦は，「あれ以来開けていないが」とことわりながら，閉め切ってあった雨戸を開けた。彼女は目の前の工場でウラン燃料が作られているとはまったく知らなかったという。事故発生直後，大勢のJCO社員が慌ただしくグランドに集まりつつあるのを窓越しに眺めて「中央から偉い人が来て，広

場でお話でもするのかしらとか，あるいは新しいメーカーの模擬実験かなとか，避難訓練かと思った」とカメラの前で語った。

　JCOから東海村に事故発生の第一報がFAXで伝えられたのは，事故から1時間が経過した午前11時34分のことであった。「従業員が被曝し，臨界事故の可能性がある」という内容であった。この一報を受け取ったのは，東海村が万一の場合を想定して採用していた原子力専門技術者であった。彼はNHKの取材に対して，「通常，臨界事故というのは，一回大きな反応が起きて，後は減衰していくのが一般的な事例だった。今度の事故でも，下がっていくであろうという期待と，下がって欲しいという願望が入り交じった気持ちであった」と語っている。それからさらに1時間が経過した午後0時30分，東海村では防災行政無線を通じて，住民に事故発生を伝えるとともに，念のため外に出ないよう呼び掛けた。事故現場から直線で100メートルほどの所の住民は，防災無線を聞いた時に外で作業をしていたため，直ちに作業を中断して村役場に問い合わせたところ「あくまでも念のためだ」との答えが返ってきたので，そのまま外で作業を続けたと語っている。

　茨城県も当初，事態を深刻に受け止めてはいなかった。橋本昌茨城県知事は，第一報を受けた時の印象を「施設の性格からして，多分これは間違いだろう。最近，似たような故障が何件も続いていたので，それと同じレベルだと思って，あまり気にならなかった」と打ち明けた。茨城県内の21ヶ所に設置されている放射線の測定装置のうち，2ヵ所で通常より高い数値が測定された。このうち，現場から2キロメートルの所にある測定装置では，通常の10倍近い値が検出された。しかし，間もなく通常に近い値に戻った。橋本知事は，「モニタリングステーションの数値が下がってきているので，多分おさまるだろう

と思った。あまり心配していなかった」と語っていた。

　科学技術庁は，原子力施設で事故が起きた場合，住民の避難や被害の拡大防止に主導的な役割を担うことになっている。科学技術庁原子力安全局の間宮馨局長は，「今回はまさに不意をつかれた。あまり想定していないような日本ではじめての臨界事故だから，その中で一生懸命やったということだ」と言う。事故発生から2時間経った午後0時30分，科学技術庁から総理大臣の秘書官に「3人が被曝し病院に運ばれた」という内容の報告がなされた。しかし科学技術庁では，この時，東海村で住民の屋内退避が始まっていることすら把握していなかったのである。

　午後2時，科学技術庁で原子力安全委員会が開かれ専門家らが召集された。この席で，住田健二委員長代理は，「臨界が続いている可能性がある」と指摘した。住田氏が「声をあげて，はっきりとこれはもう臨界事故であると言い切って，しかも再臨界の可能性がある」と指摘したにもかかわらず，臨界が続いていることを示す情報はなく，住田氏の発言は検討されなかった。これに対し間宮原子力安全局長は，「やはり合議制で，こうであると方向性が決まれば当然それに従って動こうといつもしているが，一委員が言ったからといって，すぐには動けない」と言っている。現実には住田委員長代理の懸念通り，臨界は続いていたのである。しかし放射線の値は，県内のどの地点でも通常に戻り，事態は終息するとの見方が広がりはじめていた。

　その矢先，東海村役場にJCOの社員が息せき切って飛び込んできて「周辺の住民を避難させて欲しい」と訴えた。事故の詳細を知っているJCOの突然の要請に，東海村の村上達也村長は大いに驚いた。村上村長によれば，「社員はどこに行っているのか」と尋ねると，「事務棟の職員を含めて，全員が事故現場から相当離れた北側のグランド

にいる」との答えが返ってきたそうである。その時，村上村長は，「事務棟より住民の住宅の方がはるかに事故現場に近いではないか」と思ったと言う。国からも県からも住民を避難させるべきかどうか指示や助言はまったく無かった。午後3時，村上村長は悩んだ挙げ句，事故現場から350メートル以内の住民に対し自主的避難を呼び掛けることにした。その結果，事故現場から1キロメートル離れたコミュニティーセンターにおよそ160人の住民が避難した。村上村長は，「県や国には相談したか」との問いに「相談しなかった」と答えた。「何故か」と尋ねられて，「通じなかったからだ。国にも県にも対策本部もなかった」と語ってから，「私の決断で責任をもつから避難させろと命じた。一村長に，そういう決断をさせるのかと思った」と穏やかならぬ様子で言った。

この頃，県では，直接JCOの担当者を呼んで事情を聴取し，「16キログラムのウランを一つの容器に入れた」という衝撃的な事実を知ることになった。同席していた専門家は，臨界が継続している可能性を指摘し，直ちに中性子線を測るべきだと進言した。核分裂反応に特有の中性子線を測れば，臨界が続いているかどうか分かるからだ。

また，ちょうどその頃，科学技術庁の間宮原子力安全局長は，野中内閣官房長官に対して「情報の収集を続けているが，事態は落ち着きつつある」と報告していた。午後4時16分，野中官房長官は記者会見で「現在の報告では，これ以上（被害は）拡大しないものと認識している」という政府の見解を明らかにした。

午後5時過ぎ，JCOの施設周辺で中性子線の測定が開始された。その結果，通常の2万倍に当たる4ミリシーベルトという高い値が検出され，その結果が直ちに科学技術庁に報告された。事ここに至って，ようやく科学技術庁も事態の深刻さを認識したのである。間宮原

子力安全局長は,「やはりこれは大変なことであるということだった。官邸の方へも行って,その旨伝え,官邸でも事態の重大性を認識し,直ちに総理を本部長とする閣僚レベルの事故対策本部を設置することになった」と語っている。しかし,この時点でも国は具体的な指示や助言を,県や関係各市町村に行わなかったのである。

　夜になっても中性子線の数値は下がらず,午後8時30分,茨城県は現場から10キロメートル圏内の住民の屋内避難を国に打診した。国が専門家の助言を得た上で適切だと回答してきたのはそれから2時間後のことであった。この間の経緯を,間宮原子力安全局長は,「科学技術庁には技術者集団がいるとはいえ,必ずしも臨界事故ということを本当に理解して動いている訳ではない。(臨界事故は)あり得ないことだからだ。本当に理解している委員等の判断を聞かずには動き難いし,それを確認してから動こうと思うのが自然の心情というものではないか」と語っている。橋本知事は,「発案を向こう(国)からして欲しかったという思いは強い。もう少し原子力については,専門的に判断できるシステムを国で作り,国が主導権をとってやっていくべきだと思う」と感想を漏らしている。午後10時30分,茨城県は10キロメートル圏内の住民に屋内避難を呼び掛けた。国による原子力の防災指針では,地元の自治体は独自の判断で対策本部を設置したり,放射線を測定したりすることはできるが,住民の避難については国の助言を得ることが求められている。

　(2)　事故が発生した転換試験棟の沈殿槽周辺からは,強い放射線が発せられており,誰も近づけない状態になっていた。いわゆる死の灰がどんどん蓄積され続けていたのである。なすすべもないまま,事態は悪化していった。

　事故現場に近い日本原子力研究所東海研究所に,10数名の専門家が

集められた。その中心メンバーの1人で原子炉工学の専門家である田中副所長は，実験でウランを臨界に導いたことはあっても，臨界をくい止める方法を探すのは初めてであったと言う。彼は，「コントロールできない状態で臨界反応が続いているということは想像すらしたこともなかった」と打ち明けた。専門家会議の場にJCOの社員が呼ばれ，現場の詳しい状況が説明された。問題はどのようにして臨界を停止させるかということであった。さまざまな可能性を探った結果，最終的には建物の外まで通じている配管を使って，沈殿槽の周囲を取り囲んでいるタンクの水を抜くしかないという結論に達した。タンクの周囲を取り囲む水が，中性子線をタンク内へ反射し，それがさらにチェーンリアクションの引き金となって反応を引き起こし，中性子線を発生させているのであるから，水を抜けばどうにかなるかもしれないと判断されたのであった。コンピューターでシミュレーションした結果，水を抜けばどうにか臨界状態が停止する可能性があることが分かった。

午後11時30分，この結果をもって原研対策本部のメンバーはJCOの対策本部へと向かった。以後，翌朝臨界状態が完全に停止するまで，JCO正門間近の管理棟が臨界抑止作戦司令部となった。混乱するJCOにかわって，日本の原子力工学の第一人者である住田委員長代理（原子力安全委員会）が事態を収拾するために派遣された。その時の様子を住田氏は，「現地へ行ってみたら，かなり緊迫した状態で，後ろに下がっていてはどうにもならないと感じた。相談しながらやるんだとは言いながら，事実上リーダーシップをとって助言をするつもりであった」と語った。住田氏はJCOの越島所長に直接計画の内容を言い渡した。混乱しているJCOの幹部ら3人を前にして住田氏は，「緊急被曝をしてでも（臨界を）止めなければならない程，事態は緊

迫している。それ（水抜き作業）をやるのは設置者の責任であり，また設置者しか出来ないことである」と告げた。この時のJCO幹部らの様子を住田氏は，「言いたくはないが設置者にはピンとこなかったようだ」と言っている。建物の外であっても大きな被曝を覚悟しなければならない作業であった。JCO幹部は「しばらく時間が欲しい」と答えたという。住田氏はさらに，「私には命令権はないが，もしここで成さなければ社会的責任が問われることになるだろう。もし，やる気がないのであれば関係各方面に連絡して強権を発動して（作業実施を）命令することになる。ただし，そうなれば（作業に着手するまでには）2，3時間くらいは時間がかかるが，そんなことをやっていてよいのだろうか」と言葉を重ねた。JCOの越島所長はようやく「この事態を放置すれば影響は計り知れない。やむを得ない」と判断し，JCO社員による被曝覚悟の水抜き作業が敢行されることに決した。

　水抜き作業にあたっては，年間許容量50ミリシーベルト以下の被曝量で作業を行うこととされた。当初，許容量内で作業できる時間は3分以内であると計算された。施設の状況を良く知っているベテラン社員に呼びかけたところ，挺身この作業に志願する者が多数いた。

　日が変わって午前2時35分，最初の挺身隊が突入。現場周辺の状況を確認し，さらに写真撮影を終えて3分以内で帰還した。彼らが胸のあたりに装着していた計測カードによって，被曝量を算出すると何と100ミリシーベルト近くに達していた。以後，作業時間を1分以内に短縮し，リレーで水抜き作業が続行された。

　なかなか思うように水を抜くことが出来なかったが，午前5時19分，外部からアルゴンガスを注入して，管内部にたまった水を一気に押し出す作戦が開始され，午前6時ちょうどに水が抜けたことが確認

された。これ以降，急速に中性子線量が低下していった。午前6時15分，中性子線量はゼロになった。事故発生から19時間40分に及んだ臨界がようやく停止したのであった。さらに安全を図り，とどめを刺す意味で午前8時19分，中性子線を吸収するホウ酸を消防車のポンプで注入を開始，午前9時18分，全作業の終了が宣言された。このとき，JCO 社員のほとんどが限度まで被曝していたという。

　(3)　使用済み核燃料の再処理工場などでは，臨界を知らせる警報装置や臨界を停止させる薬剤を注入するシステムなどの設置が義務づけられている。それにくらべ，今回のようなウラン燃料加工施設では，安全審査の指針によって臨界事故を想定した対策をとる必要がないとされている。事故を起こした転換試験棟は昭和59年に建設された。事故は濃縮度の高いウラン燃料を作る最終工程でおこったのであった。なぜ，絶対安全であったはずのウラン燃料加工施設で臨界事故が発生してしまったのであろうか。

　事故を振り返ってみると，そこには杜撰な安全管理の姿が浮き彫りにされてくる。

　JCO 東海事業所は，昭和48年に原発の燃料を加工する施設としてスタートしたが，当初電力需要の伸びを受けて売上高が上昇し，順調にその規模を拡大していった。しかし，昭和60年頃を境に売上高が減少し始め，最近ではさらに大幅に売上高を減少させていた。ここ5年間でも生産量は30％減少し，売上は半分近くにまで落ち込んでいたのである。その背景には，円高傾向の中で，規制緩和の流れによって外国企業との熾烈な価格競争にさらされていた事実を見逃すことはできない。電力料金を下げようとする電力会社の強い圧力と，そうした外国企業との競争によって，急速に人員整理を進めざるをえなくなり，もっとも多かった13年前に186人いた従業員数は110人にまで減少し

た．厳しい経営が続く中で，作業の効率化は会社の至上命題となっていったのである．

　こうした中で，JCO では「みんなの知恵でコストを下げよう」を旗印に，社内報でも「コストダウンとそのための改善提案」が求められ，提案にもとづく形で，徐々に本来政府に届け出ている作業手順とは違う安易な手順が認められていった．そうした違法な手順は，社内ではマニュアル化され，堂々と保管されていたのである．事故発生後，警察で事情聴取を受けた作業員の 1 人は「危険なことをしているという認識はなかった．手間を省きたかっただけだ」と語っている．また JCO の元社員は NHK の取材に対して，「（作業効率の改善提案には）奨励金も出て，すごく励みになって，みんなの知恵で会社に貢献していると感じていた．悪気などまったくなかった．違反しているという認識は，現場にはまったくなかった」と語った．彼はさらに，「結局，人数が減ってしまって，その分人間が追いつけず無理があった．すべてが手作業でお金，コストをかけないというような会社の経営方針も（今回の事故の）原因ではないか」と付け加えた．

　監督官庁である科学技術庁は，原子炉等規制法にもとづいて立ち入り検査・任意検査の権限を有していたにもかかわらず，検査をせず，事故後はじめての立ち入り検査を行った．そこには第三者によるチェックがまったく機能していなかったのである．さらに，日本では安全チェックのための人員が 340 人しかおらず，アメリカが 3000 人を超えていることを考えれば人手が足りないのではないかという意見もあった．

B. 組織認識論的考察

(1) 現在生じている事態をどう捉えるか？ 今進行中の状況をどう意味づけ，認識するのか？ どのような人が，どのようにしてそうしたことを行ったのか？

JCOからの第一報に接したのは，東海村が万一の時のために採用していた原子力専門技術者だった。彼は，「通常，臨界事故というのは，一回大きな反応が起きて，後は減衰していくのが一般的な事例だった」と語っている。村役場が当初，防災行政無線で外へ出ないようにとの呼び掛けに対する住民からの問い合わせに，「あくまでも念のためだ」と答えている（まだその時点では事態を深刻に受け止めていなかった）背景には，彼のそうした見解があったことは否めない。また，日本原子力研究所東海研究所の田中副所長は，「コントロールできない状態で臨界反応が続いているというのは想像すらしたこともなかった」と打ち明けている。さらに科学技術庁で開かれた原子力安全委員会においても，住田委員長代理が，「これはもう臨界事故であると言い切って，しかも再臨界の可能性がある」と指摘したにもかかわらず，ほとんどの委員はその発言を採り上げなかった。 彼らはどうして「臨界反応は減衰する」，すなわち「大きな事故にはならない」と決めつけてしまったのか？ 彼らに共通しているのは，原子力の専門家であるということだ。原子力施設での目前の突発事故を解釈，理解するとき，彼らは原子力の専門家として学習，蓄積してきた常識にもとづいて判断したのである。そして，専門家の彼らが事態を大したことはないと意味づけたことが，当初の組織全体の認識となったのである。

原子力安全委員会における最高責任者であり，原子力工学の第一人者でもある住田委員長代理の指摘ですら，臨界反応は減衰するという委員全体の常識によって黙殺され，住田氏自身もそれに抗することができなかった。さほど専門家の常識は強力なのである。

　専門家の知識は，専門家でない他の人たちよりも専門分野に関して多量で詳細な情報や永年の経験の上に築かれている。したがって，他の人はその知識に敬意を払いこそすれ疑うことは少なく，専門家自身もそのためいっそう自分たちの知識に自信を深めるようになる。そうした知識の強固で疑い難い核心部分が専門家の常識である。

　そのような専門家の常識が事態の認識に強く作用するのは当然で，ほとんどの場合きわめて有効である。しかし，それが他の人たちはもちろん専門家にとっても疑い難い知識であるがゆえに，常ならぬ事態の認識を狂わせたり，事の重大性を見誤らせたりすることも少なくない。専門家の落とし穴である。

　今回の臨界事故の場合，当初の事態の認識が専門家の常識にもとづいてその重大性が見過ごされ，対応が大幅に遅れてしまった。まさに専門家の落とし穴に陥ったといわざるをえない。

　原子力安全委員会において，臨界が続いていることを示す情報がなかったために，住田氏の発言は検討されなかった。また，科学技術庁が事態を初めて深刻に受け止めたのは，JCOの施設周辺で中性子線を測定し，4ミリシーベルトという高い値が検出されてからだった。科学技術庁の間宮原子力安全局長は，「本当に理解している委員等の判断を聞かずには動き難いし，それを確認してから動こうと思うのが自然の心情」であると語っている。これらも，認識論的にみると見逃せないエピソードである。安全委員会と科学技術庁に共通していた点は何だろうか？　それは正確な情報がないと動けない（動くべきでな

い）ということである。では，どうして正確な情報がないと動けないのだろうか？　答えは，われわれが慣れ親しんでいる意思決定の合理モデルである[1]。

　最適代替案を選ぶべしとする合理モデルは，選択肢のもたらす結果の正確な予測と緻密な評価を前提としている。つまり合理モデルでは，決定においては何よりもまず正確に状況を把握することが必要なのである。

　もっともな考え方だと思う。しかし，危機においては，多くの場合混乱のため正確に状況を把握することは困難である。また，正確な状況がわかるまで行動を躊躇していては，その間に危機がエスカレートし取り返しのつかない被害を招くかもしれない。

　拙速が一般に好ましくないことは重々承知している。しかし，危機では，状況をともかく把握するためにも，またエスカレーションを放置しないためにも，素早いアクションがなされなければならない。したがって，いってみれば「跳ぶ前に見よ」を行動規範とする合理モデルは，そうした行為を抑制するという点で，少なくとも危機においてはふさわしくないのである。

　さらに合理モデルによれば「跳ぶ前に見る」べく，できるだけ情報を集めようとする。しかし，必ずしも〝多々益弁〟ではない。今回の事故でも沢山の情報がかえって対応を誤らせてしまった。茨城県が設置していた放射線測定装置は事故発生直後，通常の10倍という高い数値を示したものの，間もなく通常に近い値に戻っていた。橋本茨城県知事は，「モニタリングステーションの数値が下がってきているので，多分おさまるだろうと思った」と述懐していたが，橋本知事の発言に代表されるように，放射線の値が県内のどの地点でも通常に戻っていたことが，事態は終息するという見方を広げる結果となった。放射線

測定装置の数値は，臨界の継続を判断する上でまったく役に立たなかったのだ。役に立たなかったどころか，要らざる情報のせいでかえって状況認識を誤る結果につながった。これらの意味において，今回の事故は合理モデルの落とし穴に陥ったため，被害が拡大したといえる。

しかし，東海村の村上村長は以上2つの落とし穴に陥ることなく，かなり早い時点で適切に状況を捉え行動したようだ。それは午後3時の段階で「私の決断で責任をもつから避難させろ」と命じていることからうかがえる。この時点では，まだ県にも国にも対策本部すら設置されていなかったのである（県が対策本部を設置したのは午後4時，国にいたっては午後9時であった）。村上村長は，よくは分からないながらも，退避を命じているのだ。彼はなぜそうしたことができたのだろうか？

皮肉なことだが，村上村長が原子力の専門家でなかったことが幸いした。また彼を決断に踏み切らせたのは，慌てて飛び込んできたJCO社員の姿であっただろう。その時のJCO社員の顔色や態度，さらにJCO社員が事故現場からかなり離れた北側のグランドに集まっているという事実を聞いて，ただならぬ事態が進行していると直感的に察知したのだ。リアルタイムの鮮明な臨場情報が状況認識において大事なのだ。

彼のそうした素早いアクションを可能にしたいま一つの要因として，おそらく上位機構にくらべて責任が大きくなかったことが挙げられよう。国レベルで決定を下す場合と村レベルでのそれとは，影響の違いは大きい。上位になればなるほど影響が大きくなるため，軽々に動くことはかなわなくなる（そして，合理モデルの落とし穴に陥るようになる）。

以上見てきたように，下位機構の方がよりリアルな情報にもとづく認識が可能で，責任の軽さから素早いアクションに踏み切ることもできる。すなわち，危機においては分権化した方がどちらかといえば優れた対応が可能なのだ。

しかるに現実には，危機において集権化するのが常なのだ。橋本知事の，「発案を向こう（国）からして欲しかったという思いは強い。…中略…国が主導権をとってやっていくべきだと思う」という発言からも，危機では集権化が当たり前のように考えられているのだ。

しかし，集権化した場合，決定・行動の権限を有している人（あるいは機関）は往々にして希薄であったり歪んだ情報を受け取り，他方重い責任からくるプレッシャーに押しつぶされそうになりながら命令を発していかなければならない。さらに，責任が重いと，人はより詳細で多量な情報にもとづいて決定を下そうとする。そのため，ただ為すすべもなく時間だけが経過するということになりかねない。危機管理においては素早い行動が要求されるが，集権化は素早い行動を取りにくくする構造をその内部に宿しているようだ。

【命題1】　危機管理においては，分権化を意識的に試みるべきである。

ここで官僚制についても触れておこう。官僚制の本質とは，公式化である。そこでは何よりも，合理的で客観的で，かつ属人性を排除した精密機械のような行動が求められている。官僚制はルーティンワークの処理にあたっては効率的で，統一のとれたスマートな働きを見せてくれる。

しかし危機のように公式化することがきわめて困難な事態では，官僚制のその強きが弱きに転ずる。この事故でも，科学技術庁は強味と

するルーティンの枠内で危機に対応しようとした形跡が見て取れる．原子力安全委員会で住田委員長代理が，「これはもう臨界事故であると言い切って」いるにもかかわらず，その発言が検討されなかった理由として，間宮原子力安全局長は，「やはり合議制で，こうであると方向性が決まれば当然それに従って動こうといつもしているが，一委員が言ったからといってすぐには動けない」と語っている．間宮氏は図らずも「いつもしているが」と言葉を差し挟んだが，そこに今回の危機を異常事態として囲い込む（bracketting）ことなく（官僚的認識），通常の処理をしようとしていたことが読みとれる．いつもしているように（前例踏襲），合議の上で（適法性）方向性を定めた上でなければ，一委員が言ったからといって（属人性の排除）すぐには動けない．これらはまさに官僚制が危機管理に弱いことを示している．しかし，安全局長の発言を聞いていると，官僚制が危機管理に弱いのは，官僚制という組織構造それ自体もさることながら，そこに所属する人びとがそれに過剰に適応しているからだと断じたくなる．

(2) 事故の終息に向けて，組織はどのように行動したのか？

まず事故の当事者であるJCO東海事業所がどのような状態に陥っていたかは，原子力安全委員会からJCO対策本部に派遣されてきていた住田委員長代理の発言からうかがえる．住田氏がJCOの越島所長はじめ幹部らに水抜き作戦の実施を迫った時，住田氏によれば「言いたくはないが設置者（JCO）にはピンとこなかった」そうだ．彼らは，混乱してパニックに陥り，冷静さを保っていられない状態だったのだ．原子力安全委員会が住田氏を派遣したのも，「混乱するJCOにかわって事態を収拾するため」だった．住田氏は現場に到着した時の印象を，「現地へ行ってみたら，かなり緊迫した状態で，後ろに下がっていてはどうにもならない」状態であったと述べている．

ところで，JCOが初期の状況を適切に認識していたのは，事故発生直後グランドに社員を避難させていることから明らかだ。その後，村が屋内退避を呼び掛け，さらには現場から350メートル圏内の住民の避難したのを知り，日本中のマスコミが殺到する中で，JCOがより事態を重大視していったのは間違いない。要するに，JCOは事態を終始適切に認識していたのである。しかし，適切に行為はしていなかった。

目前で，日頃からよく知っている仲間が3人も被曝して病院に運ばれ，さらに臨界は継続しており，被害の拡大を止める有効な手立てなどまったく思いつかない。外では住民の避難が始まり，マスコミは挙って取材に押し掛ける。しかも，この重大事態を招いたのは他ならぬ自分たちなのだ。こうした立場に立たされれば，JCO幹部ならずとも，判断停止，行為不能に陥るのもやむをえないだろう。

そうした中で，住田氏が強権発動をちらつかせながら強力にリーダーシップをとりつつ助言することで事態を終息へと導いていった。なぜ，住田氏にそれができたのだろうか？　おそらく，彼がJCO幹部のような当事者責任のプレッシャーから解放されていたからであろう。

ここで，古くからのライン＆スタッフ組織の，とくに危機における優れた一面に改めて気づかされる。危機において，ラインはしばしばその当事者責任から大きなプレッシャーを受ける。しかし，スタッフはその立場上比較的そうしたプレッシャーを受けずにすむ。そのため，もしラインが危機においてパニックに陥っていたら，スタッフはスタッフゆえに保ち得る冷静さにもとづいて適切にラインの長に働きかけることができる。

その際，そのスタッフがこれまでの経営学教科書のいうようにライ

ンへの単なる助言者として自らの行動を制約すれば，危機におけるスタッフのこのメリットも半減してしまうだろう．今回の住田氏の行動にしても，彼が単なる助言者にとどまらず実質的なリーダーシップをとったから，あれ以上のエスカレーションを防ぐことができたのである．

危機においては当事者は，事態を適切に認識していながらも，行為不能に陥ってしまうことが多いとすれば，以下の命題が提示できる．

【命題2】 危機においては，当事者責任から一部解放されている人間がリーダーシップをとれるようにしておくべきである．

事柄を一番よく知っているのは当事者本人なのだから，当事者に任せれば良い，とはしばしば耳にする言葉だ．「子供のことは子供が一番よく知っているのだから，子供に任せればいい」といった教育論はこの類だ．しかし，適切な認識が必ずしも適切な行為に導かないことは，JCO幹部の行動からもうかがえる．自由放任教育のマヤカシ的一面である．

バブル崩壊後，金融システム不安が浮き彫りにされるまで，政府は当事者である金融機関に処理をただ任せ続けた．しかし当事者であるいくつかの金融機関は，担保物件の時価評価が大幅に目減りし不良債権額が大きくなっていく中で，茫然自失状態となって何ら有効な対策を打てずに，ただただ損失を隠し続けた．それがかえって事態を悪化させる結果に繋がったのである．

(3) 原子力政策はいかなる国であっても安全性が重視されなければならない．世界で唯一の被爆国である日本では，とりわけそうであろう．なのになぜ，その日本の原子力政策が永年にわたって安全性をキ

チンとチェックしてこなかったのだろうか？

　日本で原子力政策に携わる人たちは，ある意味で可哀想だ。というのは，彼らとても"唯一の被爆国"ということを強く意識するだろう。そして自分たちが"国民の厳しい監視の下，ミスを犯してはならない"といった環境を自ら規定したとしても不思議ではない。

　そのようにイナクト[2]された環境での彼らの安全性チェックについての考え方はおよそ次のようなものとなろう。チェックの結果，異常値が検出されたとする。それを公表すると，マスコミが世論をバックにやたら騒ぎ立てる，たとえ些細な異常でも。ならば，些細な異常は伏せておこう。些細かどうかはどうせ判断の問題だし。どうしても公表しなければならないのなら，データをねつ造してしまえ。なぜならば，われわれにはミスが許されないのだから。

　しかし，こうした工作がいつかはほころぶ。マスコミが，それを嗅ぎつけ大騒ぎになる。その結果，国民の監視がより厳しくなり，いっそうミスを犯してはならないと反省し，さらに隠ぺいやねつ造工作が図られる。悪循環である。こうした悪循環の行きつく先はチェックをしないことである。なぜならば，ノーチェックならばミスは発覚せず，国民の厳しい監視の目もクリアーできるからだ。

　「そんなバカな！」と思われるかもしれないが，そうした証拠はいくらでもある。平成7年12月に高速増殖炉もんじゅで発生した2次系ナトリウム漏えい事故は，放射性物質を含まない2次系の漏えいであって，原子炉そのものの停止・冷却は支障なく行われた（しかし，それは高速増殖炉においてきわめて重要なナトリウム技術に関する事故でもある）。それに対して，動燃（動力炉・核燃料開発事業団）は事故現場を撮影したビデオを組織ぐるみで隠し，それをマスコミが知るところとなり，大騒ぎとなった。このため，原子力政策に対する国民の不信

感と不安感はいっそう募った。平成8年の愛媛県の伊方3号機の蒸気噴出事故でも，地元への通報が大幅に遅れ，周辺住民を不安に陥れた。また，平成9年には動燃東海事業所で，爆発事故の消火確認をしていないにもかかわらず，環境施設部などの部課長ら幹部が事実をねつ造し，「鎮火確認を行った」という虚偽の報告をした上，作業員にも口止めをしていたという事件がおきた。そして，平成10年の使用済み核燃料輸送容器のデータ改ざん問題などはまだ記憶に新しい。

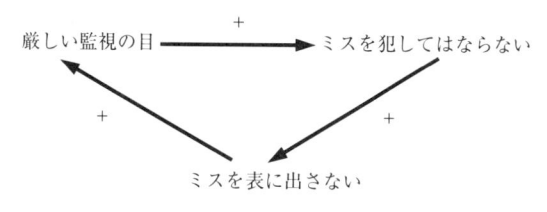

```
              +
厳しい監視の目 ─────→ ミスを犯してはならない
      ↖                    ↙
         +              +
            ミスを表に出さない
```

ただし，＋記号は変数間の因果関係が
同方向であることを示す。

図1　なぜノーチェックなのか？

こうした原子力関係者の思考は何やら優等生のそれに似ている。優等生は，皆の期待や嫉妬の下，間違ってはならない，間違っていることを知りたくない，そしてそれを知るかもしれないことを避けようとする。両者がそうした思考をするのは，（誰でもない）自らがイナクトした環境に適応というか拘束されているからなのである。

さらに，異常値が（ノーチェックのせいか否かにかかわらず）検出されない時がしばらく続く中で，本当に絶対安全だという認識が原子力関係者の間に形成されていったようだ。「今回はまさに不意をつかれた」，「（臨界事故は）あり得ないことだからだ」という科学技術庁の間宮原子力局長の発言，「コントロールできない状態で臨界反応が続いているということは想像すらしたこともなかった」という日本原子力研究所東海研究所の田中副所長の発言は，まさに原子力政策の最高

責任者から専門家までが絶対に安全だと思い込んでいたことを示している。

　絶対安全であるという強固な認識が形成されると，それによってさらにノーチェックが当然のこととされていく。こうした自家撞着のため，絶対安全は神話化されていった。

　この事故の後，チェック体制の見直しが真剣に検討されているようだ。しかし，"絶対安全神話"の下では，チェック体制を整備してもその効果は期待薄だろう。いや，むしろ危険を増大させるおそれすらある。

　あるコンピューターメーカーがコミュニケーション・システムの拡充・強化をした。会社・社員間では，オピニオン・サーベイ，匿名を保証されながら上申できるスピーク・アップ，オープン・ドアといった双方向システムが導入された。また，管理者・社員間では，直属の上司との間で行われるA&C（評価とカウンセリング）システム，直属の上司を飛び越して不満などを吸収するエグゼクティブ・インタビューと呼ばれるシステムが構築された。そして，会社・管理職間でも，マネジメント・フォーラム，マネジメント・メモといった回路が開かれた。それによって，内外からの広範囲な意見・疑問・不満などをキャッチし，社内の風通しをよくするとともに，時勢をすばやくとらえようというのだ。このシステムはかなり精緻で，ダブルはおろかトリプルループもあり，かつ秘密は厳しく守られてもいた。いってみれば，理想的なコミュニケーション・システムといえた。しかしである。その会社がなぜかパソコン化に乗り遅れてしまったのだ。なぜか？　皮肉なことだが，コミュニケーション・システムをあまりにも完璧に構築したからである。人は一般に，システムを精緻化すればするほど，そのシステムがすべてをまかなうものと期待・信頼し，そ

れ以外からのサインや情報を無視する傾向がある。いわばシステムの落とし穴である。これは，そのシステムの落とし穴に陥ったケースといえる。

ひるがえって，わが国の原子力関係者は〝絶対安全神話〞の下，モラルハザードに陥っているとすれば，チェックシステムの精緻化はこのシステムの落とし穴に陥る可能性大といえるだろう。

【命題3】 被爆国日本であるがゆえに，日本の原子力政策は危険である。

平成3年2月の関西電力美浜発電所2号炉における蒸気発生器伝熱管損傷事故では，所管行政庁である通産省および原子力安全委員会が事故後に詳細な調査を行い，伝熱管振れ止め金具の施工ミスが明らかとなった。事前チェックは有効に機能していなかったのである。

おわりに

これまで，東海村臨界事故を組織認識論の立場から考察してきた。それを通して，危機においてはシステムの問題はもとよりいかに人間の問題が大きいかがわかった。そこで最後に，危機管理において求められる人間像について少しばかり考えてみよう。

(1) 東海村の村上村長が，県・国とくらべてリアルタイムでより豊かな臨場情報に触れられる機会に恵まれていたことはB．(1)で述べた。しかし，それらの情報の多くは不確かであいまいで少なくともオーソライズされた情報ではなかった。村上村長が事態の深刻さを察知したのは，社員がグランドに集まっているらしいとの情報とか慌てて飛び込んできたJCO社員のただならぬ姿などからだった。この点

を考えれば，危機において適切に状況を意味づけるには，断片的なわずかな情報から，直感によって大胆な推測を展開できる能力が必要である。

　また，住民に避難勧告したとき，村上村長はきわめて大きなリスクを引き受けた。この点も見逃すべきではない。国による原子力の防災指針では，住民の避難については国の助言を得るよう求められている。ということは，専門家たちが語っていたように，今回の事故が本当に大した事故でなかったならば，県や国に相談もしないで避難を決定した村長は，猛烈に責任を追及されたであろう。県・国などの上位機構は，自分たちは初めから大した事故でないと知っていたと言うであろうし，専門家も口を揃えて，素人の勇み足を笑うだろう。住民の中からも避難勧告によって，店を閉めなければならなかった，大事な契約を逃がしてしまったなどと騒ぎ出す者が出てくるかもしれない。マスコミが村役場に押し掛けて，村長の責任を糾弾することになっていたかもしれない。もし，事故が本当に大したものでなかったならば，村長は四面楚歌の袋叩きにあっていたかもしれない。村上村長が，「一村長に，そういう決断をさせるのかと思った」と穏やかならぬ様子で語っていることからもそれが察せられる。このような場合，自己の保身のみを考えるならば，仮に優れた想像力で被害が広がる恐れを感じ取っていたとしても，国に助言を求めて，国の指示があるまで避難勧告を発しない方が利口である。しかし村上村長は，「私の決断で責任をもつから避難させろ」と命じている。危機においては，私心を捨てて責任を進んで引き受ける胆力のある人物が求められるのである。

　次に事態を収拾に導く段階での原子力安全委員会の住田委員長代理に焦点をあててみよう。混乱している事故現場では事故当事者がパ

ニックに陥っていた。彼はそれに巻き込まれることなく，冷静な判断をし，終息に向けた適切な行動を厳として命じた。危機におけるスタッフの新たな役割についてはB.(2)で触れたが，そこから，一般に危機においては，興奮しにくく平常心を保てる人物が求められることがわかる。

　さらに原子力政策に携わっている多くの人たちについていえば，彼らは，厳しい監視の目を過度に意識するあまり間違いを犯してはならないとの優等生的行動を自らに課し，結果的にはモラルハザードを招いている。彼らが優等生意識を捨てなければ，いくらチェック体制を整備しても，ごまかしや見過ごしはなくならないだろう。このように意固地で，誤りを素直に認めない人は危機を潜伏させているのである。したがって，危機管理では意固地でなく，誤りを誤りとして認める素直な人が求められる。

　最後に，今回の事故では専門家の落とし穴によって，当初状況を適切に意味づけるのに失敗した。こうしたことを克服するには，何が必要なのだろうか？　専門家そのものが陥りやすい弊害をいくつか考えてみよう。専門家は専門分野に特化するあまり，専門外の分野への興味を失い（あるいは興味があっても手を出す余裕がない），視野が狭くなってしまう傾向がある（それどころか，専門家は自らの視野の狭さを誇るようなことすらある）。また専門家は，自分の専門分野の理論を日常へ拡大して物事を見ようとする傾向がある。目の前の現実から帰納的に物事を解釈するのではなく，専門的理論を演繹拡大することで解釈してしまう恐れがある（優れた機械工は，知らず知らずのうちに機械のように社会を眺めたりする）。そうしたことが悪いと言っているのではない。むしろ一つの専門に優れた人間は，その専門のアナロジーを有効に使って，他の分野の新しい深奥を素早く洞察できるかもしれな

い。しかし，時として専門によるアナロジーがまったく見当違いの理解をもたらしてしまうこともあるのだ。

こうしたことが，専門家の落とし穴に繋がっていることを考えれば，危機管理で求められる人間像とはオープンマインドで懐疑的な人物である。培った専門性を驕ることなく，自らを謙虚に顧みることのできる人物。そのためには，自分の専門とは正反対の（できれば専門を否定するような）学問に積極的に触れてみたり，専門外の人達との交流を増やしたりして，豊かな知性・豊かな教養を形成しようと努力を続けていくことが大切なのだ[3]。さすれば経営学者は倫理学を学ぶべきなのかもしれない。

(2) 以上述べてきたような人物は果たして，組織の中でうまく生存していけるのか？　オープンマインドで懐疑的な人物は，往々にして上からの命令に対して疑問を抱くだろう。彼は組織内で当然とみなされている行動にも疑問を投げかけるかもしれない。上司は内心で彼を不愉快に思い，同僚は困惑する。その結果，彼は協調性がない人間だという烙印を押されて，相手にされなくなるかもしれない。

彼がさらに優れた想像力を持っていたらどうなるであろうか。組織が長い間暗黙のうちに見逃してきて今ではまるで元々存在しなかったように見える細々した"妙なもの"に気づき，大きな意味をそれらにいちいち付与するかもしれない。それらは，うまくいっている組織の中では気づいてはならないことなのだ。もし気づいても自分一人の胸にしまっておくべきで，決して口外してはならないのだ。優れた想像力で気づき，それを懐疑的に眺めはじめ，さらに彼に私心を捨てて責任を引き受ける胆力が具わっていたらどうか。組織にとって危険極まりない人物と目されるだろう。

これまで論じてきたように，危機こそそうした人物の活躍の場であ

る。彼らは，組織が環境にうまく適応できなくなり，そのため組織維持が極めて困難になりつつある時に必要とされる。ところが，世の中とは都合よくいかないもので，そうした人物は平時には邪魔者扱いされ，危険人物と目され，あるいは辞めさせられているかもしれない。

　幕末の日本。維新の志士たちは，平時であれば活躍の場などなかったに違いない。いや，むしろ平時であれば組織にとって危険人物でさえある。平時みんなそこそこ上手くやっているのに，彼らはやれ「ここはおかしい」だの「あれは妙だ」のと騒ぎ立てて，迷惑この上ない。時には独断でとんでもないことをしでかしたりするかもしれない。

　しかし，組織が適応不全に陥らず危機を未然に防ぐためには，常々，そうした人物を抱えておく必要があるのだ。あまりにも長くうまく環境に適応して成功し続けると，創業時には手探りで創り上げていった手法が，絶対視されていく。それらの手法が偶然うまくいったことなど，すっかり忘れられて，金科玉条となって人々の精神や行動を縛り付けてしまう。彼らは，そうした状況に警告を発しうる稀有の存在なのだ。

　そうした人材を抱えて，さまざまな意見の違いがあって当然とする組織は強い。危機においてはずば抜けて強い。

　バブルが崩壊し，間接金融中心の産業構造にヒビが入り，そこにさらにグローバルスタンダードが導入されつつあり，日本は今や危機にあるといってよい。日本はあまりに長い間，うまくやってきてしまった。その中で志士たちのような人物はあらかた排除されて，官公庁も大企業もオペレーションに秀でた青白い秀才ばかりが目立つようになってしまった。このような危機の時期だからこそ，次の時代を切り開く維新の志士たちのような人材が求められているのだ。

注 1) 合理モデル（rational model）は，意思決定を次の5つのステップからなるものと考えている。①目標や問題の明確化，②あれをすべきかこれをすべきといった代替案（alternative）の設計，③各代替案の結果（out-come）の予測，④各結果の（目標や問題に照らした）利得（pay-off）の評価，⑤一つの代替案の選択。これらの各ステップが十分なデータや知識を用いて字義どおりに進めば，選択される代替案はきわめて理に合ったものとなる。合理モデルというゆえんである。くわしくは，本書所収の「合理主義のパラドックス」を参照されたい。

2) イナクト（en-act）の反対語は re-act で「反応する」と訳され，文字通り主体の受動性を表す言葉である。それに対して，en-act には主体の能動性がよく表されている。

　誤解をおそれずにいえば，イナクトされた環境とは，人の想像（イマジネーション）によって創造（クリエーション）された環境である。だからあえて訳せば〝想造〟された環境とでもなろう。

3) たとえば〝合理モデルの落とし穴〟である。この気づきは，ある意味で合理モデルに対立する〝ゴミ箱モデル〟を知っていることから，生まれたのだろう。

〔遠田雄志・高橋量一〕

4　阪神大震災
　　――その組織認識論的考察――

はじめに

　平成7年1月17日午前5時46分，夜明け前の大都市神戸周辺を震度7の激しい揺れが直撃した。6430名余の尊い命が失われた未曾有の大災害にあたって，政府，国土庁，兵庫県，そして自衛隊はどう動いたのであろうか？
　首相に第一報がもたらされたのは，地震発生から1時間44分もの時間が経過してからだった。報告がこれほどまでに遅れてしまったのはなぜなのか？　自衛隊が本格的に災害派遣に出動したのは最初の揺れから4時間半も経ってからだった。なぜ，こんなに時間がかかったのか？　報告を受けた後，なぜ政府は迅速に動くことができなかったのか？
　これらの疑問に答えるために，組織の行為はもとより組織の意思決定をこえて組織の認識のレベルまでさかのぼって考えてみた。組織認識論的考察と称するゆ

えんである。

A. テレビドキュメント
『阪神大震災　危機管理　政府はどう動いたか』

　平成7年1月17日午前5時46分，まだ醒めやらぬ夜明け前の大都会を，震度7の揺れが襲った。あの日，誰もが一刻も早い消火と，瓦礫の下からの救出を待ち続けていた。しかし，国の救援は決して十分と言えるものではなかった。政府の救援がもっと早ければもっと多くの人を救えたのではないかという思いが残る。かつてない大災害，それは誰しもが初めて経験する異常事態だった。政治家も，霞ヶ関の官僚も危機管理の能力をこれほど問われたことは近年なかった。政府はあの日，どう動いたのか？　あの日，政府に何ができて，何ができなかったのか？　そして，何をしなかったのか？

　NHKでは，震災からおよそ3ヵ月後に『阪神大震災　危機管理　政府はどう動いたか』(1995年4月放送) と題してこの震災を取り上げ，地震発生後の様々な動きを3つの側面から描き出している。本論ではまず最初に，この番組の進行に合わせて，震災発生後の動きを克明に追っていくことにする。

　(1) 首相官邸にいた村山首相（当時）に首相秘書官からの第一報が届いたのは午前7時30分だった。災害対策基本法などでは，災害対策の中心となる国土庁が，被災地から集められた警察庁や消防庁の情報をとりまとめて官邸へ報告することになっている（図1）。

　震災が発生した1月17日午前5時46分，災害情報を官邸に報告する役割を担う国土庁には，職員は誰もいなかった。国土庁では職員の泊まりの勤務体制はとっていなかったのだ。午前6時7分，気象庁から

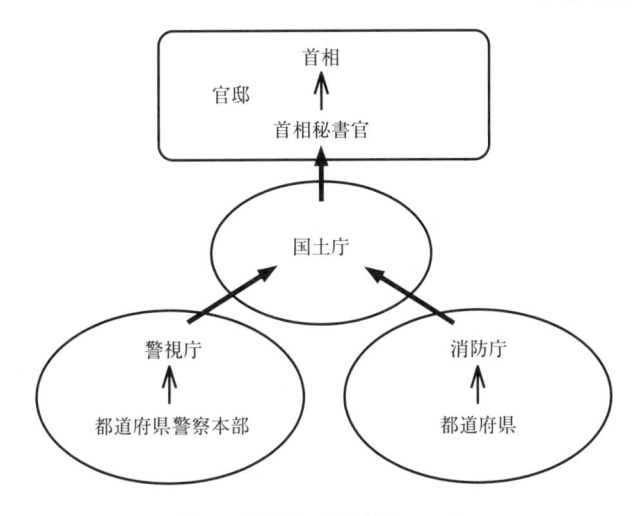

図1 災害時の情報伝達システム

各地の震度を伝えるファックスが国土庁に入ってきた。受け取ったのは宿直を任されていた警備会社の社員だった。ファックスが伝えたのは，京都で震度5という内容だった。神戸や淡路島の震度は地震計や電話回線の故障のために伝わらなかったのだ。自宅にいる国土庁職員には震度5として一斉に連絡された。

呼び出しを受けて最初に登庁してきたのは，国土庁防災局の大竹重幸防災企画官であった。彼は，「震度5ということであれば，それほどの被害はないだろうと思っていた。こんな災害になるとは全然考えていなかった」と振り返る。午前6時45分，地震発生から1時間後に登庁した彼は，部屋に入ってテレビを観てはじめて神戸で震度6だと知った。

国土庁にはあらかじめ決められていた情報ルートを通じて被害情報が上がることになっていた。大竹氏は，県庁や県警など地元の機関から中央の警察庁や消防庁に情報が集まってくると考えていた。しか

し，この時被災地の兵庫県は中央へ報告を上げられるような状況ではなかった。消防庁に報告義務を持つ兵庫県庁自身もまた大きな被害を受けていたのである。

　兵庫県の野口一行防災係長（当時）は，県内の各消防本部からの情報を集め，中央に被害状況を伝えるのが仕事であった。午前6時45分，兵庫県庁に登庁した彼は，壁が崩れた階段を12階まで一気に駆け上った。この時，3200人いる県庁の職員は，自宅が被災したり交通機関が止まったりしたため，まだ誰も来ていなかった。ドアが開かないため，彼は壊れた壁の穴から部屋に入った。そこでは市民からの問い合わせの電話が殺到していた。ロッカーが倒れ書類が飛散した部屋で，彼はたった1人で電話の応対に追われた。野口氏は，「機能が麻痺して，事務がとれなくなるということを，まったく考えていなかった。職員の参集にしても，このような規模の地震がおこればすぐに出勤して作業にあたることになっていたが，今回のように中心部で交通機関がまったく途絶してしまって，職員が出勤できないことは想定していなかった」と語った。

　地震発生から1時間半後，国土庁防災局は手順通り警察庁と消防庁に被害の状況を問い合わせていた。しかし，警察庁も消防庁も情報はまだ現地から届いていないと繰り返すばかりであった。国土庁の大竹防災企画官は，「混乱して（情報が）上がってこなかっただろうというのは，後から考えた話で，通常は待っていれば自動的に，あるいはこちらから問い合わせれば直ちに折り返しに何らかの情報がくると考えていた」と語る。国土庁は被災地が被害状況を把握できないほど混乱していると思いを馳せることなく，電話で情報が上がってくるのをただ待ち続けていたのである。

　この日の朝，村山首相は公邸でテレビを観て地震発生を知ったとい

う。しかし，被害状況は7時を過ぎても首相に報告されなかった。官邸に秘書官などのスタッフは誰もいなかった。首相に災害について報告する担当は，金重凱之首相秘書官だった。この日，本来であれば金重秘書官が官邸で被災情報を集めるはずだった。警察庁から出向している金重秘書官の自宅には警察庁から地震発生を伝えるファックスが送られていた。しかし彼はこの日，父親の葬儀で北九州市にいたのだ。官邸で彼の代わりを勤める人はいなかった。午前7時，地震発生を知った金重秘書官は，北九州市のホテルから国土庁防災局に電話をかけた。しかし，国土庁の担当者はテレビが伝える以上の情報はないと答えるばかりであったという。

　この頃，NHKテレビでは，NHK神戸放送局の一室が激しく揺れる様子を映像で伝え始めていた。国土庁の担当者はテレビを観ながら報告を待ち続けていた。これまで国土庁が災害の大きさを判断してきた基準は，死者や負傷者の数など数字で表された数値情報に限られていた。この日も担当者は数値情報を待っていたのだ。国土庁では数値情報が上がってきて初めて金重秘書官に報告できると考えていた。国土庁の大野慎一防災業務課長は，「被害情報の把握にしても，従来と同じように数値情報を中心に集めていた。従来の枠組みの中で判断をし対策を講じようとしていた。想像力の欠如ということがあるかもしれないが，どうしても従来の対策を講じてきた流れの中で新たな事態を受けとめようとする考え方が働きがちだ」と語った。

　国土庁が数値情報にこだわっていた頃，警察庁には地元の警察から，被害の断片的な情報が集まり始めていた。最も被害の大きかった東灘区の東灘警察署では，地震発生以来，署員は被災者の救援に追われていた。そうした中で，菅井功署長は被害の全体状況をつかもうと，午前6時過ぎに4人の署員を調査に派遣した。調査班が報告して

きた被害状況が住宅地図に書き込まれていった。無線からは,「家が倒れ人が生き埋めになっている」,「阪神電車の高架橋が落ちている」など被害の大きさをうかがわせる情報が次々と集まってきた。さらには阪神高速道路が倒れているという情報が入ってきた。死者や負傷者の数は分からないものの,こうした断片的な情報は被害の凄まじさを実感させるものであった。菅井署長はこれまでにない大災害と判断し,これらの断片情報を兵庫県警に上げることにした。「JR,阪神,阪急の高架が落ちている。そういう情報が入ってきたことで,自分自身,生で現場にいる者として,何百人という犠牲者,何万人の被災者が出ているだろうと肌で感じていた。事実関係だけを本部へ逐次報告していった。後は本部の方でこちらのこと(状況)を承知してもらいたいということだった」と,菅井氏は語っていた。県内の警察署から集められた断片的な被害情報は,兵庫県警警備対策本部の黒板に記されていった。阪神高速倒壊の情報も伝えられた。

　午前7時過ぎ,こうした断片的な情報が中央の警察庁に上げられた。警察庁では,これらの情報を地震の被害を具体的に示すものと判断し,首相官邸に報告することに決めた。警察庁の佐藤智則警備課長(当時)は当時を振り返りながら,「ピックアップするほどの情報は当初入ってこなかった。断片的な情報がバラバラと入る中で,どれが重要と考えるかは受け止め手の問題だと思う」と話している。警察庁警備課は,警察庁出身の金重秘書官に高速道路倒壊の情報を上げた。しかし,国土庁には未確認の情報であるとして報告しなかった。一方の国土庁は死者や負傷者の数についてしか,警察庁に問い合わせていなかった。国土庁の大野防災業務課長は,「高速道路が落ちたとかについて,警察に聞いたことはない。人的被害の状況について教えてもらうということでやってきた。(今回も)別なことについて尋ねたこと

はなかった」と語る。

　村山首相への第一報は午前7時30分になってようやくもたらされた。それは，北九州市にいた金重秘書官が警察庁から得た情報で，「被害状況は不明なるも火災が発生，ビルが倒壊。高速道路も倒壊している。被害は拡大が予想される」というものであった。最初の揺れから1時間44分もの時間が経過していた。あらかじめ想定されていたルートを通じて国土庁から報告が入ったのは午前7時35分。被害については「負傷者17人」という内容で，それも兵庫県以外の被災地の数値情報が伝えられただけだった。地方が報告機能を失い，十分な情報が入ってこない時，いかにしてトップに被害の大きさを伝えるのか。この日，霞ヶ関の官僚は情報伝達の能力を問われたのであった。

　(2)　自衛隊が本格的な災害派遣に出動したのは，午前10時15分だった。地震発生から4時間半もの時が流れていた。

　災害時の自衛隊の派遣については，自衛隊法第83条で都道府県知事の要請が前提になっている。現地の部隊は4時間半にわたって，この派遣要請を待ち続けていた。

　地震発生直後の午前5時50分，大阪八尾駐屯地の中部方面航空隊では被害の状況を把握するためヘリコプターによる偵察の準備を始めていた。午前7時14分，1番機が八尾を離陸した。自衛隊はいち早く空から被害の大きさをつかんでいた。

　自衛隊の災害派遣については自衛隊法で手続きが厳密に定められている。83条では，シビリアン・コントロールの原則から部隊が独自に動くことを強く戒めている。被害の大きかった神戸市や淡路島を担当していたのは姫路駐屯地の第3特科連隊である。兵庫県知事からの要請はこの部隊が受けることになっていた。940人の部隊の指揮をとるのは林政夫連隊長である。午前6時50分，姫路警察署からの連絡で神

戸市内の状況を聞いた林連隊長は，災害派遣がありうると判断し，隊員達に非常呼集を命じた。県から要請が出た時，兵庫県のどこに部隊を派遣すれば良いのか，林連隊長は県から直接情報を得ようと，午前7時30分連絡要員を県庁に向けて派遣した。「あの時の我々の一番の関心事は，どこに行けばよいのかということだった。それが要請の中で示されると考えていた」と，林氏は語った。

　部隊の派遣をするには，県の要請を取り付けねばならない。第3特科連隊指揮所では，兵庫県との連絡を試み続けていた。しかし，電話がなかなか通じなかった。午前8時10分，県との連絡を担当する中村博警備幹部のかけた防災無線の電話が，県の消防交通安全課の野口防災係長に繋がった。中村氏が被害の状況について尋ねると，「具体的にはつかめていない。5階の庁議室に対策本部を設置中だ」との野口氏の答えが返ってきた。続けて中村氏が，「午前7時30分に連絡要員をそちらに向けて派遣した」と伝えたのに対し野口氏は，「被害が大きくなりそうなので，いずれ災害派遣を要請することになりそうだ」と応じたという。結局，午前8時10分のこの段階では，県からの派遣要請はなかった。兵庫県の野口防災係長は，「具体的にどの場所へどれだけの出動をお願いするかを伝えないと，83条に基づく要請はできないことになっているから，被害情報がまったく分からない段階では要請はできない。しかも上の方も出勤しておらず，県の機関としての決定はできなかった」と語った。地震発生から2時間が経過したこの時点でも，県の職員は被災したため一割も登庁できていなかった。貝原俊民兵庫県知事もまた登庁していなかった。県庁には責任者が不在だったのだ。

　午前8時，防衛庁では派遣要請を出すべき兵庫県が混乱しているのをつかんではいなかった。官邸の秘書官から災害派遣が行われている

かとの問い合わせが入っていたが，県側との対応は地元部隊に委ねたままだった。部隊の運用を担当する防衛庁の山崎信之郎運用課長は，自宅でテレビを観ながら県からの派遣要請は既に出ていると考えていた。山崎氏は，「当然今までの経験では，その位大きな災害があれば直ちに派遣要請が来て，部隊は出動していると，勝手に思い込んでいた」と話している。しかし，現地の第3特科連隊では，まだ県からの要請を待ち続けていたのである。林連隊長は要請が出ると同時に部隊を派遣できるように，530人の出動準備を進めていた。だが，午前8時10分以降，県との連絡は途絶えていた。防災無線が繋がらなくなっていたのである。

　午前8時20分，貝原俊民兵庫県知事が，職員の運転する乗用車でようやく県庁に到着した。すぐに5階の庁議室で県の第1回防災対策会議が開かれた。21人のメンバーのうち，出席できたのはわずかに5人であったという。阪神間に被害が集中している模様という他には，具体的な情報はほとんどなかった。貝原知事はこの時点でも自衛隊に災害派遣を要請するという決断ができなかった。兵庫県の防災計画では要請の際に，どの程度の被害か，どこが被害を受けているかなどを詳細に示さなければならないとされている。しかし，そうした情報をこの時，県は集めることができないでいた。貝原知事は，「今のシビリアン・コントロールの建前の中で，自衛隊が効果的な初動態勢をとるためには，市長や町長から県に情報が上がって，県で全体の状況を把握して，それをベースに自衛隊と情報交換を行ってから出動するという仕組みにならざるを得ない。その辺から今回はいろいろな事態に対応するのが非常に遅れたということだ」と言う。

　この頃，自衛隊への派遣要請がないという話が，ようやく防衛庁から国土庁にも伝わっていた。午前9時5分，国土庁の大野課長は派遣

要請の有無について兵庫県に直接確認しようと試みた。彼は自分と同じ自治省出身の兵庫県幹部の連絡先を調べて，電話で自衛隊に早く派遣要請を出すよう促したという。しかし，彼によればこの幹部は派遣要請のことをよく理解していなかったらしい。「現場は情報が不足し，また情報が共有されていなかったと思う。派遣を要請したかどうかすらつかんでいなかった。これは現場の災害対応能力の低下であって，国が直ちに支援するしかなかった。そういう仕組みが必要だと思う」と大野氏は話している。

　午前9時，大都市神戸が大きな被害を受けていることが東京でも明らかになってきた。この時点になって，防衛庁に登庁してきた幹部達は地震発生から3時間以上経っているにもかかわらず，現地部隊が出動していないことを知った。あくまで県の要請を待つべきなのか，防衛庁内で激しい議論が斗かわされた。自衛隊法83条2項には，緊急の場合に限り要請を待たずに防衛庁長官や部隊長の命令で部隊を派遣することができるとされている。いわゆる自主派遣である。この時，防衛庁内に要請を待たずに自衛隊を派遣すべきだと主張した人物がいた。防衛局の守屋武昌防衛政策課長である。彼は未だに県が派遣要請を出していないことから，要請はすぐにはこないと判断し，自主派遣に踏み切るべきと考えたのだ。一方，同じ防衛局の山崎運用課長はあくまでも県からの要請を待つべきであると考えていた。午前9時30分，防衛庁の局長室で村田直昭防衛局長（当時）を前に両氏の意見が対立した。まず守屋課長が口火を切った。「大変な災害だ。部隊は要請を待っていると言っているが，そんなのはこない。こちらから積極的にリードして部隊を出さないと駄目だ」との守屋氏の言葉に対して，「要請がないのだから，待つべきだ」と山崎氏が反意を明らかにした。守屋氏が，「自衛隊がどういうことをやるのか，次から次へと

打ち出すべきだ。時間との勝負なんだ」と語気を荒げると、「出動要請を促したが返事がない。要請を受けて派遣するのが原則だ。自治体との連携がなければ部隊を出しても混乱するだけだ」と山崎氏が強い口調で応じた。2人のやりとりを聞いていた村田防衛局長は、とりあえず地元部隊の出動準備を急がせるように指示を出した。結局、自衛隊の自主派遣は見送られた。この時のことを山崎氏は、「地方自治体との協力なしに災害派遣はうまくいかない。従って、要請無しの派遣というのはうまい図式ではない。大きな実力組織が、部隊の長の独断で部隊を動かすというのは、部隊長だけに責任を負わせることになる。それはいかがなものだろうか」と話している。

　防衛庁であくまで県の派遣要請を待つという方針が決まった頃、第3特科連隊の林連隊長は、逆に自分の判断で要請前に部隊を動かそうと考えていた。「準備は進んでいて、出動すれば効率的な人命救助ができる態勢になりつつあった。ところが、県から派遣要請が出ない。ただ待っているのは誰が考えてもおかしい。追って報告すればいいと考えていた」と林連隊長は言っている。午前10時5分、林連隊長は、県知事にその事を伝えるため、ヘリコプターを県庁に向かわせた。だが、ヘリコプターが出発して間もなくの午前10時10分、1回目の電話から2時間経って、偶然にも県との電話が繋がった。第3特科連隊の中村警備幹部は、「状況はどうだ」と第一声を発した。兵庫県の野口防災係長が、「神戸市と淡路島の被害が大きいようだ。具体的な状況は分からない」と答えた。中村警備幹部が、「部隊派遣の準備ができたので、この電話をもって正式な派遣要請と受け止めてよいか」と言葉を重ねると、「ぜひ、それでお願いする」と野口係長が静かに応じた。続けて、「部隊はとりあえず兵庫署と生田署に向かう」と中村氏が告げた。地震発生から4時間余り経って、ようやく自衛隊への派遣

要請が出されたのであった。

　しかし，防災計画の要件であるどこにどれくらいの部隊を出すかという県側からの指示はなく，結局，自衛隊にすべてを任せる形での要請となった。この点について貝原知事は，「情報交換してお互いに了解の下に，通常はすることになっていた。しかし，今回はそれをこす異常事態だった。われわれにそれだけの情報収集力がなかった。だから，残念ながら白紙委任みたいな形で，結果的には派遣要請をせざるをえなかったということだ」と心中を明かしている。

　午前10時15分，第3特科連隊の部隊215人が神戸へ向けて出発した。地震発生から4時間30分が経過していた。

　(3)　最後になによりも重要な政治のリーダーシップはどう発揮されたのか見てみよう。

　午前8時26分，村山首相は予定より早く官邸の執務室に入った。この時，官邸にはまだスタッフはそろっておらず，彼は執務室で報告を待っていた。午前8時50分，官邸の事務方の責任者である石原信雄官房副長官が到着した。すでに地震発生から3時間余りが経過していた。石原副長官はこの時点まで，地震の被害の状況について一切報告を受けていなかった。官邸に着いて初めて，詳しい情報は分からないが被害は拡大しそうであるという報告を受けたという。この日は午前9時20分から月例経済報告関係閣僚会議が予定されており，すでに閣僚や与党幹部が官邸に集まり始めていた。村山首相のスケジュールを変える必要はあるのか？　石原副長官は決断を迫られた。石原氏は，「会議の方は，閣僚も与党の幹部もみんな集まっていた。その後の展開によって直ちに対応すればいいと考えて，月例経済報告の会議は予定通りスタートした」と語っている。結局，午前中の村山首相のスケジュールは変更されることなく，会議は進められていった。

この会議には首相をはじめ，災害対策の主管大臣である国土庁長官も出席していた。しかし，地震対策については話題にのぼらなかった。「決断が足りなかったのではなくて，情報が足りなかったのだ」と石原氏は強調する。「初期の段階で官邸が機能しなかったということではなくて，機能する前提である情報が入ってこなかったということだ」と石原氏は言う。官邸にはまだ死者の数の報告は入っていなかった。この時点においても，官邸は被災地の実態をつかむことができずにいた。

　神戸で1人の政治家が被災していた。兵庫県選出の高見祐一代議士（新党さきがけ）である。彼は神戸市東灘区の自宅で地震にあった。近くに住む母親の安否を確かめるため外に出た彼は，周辺の被害の大きさに驚き，救援を求める電話を東京にかけ始めた。当日，高見代議士が東京の秘書に伝えた被害状況のメモは，「多くの人が生き埋めになっている。火災が広がっている」など被害の大きさを伝えている。彼は，東京の政治家達にも直接電話を入れた。しかし，「大袈裟なのではないか」，「君の家の周りだけではないか」という冷ややかな声がほとんどだったという。高見氏は，「東京遙かなりで，ニューヨークよりも，いや月よりも遠いという気持ちだった。なぜ分からないのかと思った」と悔しそうに語っている。

　午前10時4分，官邸で定例の閣議が始まった。この日の閣議はおよそ30分で終了したが，大半の時間は閣僚の外遊報告に費やされたという。この閣議の最中，村山首相に伝えられたのは死者22人，負傷者222人という数字だった。野坂浩賢建設相（当時）はその時を振り返って，「官邸の雰囲気は，まだ大きな災害になるということは十分には承知していなかったようだった」と語ってから，「初動対応が十分であったかと言われれば，十分でなかったと言わざるをえないだろ

う」と付け加えた。

　閣議で政府の最初の対策として決まったのは，非常災害対策本部の設置だった。災害対策基本法に基づいて各省庁の担当者を集めて設置される政府の組織である。本部長に任命されたのは小沢潔国土庁長官（当時）である。本部長は各省庁に指示を出しながら救援対策の指揮を執ることになっている。

　午前11時30分，非常災害対策本部の第1回会議が開かれた。地震発生から5時間半，警察庁・消防庁・防衛庁など災害対策にあたる関係官庁が初めて一同に会したのである。この会議では，まず手をつけるべき重要項目として，瓦礫に埋まった人々の救出や火災の消火などが読み上げられていった。しかし，具体的に関係官庁がどう協力して災害対策を進めていくのかについては，小沢長官からは何の指示もなかった。小沢長官は，「関東大震災以来初めての大きさだったので，はっきり言って災害に臨んで教訓を得たという成り行きだった」と話した。彼は午後2時30分に，政府の調査団の団長としてヘリコプターで被災地へ飛んだ。しかし到着が遅くなり，この日は十分な視察はできなかった。さらに首相への報告は翌日に持ち越された。この日の夜までに確認された死者は1000人を超え，火災による被害もさらに拡大していった。

　自衛隊には被災者の救援に大きな期待が寄せられていた。閣議を終えて登庁した玉沢徳一郎防衛庁長官のもとには，自衛隊の数が少ないのではないかと指摘する声が集まっていた。「テレビを観ていた方々から，『消防署員や警察関係の方々の姿はあったが，午前中に自衛隊の姿が見えなかった。対応が遅いのではないか』というご指摘があった」と玉沢長官は話している。さらに，「われわれも，できるだけ早く対応しているのだろうと思っていた」と言葉を続けた。

午前中の段階では，玉沢長官には中部方面総監指揮下の第3師団を中心に3000人余りで対応するという報告が上がっていた。しかし，被害が広がる中で，現場の指揮官は次第に不安を持ち始めていた。陸上自衛隊の松島悠佐中部方面総監は，「もっといろいろな部隊を集めておかなければならないのではないかと思っていた」とその時の胸中を打ち明けてから，「しかし，10時あるいは12時にそんな決断ができるほど，先は見えなかった。情報が分からなかった」と付け加えるように話した。

　自衛隊の内部規則である災害派遣訓令には，防衛庁長官が大規模震災と指定した場合，長官の命令によって部隊を動員できるという条項がある。この訓令を適用して，トップダウンで大規模に部隊を動かすべきか否か，午後1時30分に開かれた運用課長会議で話題にのぼった。しかし，この動員方法は，東海と南関東に大地震が起きた場合しか具体的な計画がなく，訓令の適用は見送られたのであった。防衛庁の山崎信之郎運用課長は，「要するに，訓令にそういうことが書いてあるねということは話した。それを発想するような検討の話し合いはしなかった」と語って，さらに「私達は与えられた権限内で部隊に対して適切な助言をしていたということになる」と話した。この発言に，レポーターは「助言ですか」と強く尋ね返した。すると山崎運用課長が黙ってしまったので，「適切な助言ですか」と厳しく問い正すと，山崎氏は小刻みに頷きながら，「私達には直接的に部隊に対する命令権はないから」とやや小声で言葉を返した。結局この日，大量動員の長官命令は下されず，災害救援の対応は現地指揮官に任されることになった。玉沢防衛庁長官は，「現地の事情は現地にいなければ駄目だ。いちいち長官に報告して，どうしたらよいか判断を仰いでいたら，もっともっと対応は遅くなった。東京にいては現地の状況は判断

できない」と語っている。これに対し松島中部方面総監は，「トップダウンで災害対応する方法をこれから確立していかなければならないと思う。今回，官邸でも防衛庁長官でも大震災と指定して出動を命じるということになれば，対応は違っていたと思う」と話している。

　昼近く，高見代議士はJRの高架線が崩れ落ちているのを見て，警察や消防の手に負える災害ではないと感じたという。自衛隊員の数を増やして欲しいと考えた彼は，首相官邸の番号をダイヤルした。「県庁にも通じない。消防も警察もまったく無力だと分かった時に，防衛庁に電話をした。ところが防衛庁がなかなか動いてくれない。自衛隊のヘリが飛んでいるのかどうかなんて分からない。自衛隊員は1人もいない。早くたくさん出してもらいたいと考えて，防衛庁の上の官邸に電話をした」と高見氏は言う。この電話を直接受けたのは，五十嵐広三官房長官だった。五十嵐氏は，「それはほとんど泣き声みたいなものだった。『たくさんの方が亡くなっている。自分も5人亡くなった方を運んだ。救出もした。だがどうにもならない。燃えている火も消せない。自衛隊もさっぱり来ていない』そういう話を聞いて，実状について実感として知ることができたような気がした」と述懐している。

　午後2時，自衛隊はどうしたのかという五十嵐官房長官の声を受けて，石原官房副長官が防衛庁に直接電話を入れた。相手は村田直昭防衛局長だった。「テレビの画面で自衛隊員の姿が見えないようだが，自衛隊はどうなっているのか」と強く話す石原副長官に，「午前10時に要請を受けて，10時15分に各駐屯地から出ている。まだ現地に全部着いていないが，総力をあげてやっている」と村田防衛局長が答える。石原氏がさらに，「県も大変だろうから自衛隊の方から積極的に持ちかけてやって欲しい」と言うと，「それは再三やっている」と村

田氏が応じている。この時のことを石原氏は，「全力で対応して欲しいという趣旨で話した。自衛隊の名誉のためにもやって欲しいという気持ちを込めて話した。これだけの大災害なので，どこで何をすればよいのか催促して欲しいと言った」と語っている。村田局長は，「できる限りの措置は進めていた。それ（石原氏からの電話）によって特に措置はとらなかった」と話してから，「十分，十分でないと言うよりも，自衛隊としてはできる限りの努力をした結果であると評価している」と言った。この日，官邸から防衛庁への直接の働きかけは，この時一度だけであった。

結局，地震当日に現地に派遣された自衛隊員は2300人。動員数が10000人を超えたのは地震発生から2日後のことだった。石原氏は，「内閣全体として，もっと適切に対応できたと思う。法律制度の問題もさることながら，首相のリーダーシップを事実上発揮できるので，対策本部を早く設置するとか，自衛隊の出動をもっと大規模にするように防衛庁長官に指示もできたと思う。危機管理という面で，まだわが国の対応が甘かったということは否定できない。私自身の反省も含めて」と言う。

政府の危機管理能力が問われた1月17日。村山首相はそれから6日後の国会で「今回取ってきた措置は現状の行政に照らして最善であった」と答弁したものの，後に全面撤回している。

B. 組織認識論的考察

(1) 首相に金重秘書官から第一報がもたらされたのは，地震発生から1時間44分もの時間が経過した7時30分だった。報告がこれほどまでに遅れてしまったのはなぜか？

被害情報を収集する役目を担っていたのは国土庁だった。国土庁への気象庁からのファックスは，京都震度5と伝えていた。まだ自宅にいた国土庁職員に一斉に連絡されたこの数値が，当初の国土庁全体の今回の地震に対する認識に大きな影響を与えてしまったようだ。防災局の大竹重幸防災企画官は，「震度5ということであれば，それほどの被害はないだろうと思っていた。こんな災害になるとは全然考えていなかった」と語っている。

　しかし，午前6時45分に，最初に登庁した大竹課長は，部屋に入るとすぐにテレビのスイッチをひねり，神戸で震度6だと知ったと言っている。それからわずか15分後の午前7時には，NHKは神戸放送局の一室が激しく揺れる映像を全国に流していたのである。北九州市にいた金重首相秘書官からの問い合わせに対して，国土庁の担当者は，「テレビが伝える以上の情報はない」と答えているが，この発言からも彼らがテレビを見ていたことは明らかだ。午前7時の時点でNHKが放送したその凄まじい映像は，大した災害ではないだろうという当初の認識を改めさせるのに十分なものだっただろう。それでも，彼らはただただ報告を待ち続けるのみで，何のアクションも起こそうとはしなかった。なぜか？

　まず第一に，国土庁の大野防災業務課長がいみじくも自ら，「想像力の欠如ということがあるかもしれない」と語っているように，地震の激しさを生々しく映し出していたあのテレビ映像からすらも，彼らは震災現場がどうなっているのかに思いを至すことができなかったのである。

　当初の思い込みがブレーキとなって，想像力が改めて働かなくなってしまったのかもしれない。しかし，彼らが想像力を働かせようとしなかった背景には，官僚制への過剰適応があるのではないか。官僚制

は属人性を排除した近代的な合理的システムである。官僚制は，ルーティンワークの処理にあたっては，文書化された客観性に基づいて精密機械のように正確で効率的な働きを見せてくれる。それは，構成員が主観を挟むことなく定められた手順通りに対応することによって実現されるものである。

　ところで，属人性を排除するということは，構成員が主観的判断をしないように訓練されるということでもある。すなわち，個人的にコミットしないよう求められているのだ。社会心理学者のワイク（K. E. Weick）によれば，人間はコミット性の強い行為を軸に想像力を働かせ，意味を構築してゆく[1]。逆に言うならば，構成員がコミットしないように訓練されている組織は，想像力も喚起されずリッチなセンスメーキングができない。こうした組織では，想像力は劣化の一途をたどり，やがては，生々しいテレビ映像に接しても，現地の混乱そして通信不能なることを想像できなくなってしまうのである。

　さらに，彼らは数値情報が上がってきて初めて金重首相秘書官に報告できると考えていた。大野防災業務課長は，「従来と同じように数値情報を中心に集めていた」，「高速道路が落ちた（断片情報）とかについて，警察に聞いたことは（今までに）ない。人的被害の状況について教えてもらうということでやってきた。（今回も）別なことについて尋ねたことはなかった」と語っている。国土庁は，死者や負傷者の数によって，災害の大きさを判断するようになっていたのだ。

　数値情報は客観的と一般に見なされているので，主観性の排除を善しとする組織ではきわめて価値ある情報である。しかし，現実の現象は多面的で数値性はその一面にすぎない。ワイクによれば，現実の事柄がどう意味づけられるかは，その多様で複雑な事柄からどのような

手掛りが抽出されるかにきわめて依存する。「抽出された手掛りによって意味づけられた（ある事柄の）性質は，原型のままの全データよりも，明白にある帰結を暗示するからである」[2]。国土庁では，事態の把握において唯一数値情報のみをそうした手掛りとしていた。客観性を重視する組織において，数値情報が重要な手掛りとして用いられるのはやむを得ないのかもしれない。しかし，現実の多面性に思いを至すこともなく，ひたすら数値情報にこだわっていたのはいかがなものか。ゲーテではないが，数値によって描かれた現実は「灰色だ。緑なす現実」なのである。

　国土庁の情報システムは，全国の消防署から地方自治体を通して消防庁に情報が集中する消防庁ルートと，警察署から都道府県警を通して警察庁に情報が集中する警察ルートのダブルルートになっていて，どちらか一方が働かなくなっても，情報は確実に届くようになっている。その上，消防庁も警察庁も全国を隈無く網羅しているため，一部の機能マヒも容易にバックアップできるようになっている。もっとも，昨今次々と明るみにされている一連の警察不祥事を思うと，実は警察内部は手抜きとサボり体質が浸み込んでいて，よその警察のバックアップなど望むべくもなかったのである。それはさておき，この情報システムは，一般に災害時における情報収集という点で最も期待できる機関が支えているのである。その上，今回の震災までは長きにわたって順調に機能してきたシステムだ。かように，このシステムがあまりに完璧で厚い信頼を得ていたので，それ以外のチャネルからの断片情報やシグナルがかえって無視されたようだ。皮肉と言えば皮肉である。一般に，システムを精緻化すればするほど，人はそのシステムがすべてをまかなうものと期待・信頼し，それ以外からのサインや情

報を無視する傾向がある。システムの落とし穴である。国土庁は，このシステムの落とし穴に陥ってしまったともいえる。

　震災後，政府は情報伝達システムの改善に着手した。国土庁防災局では宿直体制を採用した。官邸には内閣情報調査室が設置され，防衛庁からも情報が上がる仕組みを整えた。しかし，システムそのものが精緻になればなるほど，システムの落とし穴に陥る危険もまた大きくなることにも留意すべきである。

　首相に大震災の第一報をもたらしたのは国土庁ルートではなかった。東灘警察署から兵庫県警を経て警察庁に上がっていった断片情報の中から，重要と考えられたものがピックアップされて，警察庁警備課から警察庁出身の金重秘書官に上げられ，首相の元へと届いたのである。情報の選別に関して，警察庁の佐藤智則警備課長（当時）は，「ピックアップするほどの情報は当初入ってこなかった。断片的な情報がバラバラと入る中で，どれが重要と考えるかは受け止め手の問題だと思う」と語っている。情報を発信した側の東灘警察署の菅井功警察署長は，「JR，阪神，阪急の高架が落ちている。そういう情報が入ってきたことで，自分自身，生に現場にいる者として（中略）事実関係だけを本部へ逐次報告していった。後は本部の方でこちらのこと（状況）を承知してもらいたいということだった」と話している。情報ルートの中で最初に今回の震災が大震災であると判断したのは，その末端にあった東灘警察署であった。「後は本部の方で承知して欲しい」という菅井氏の言葉は，数値情報中心の報告が求められている中で，果たして末端の認識が上層部に伝わるか否か少なからず不安を抱いていたことを示している。

　警察庁警備課は，高速道路倒壊の情報を金重首相秘書官に上げた。

村山首相への第一報は，金重秘書官が警察庁出身だったため，警察庁から得たインフォーマル情報だったのである。十分に整備された国土庁経由のフォーマルルートではなく，秘書官が警察庁出身だったがために暗黙のうちに築かれていたインフォーマルなルートの方が機能したのだ。

　一般に，断片情報はオーソライズされていないがゆえに，どう扱うかは個人の判断に任されている。言ってみれば断片情報が的確かつ円滑に流れるか否かは，それに接する個々人の情報処理能力にかかっている。ここで情報処理能力とは，その情報に気付き，その意味を読み取り，必要ならばそれを他の人にうまく伝える能力である。

　さらに，オーソライズされていないだけに，情報伝達にあたっては何よりも成員間に信頼感がなければなるまい。「なんだ，間違っていたじゃないか。お前のせいだ」，「あいつが言いふらしたんだ」と後で責任を追及されるようでは，断片情報は伝わりづらい。すなわち，断片情報は互いに信頼し合う強固な人間関係に支えられたルートを通して流れる。そうした人間関係は，常日頃の趣味や噂話の共有によって築かれることが少なくない。

　噂話やゴシップの共有は，インフォーマル・ルートの構築に役立つばかりではない。ムダ話が実はフォーマル・ルートの機能をも十分なものにするのである。噂話やゴシップの日頃のおしゃべりによって，「緊急事態によくある，しかも致命的な連絡の不手際や誤解の危険を少なくし，他方，連帯感によって，一刻の猶予もならぬ協力体制の形成がスムーズ」[3]になる。つまり，日頃のムダ話は危機においてフォーマル・ルートの素早い立ち上げにも大きな役割を果たしているのだ。「ノミュニケーション軽んずべからず」である。

　このように述べてくるとインフォーマル・ルートの存在はいいこと

ずくめのように思えてくる。しかし，逆にインフォーマルに情報が流れすぎて失敗した例もある。旧海軍では，兵学校同期といえば，4年間寝食を共にし互いに励まし合いつつ猛訓練に耐えた兄弟以上の間柄だった。鍛えに鍛えられた精鋭揃いではあったが，緒戦の奇跡的とも言える連戦連勝に少しばかり気をよくしたからか，真珠湾攻撃から半年もすると，互いに軍機中の軍機であるはずの次の攻撃目標を半ば公然と語り合うようになっていたようだ。抜錨直前には呉の芸者までが攻撃目標を知っていたともいわれる。結果，日本機動部隊はミッドウェイ北西海域で米艦隊の待ち伏せを受け，敵空母1隻を葬り去ったが，開戦へき頭よりの大戦果に輝く虎の子の空母4隻を波間に失うこととなった。

　また，インフォーマルな情報の流れは，しばしば信頼感に基づく仲間内だけで共有されることが多く，それによってまとまった集団がフォーマルな組織体制を揺るがすほどの影の派閥を形成している場合が少なくない。フォーマルなはずの社内人事が，実は二次的なインフォーマル集団によって左右されているなどというのは日常茶飯事である。役職は係長でも，実力は工場長に次いでナンバー2だなどと言われる人が，どこにでも1人や2人はいるものだ。そういう部下がいる部署に課長として転勤してきた時は，フォーマルな権限を行使するよりも，そうした男をちょっと一杯飲みに誘って，自分もその集団の一員であると思わせた方がよい。その方が，自分への情報の流れはグッと良くなる。

　フォーマルなシステムは定められていない情報を流しにくいため，そうした情報はインフォーマルに得るしかない。そうして得られた情報がフォーマルな情報以上に価値（あるいは損害）を生み出す場合が多々ある。それが個々人の人間関係に大きく依拠することを考えれ

ば，ラインの長がスタッフを選ぶ際には，単にスタッフ個々の情報処理能力が高いかどうかだけではなく，スタッフ全体の多様性にも気を配るべきだと言えよう。それはスタッフ個々人の出身畑の多様性，キャリアの多様性から得られる。もちろん，そのラインの長が，スタッフからインフォーマルにも受け容れられていなければ，折角の情報もスタッフ止まりとなってしまい，裸の王様と笑われるのがオチであろう。

(2) 自衛隊が本格的に災害派遣に出動したのは地震発生から4時間半もの時が流れてからだった。なぜ，これほどまでに時間がかかったのか？

震災後に貝原知事が，「残念ながら白紙委任みたいな形で，結果的には派遣要請せざるをえなかった」と述懐している。これは，自衛隊の災害出動に際して，自治体側が完全なイニシアティブを持たねばならないと考えていたことを示している。知事のこうした考えの背景には，兵庫県を含む一般の自治体側に根強い「自衛隊アレルギー」があるようだ。

例えば，震災直後の1月24日の『産経新聞』によれば，1月22日夕方，陸上自衛隊が県の要請で東灘区の中央公園に野外手術所（手術車両及び補給車等から編成）を設置しようとしたところ，東灘区役所の担当者が話を聞いていないからとの理由で，設置を拒否したとのことである。震災直後は，神戸市内にあるほとんどの総合大病院が，電気・水道の停止によって血液検査すらできない状況におかれていたうえに，病院の前には多くの怪我人が列を成し，医師は応急手当に追われていたのにもかかわらずである。また，伊丹空港では緊急物資を運んできた自衛隊のヘリコプターが，「かつて一度も自衛隊の飛行機を降ろしたことはないから」との理由で着陸を拒否されている。同様に

関西空港でも最後まで自衛隊機を降ろさなかった。その間，被災地では水や食糧が足りない状態が続いていたのである。

自衛隊が申し出た空中消火に対しても，「消防庁で検討してもらった結果，大都市の火災には効果がなく，消火活動による被害の方が大きい。もし余震があっても使わない」と兵庫県庁は応じている。震災の前年に神戸港の火災を想定した訓練が行われた際に，神戸市から自衛隊の参加は不要と言われたとの話もある。これらの話から，自治体側の自衛隊アレルギーがいかに強いものであるかをうかがい知ることができる。

このように自治体職員の間に根強い自衛隊アレルギーが存在するため，多くの首長は100％のコントロールが確立できる見込みが立つまでは派遣要請を出したがらない。そして，今回の震災で見てきたように自治体による派遣要請が遅れれば遅れるほど，被災地の被害は拡大していく。

ところで，一般の国民は自衛隊の災害時における緊急出動についてどのように考えているのだろうか？　まず第一に，政府が3年おきに行っている自衛隊に対する世論調査によれば，そもそも国民のおよそ8割が自衛隊に対し否定的な感情を抱いていないことが分かる（図2）。さらに，平成9年2月に行われた世論調査では，自衛隊の役割として国民の多くが災害派遣をあげていて（図3），自衛隊の災害派遣時の印象に関する調査では9割近くがその成果を評価している（図4）。

さらに，震災直後の1月28日，29日に読売新聞が行った緊急調査（電話で実施，回答者1019人）によると，「あなたが大地震で災害救助を受けるとしたら，何を最も頼りにしたいと思いますか」との問いに対して，「自衛隊」が最も多く32％，続いて「県や市町村の役所」30

294 III 組織認識論

自衛隊に対する印象

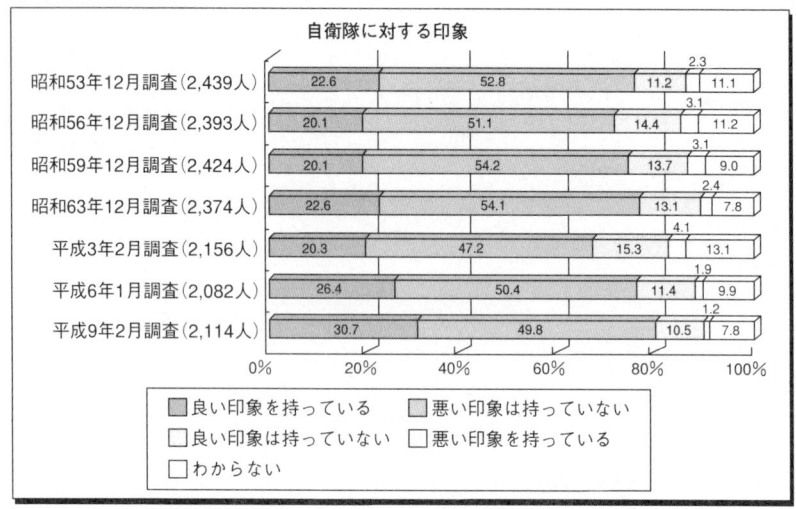

調査	良い印象を持っている	悪い印象は持っていない	良い印象は持っていない	悪い印象を持っている	わからない
昭和53年12月調査(2,439人)	22.6	52.8	11.2	2.3	11.1
昭和56年12月調査(2,393人)	20.1	51.1	14.4	3.1	11.2
昭和59年12月調査(2,424人)	20.1	54.2	13.7	3.1	9.0
昭和63年12月調査(2,374人)	22.6	54.1	13.1	2.4	7.8
平成3年2月調査(2,156人)	20.3	47.2	15.3	4.1	13.1
平成6年1月調査(2,082人)	26.4	50.4	11.4	1.9	9.9
平成9年2月調査(2,114人)	30.7	49.8	10.5	1.2	7.8

図2 自衛隊に対する印象の変化（政府世論調査から）

自衛隊の役割（複数回答）

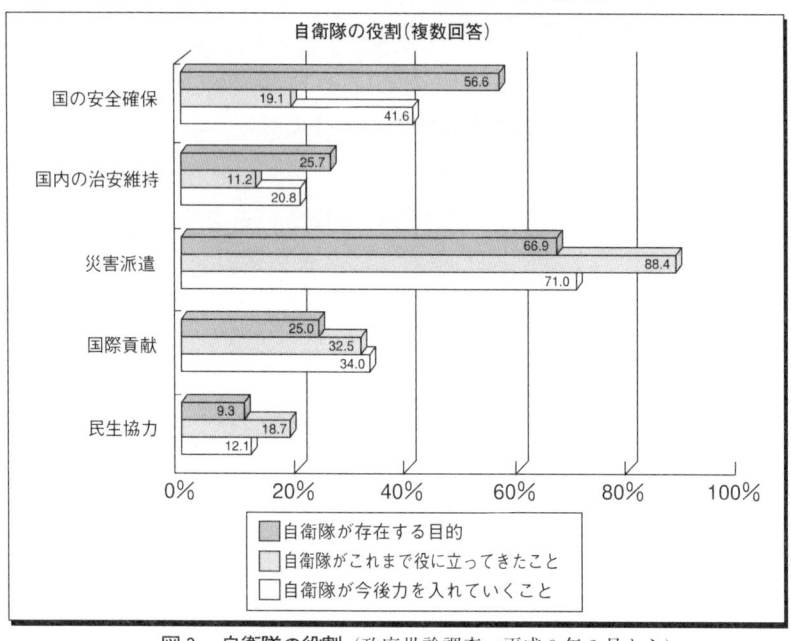

項目	自衛隊が存在する目的	自衛隊がこれまで役に立ってきたこと	自衛隊が今後力を入れていくこと
国の安全確保	56.6	19.1	41.6
国内の治安維持	25.7	11.2	20.8
災害派遣	66.9	88.4	71.0
国際貢献	25.0	32.5	34.0
民生協力	9.3	18.7	12.1

図3 自衛隊の役割（政府世論調査，平成9年2月から）

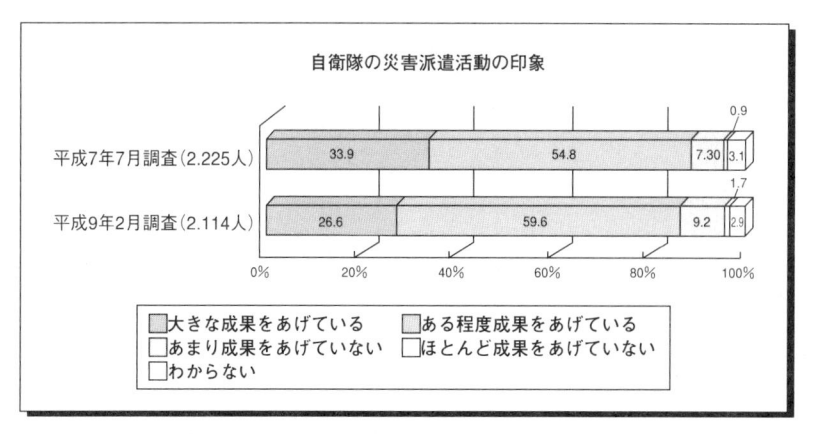

自衛隊の災害派遣活動の印象

	大きな成果をあげている	ある程度成果をあげている	あまり成果をあげていない	ほとんど成果をあげていない	わからない
平成7年7月調査(2,225人)	33.9	54.8	7.30	0.9	3.1
平成9年2月調査(2,114人)	26.6	59.6	9.2	1.7	2.9

図4　自衛隊の災害派遣時の印象（政府世論調査から）

％,「ボランティア」21％だった。これらのことから，自衛隊の災害派遣に対して，国民はむしろ歓迎しているのを読みとることができる。

すなわち，災害などの緊急時にいかなる理由であれ自衛隊に派遣要請を出ししぶる自治体の対応は，多くの国民の期待に反しているのである。

自治体職員の自衛隊アレルギー
↓　＋
慎重な派遣要請
↓　＋
自衛隊出動の遅延
↓　＋
国民の不満

図5

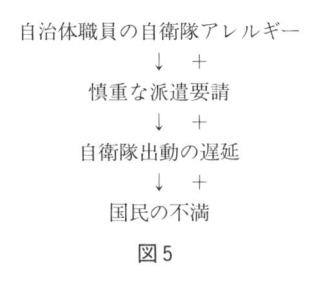

しかし，政治がまったく国民の期待を無視している訳ではない。実は，自衛隊法には自衛隊の出動が結果として遅れることを避けよう

との意図で定められたと考えられる条項がある。自衛隊法第83条2項「ただし，天災地変その他の災害に際し，その事態に照らし特に緊急を要し，前項の要請を待ついとまがないと認められるときは，同項の要請を待たないで，部隊等を派遣することができる」。いわゆる自主派遣である。

この補完条項は，自衛隊の災害時出動の遅れによって被害が拡大するなどして国民の不満が高まれば高まるほど，それに対処せんとして一層強化されていく。

今回の震災後にも，さまざまなマスメディアを通じて，自衛隊出動の遅れが大問題とされた。そうした国民の声に応える形で，平成7年10月5日に防衛庁防災業務計画が修正され，自治体による出動要請を待たないで，自衛隊が災害派遣を行う際の判断基準が明確にされると共に，より自主派遣しやすいように先の補完条項が拡充強化された。そこでは，1）関係機関に対して情報を提供するための情報収集，2）都道府県知事等が災害派遣要請ができないと認められる場合，3）救援活動が明確で，人命救助に関する場合，4）緊急を要し，要請を待ついとまがないと認められる場合，の4つうちのいずれか1つを満たせば，自主派遣が適当であると定められた。

<pre>
         自衛隊出動の遅延
              ↓ ＋
           国民の不満
              ↓ ＋
         補完条項の拡充強化
</pre>

図6

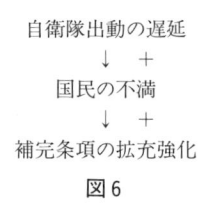

補完条項の拡充強化によって自主派遣が選択される可能性が拡大したことは事実だろう。しかし，自主派遣が選択される可能性が拡大し

たことで自衛隊の災害出動が速やかになると手放しで喜ぶ訳にはいかない。可能性は必ずしも現実性ではないのである。

　自衛隊側から見てみると，防衛庁防衛局の山崎運用課長の「自治体との連携がなければ部隊を出しても混乱するだけだ」，「自治体との協力なしに災害派遣はうまくいかない。従って要請なしの派遣というのはうまい図式ではない」といった言葉から，いかに補完条項が整備されようとも，自衛隊側はそれによる自主派遣を次善策としか見なしていないことが分かる。自衛隊が自治体の要請を極めて重く見るのは，シビリアン・コントロールの徹底した戦後の平和憲法の下では当然のことで，自衛隊が自主的に動かなかったことを非難するのは，少々酷と言えるだろう。現地の第3特科連隊林連隊長の「準備は進んでいて，出動すれば効率的な人命救助ができる態勢になりつつあった。ところが県からの派遣要請が出ない」という言葉に，当時の自衛隊指揮官の苦しい胸のうちを垣間見ることができよう。

　それ以上に見落としてはならないのは，自治体職員の間に根強く存在している自衛隊アレルギーが，そもそも戦前の帝国軍隊による強引な政治への介入，さらには政府をまったく無視したかのような独断専行によって，政府不在のうちに戦火が拡大されたことによる反省に根ざしている点である。戦前でも法的には，たとえ居留民保護という国際司法に照らして妥当と結論される可能性が高い出兵においても，現地領事館の要請がなければ出兵できないことになっていた。しかし現実には，軍部は統帥権の独立を盾に法を無視，突発的事態の発生を理由に戦闘状態を既成事実化していった。

　補完条項が拡充強化され自主派遣の道が広がることを，一部自治体職員が自衛隊の自由裁量権が拡大したと受け止め，それを戦前の帝国軍隊のイメージにダブらせるとき，彼らの自衛隊アレルギーはますま

す増大するであろう.

```
補完条項の拡充強化
    ↓ ＋
自主派遣増加の可能性
    ↓ ＋
自衛隊アレルギー増大
```

図7

　そして最初に述べたように，自治体職員の自衛隊アレルギーが増大すればするほど，首長はますます出動要請に慎重になってゆく.
　こうして因果関係のループが完成される（図8）．ところで，自主派遣の可能性拡大によって，自治体側は要請を出さずとも自衛隊が補完条項に従って自主的に動いてくれることを暗に期待するようになるだろう．そうした秘かな期待によって，首長はますます派遣要請を躊躇するようになる．一方の自衛隊側は先の山崎運用課長の言から明らかなように自主派遣をあくまでも次善的なものとしか受け止めてはおらず，できる限り出動要請を待つことになる．こうして双方，相手が動いてくれるのを今か今かと待ち続け，結果的に自衛隊の出動が遅れてしまうこともあろう．草野球などでよくある〝お見合い効果〟である．
　システム理論によれば，ループの各変数間を繋ぐ因果関係においてマイナスの数が偶数ならば，そのループは逸脱‒増幅ループとなり，他方マイナスの数が奇数ならば逸脱が減衰してそのループは安定する．図8をみて分かるように，この因果ループはマイナスが0（偶数）であり，逸脱‒増幅ループである．いずれかの変数に少しでも逸脱や変動が生じると，ループを一巡するごとにすべての変数が増加し続け，やがて，そのような発散するループを有するシステムは崩壊せ

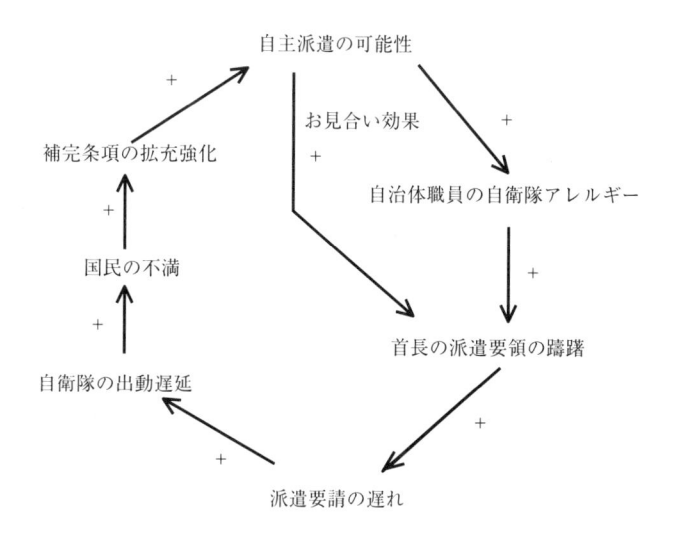

なお，＋符号は変数間の因果関係が同方向であることを，－符号はその逆を示す。

図8　自衛隊災害派遣の因果ループ1

ざるを得なくなる。

　ひとたび自衛隊の出動が遅延すると，それにより国民の不満が高まり，そのような民意を受ける形で補完条項が拡充強化される。補完条項の拡充強化によって，自衛隊による自主派遣の可能性が拡大する。しかし，この自主派遣の可能性拡大は，自治体職員の自衛隊アレルギーをますます増大せしめると共に，自衛隊アレルギーの増大に伴ってさらに派遣要請に慎重になっている首長に，"お見合い効果"も加わっていっそう派遣要請が遅れてしまう。こうして自衛隊の出動がますます遅延し，国民の不満が高まり・・・。こうした循環が繰り返され，ついに国民の不満が爆発するなどして，このシステムは崩壊して

ここで興味深いのは,「補完条項」の作用である。良かれと思って導入した策が巡り巡って悪しき結果を生むどころか増幅させかねない。コミュニケーション・ネット社会の拡充・強化のためのIT革命が巡り巡ってコミュニケーション稀薄社会を招き,凶悪異常な少年犯罪を続発させるかもしれない。

　ワイクは,因果ループを発散ではなく安定したものに変えるために,因果の向きを逆転させる,つながりの符号を変える,2つの変数を切断するなどいくつかの具体的な方策を示している[4]。しかし,そうした方策のうちどれが実行可能かは,組織によって違う。

　図8において,現実的にもっとも変えやすい変数はどれであろうか？　自衛隊アレルギー,国民感情といった変数は相手が大集団であるだけに変えることは難しいだろう。翻って首長の派遣要請は,顕要の職にあるとはいえ一個の人間がなす行為に他ならず,最も改めやすいと思われる。

　本論では,首長の行動を変えるために図8に一本のバイパスをひいてみた（図9）。

　新しくひかれた点線②は,国民の不満が高まれば,首長が派遣要請を躊躇しにくくなることを意味していて,矢印の符号はマイナスである。このバイパスを加えることによって,これを含む因果ループが逸脱-減衰となり,システムが安定する可能性が生まれる。どのようにしたら安定するのか,実際に図9に沿って見ていこう。

　自衛隊の出動が遅延した場合,国民の不満が高まるところまでは図8と同じである。それによって補完条項が拡充強化され,自主派遣の可能性が拡大し,自衛隊アレルギーの増大と相俟って,首長の派遣要請を躊躇させる点も一緒だ。しかし一方で,国民の不満の高まりを

4 阪神大震災　301

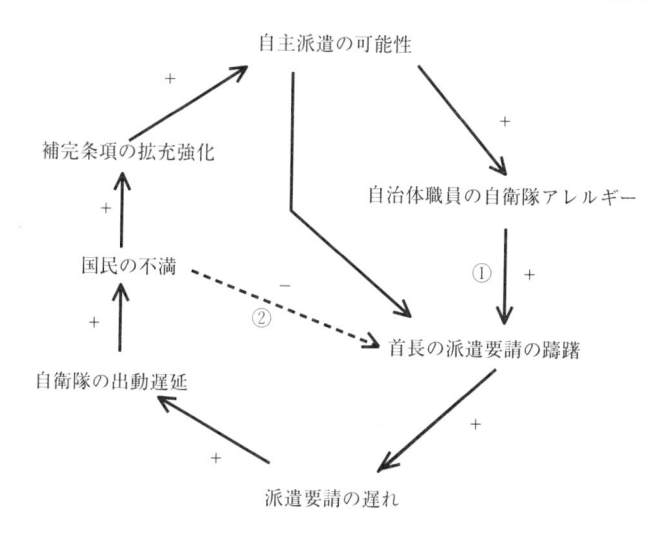

```
          自主派遣の可能性
         ↗             ↘
       +                 +
補完条項の拡充強化          自治体職員の自衛隊アレルギー
     ↑                     ①  +
   +                          ↓
  国民の不満 - - - -→ 首長の派遣要請の躊躇
   ↑     ②
 +                            ↑
 自衛隊の出動遅延              +
     ↖                ↙
        派遣要請の遅れ
```

なお，＋符号は変数間の因果関係が同方向であることを，－符号はその逆を示す。

図9　自衛隊災害派遣の因果ループ2

真剣に受け止めた首長が，速やかに派遣要請を出さなければならないというアンビバレントな状況におかれる点で，図9は図8とは異なっている。ここで首長の決断によって速やかに派遣要請が出されるならば，自衛隊の迅速なる災害出動が現実のものとなる。結果，被災地では数多くの尊い人命が救われ，また罹災後の幾多にわたる艱難辛苦も相当にやわらぐであろう。さすれば国民の不満は解消され，無用な補完条項の拡充強化もなされず，システムを逸脱－増幅へ導く2つのループの流れが遮断され，システムは安定する。

　首長が忘れてはならないことは，彼の決断如何よって数多くの人々の直接的生死が直ちに決定づけられるという事実である。後世の師表

と仰がれる決断がシステムの流れを一変させるのである。

　新しくひかれた点線②は，首長に対し国民の期待に応えるよう求めている線である。従来からの実線①は，自治体職員の顔色を窺いながら仕事をしている首長像をイメージさせる。首長はどちらを向いて仕事をすることが求められているのだろうか？　国民の声に真摯に応えようとするべきなのか，それとも身内の顔色に拘るべきなのか？　答は自ずと明らかだろう。

　今回の震災をきっかけにして，各地の自治体ではこれまで以上に自衛隊との連携を図ろうという動きがでている[5]。具体的にはヘリポートや輸送ルートを確保して，いざという時，すぐに出動を要請できるように自治体の方からその体制を整えておこうというものである。しかし，派遣要請を出す要の首長の多くが，自衛隊アレルギーに凝り固まった一部自治体職員の方を向いて仕事をする限り，伝達システムを整備したところで大した役には立たないだろう。

　(3)　現在生じている事態をどう捉えるか？　今進行中の状況をどう意味づけるのか？　危機においては，初期のそうした認識はとりわけ重要である。また，組織の認識はトップの認識が決定的である。ではこの大震災で，国政のトップはその初期においてどう認識し，どう行動したのだろうか？

　首相への第一報は，午前7時30分にもたらされた。内容は，「被害状況は不明なるも火災が発生，ビルが倒壊。高速道路も倒壊している。被害は拡大が予想される」というものであった。この情報を受け取った後，首相は予定通り財界人との朝食会に臨んだ（産経新聞社HPより）。8時26分に予定より早く官邸の執務室に入ったが，官邸にはまだスタッフがそろっておらず，彼は執務室でただ報告を待って

いた。この時点まで，彼は何らアクションを起こそうとしていない。彼の手元には，金重秘書官の報告から少し遅れて，正規のルートである国土庁から，「負傷者17人」という報告がもたらされていた。彼の胸の内は，高速道路が倒壊したとは言っているが国土庁からの報告では大した震災ではないらしい，もう少し様子を見てから考えても遅くはなかろう，といった程度のものだっただろう。

　午前8時50分，地震発生から3時間以上経って，ようやく官邸の事務方の責任者である石原官房副長官が到着した。石原副長官はこの時点まで，地震の被害状況について一切報告を受けていなかったというが，各家庭のテレビには激しい揺れの生々しい映像が放映されていたのだ。それでも彼はいつもと同じ時間に官邸へ向かったのである。

　ともかく，彼は官邸に着いて初めて，「詳しい情報は分からないが，被害は拡大しそうだ」という情報に接した。それでも，予定を変更することなく，午前9時20分，月例経済報告関係閣僚会議が開かれた。石原氏によれば，「会議の方は，閣僚も与党の幹部もみんな集まっていた。その後の展開によって直ちに対応すればいいと考えて，月例経済報告の会議は予定通りスタートした」とのことである。閣僚も与党の幹部もすでに集まっていたからスタートしなければならなかったと言っているが，逆に災害対策の主管大臣である国土庁長官以下，直ちに対策を立てられるだけのメンバーが揃っていた訳で，事態を深刻に受けとめていれば月例経済報告（ルーティン）は後回しにして直ちに震災への取り組みを打ち出せたはずだ。

　なおも，脳天気な惰性が続く。午前10時4分，定例（ルーティン）の閣議が始まった。この閣議はおよそ30分で終わったが，大半の時間が閣僚の外遊報告に費やされたという。この時，村山首相に伝えられた報告は，「死者22人，負傷者222人」というものだった。野坂建設相

は,「大きな災害になるということは十分に承知していなかった」と打ち明けている。

　驚くべきなのは,この月例経済報告関係閣僚会議と定例閣議において,今回の震災について話題にのぼらなかったという事実である。あれほど凄まじい破壊の映像がテレビ放送されていたにもかかわらず,野坂建設相の言うように,閣僚の誰一人として今回の震災を異常事態として認識できなかったとは信じられない。中には,異常事態と気付いていた者もいたはずである。では,なぜ2つの会議で今回の地震について話題にものぼらなかったのだろうか？

　誰かが今回の地震を異常であると言い出したとしよう。すると彼は,各成員とのコミュニケーションを通して,今回の震災を組織が異常と意味づけるようにリードしなければならなくなる。それには,おそらく膨大なエネルギーを必要とするだろう。一般に,異常や変化に気付き,ルーティンと違うことをしようとすると,慣性の法則に逆らわなければならず,多大な労力を払わねばならない。さらに実際に行為に踏み切るとなるとより大きいアクション・エネルギーを必要とする。だから言い出さなかったと言うのであれば,恐るべき精神の怠惰と言わざるをえない。仮にも政治家の頂点に立つ人達が,なんともひどい話だ。こんなことで,国民に対し申し訳がたつとでも思っているのだろうか。

　しかし,このような変化をなるべく見ようとはしない精神の怠惰は決して珍しい現象ではない。たとえば,あのチャレンジャー事故である。チャレンジャー事故は,ちょっとしたパッキングの不具合が原因であった。気温が下がればパッキングが不具合になって危険であるとの指摘があったにもかかわらず,「以前にも同様の気温で発射したがパッキングが2重構造になっていたため,うまくいった。今回も大丈

夫だろう。まあ，ここまで準備もしてきたし，今更中止という訳にもいくまいし」といったわずかな労の惜しみがあの惨劇を生み出した。バリュー・ジェット航空機の大事故は記憶に新しいところであるが，あのような悲惨な事故の前に，実はバリュー・ジェットでは他の航空会社よりもなんと14倍近い事故発生率が続いていたのだ。しかし，そのいずれもが大した事故ではなかったことを根拠に，高い事故率をことさら問題とせず，従前通りバリュー・ジェットの航空認可を与え続けた当局はいまその責任を厳しく問われている。

　石原氏は，「決断が足りなかったのではなくて，情報が足りなかったのだ」，「初期の段階で官邸が機能しなかったということではなくて，機能する前提である情報が入ってこなかった」と言っていた。しかし，高速道路が倒壊・鉄道の高架が落下という情報は既に入っていたのである。情報不足ではなく，彼の想像力の著しい欠如と，変化から目を背ける精神の怠惰を断ち切る決断の不足とによって官邸が機能しなかったのである。

　古来から，この点に関する忠告はさまざまな学問領域でなされてきた。心理学の分野では，人間に特有の認識の仕方として，正常化の偏見と言われる「見たいと期待するものを見る」傾向，言い換えるなら「嫌なことはできるだけ知覚するのを避けようとする」傾向のあることが指摘されている。

　経営学でも，多くの先賢達が，口を揃えて例外や異常の重大性を強調してきた。例えば，テイラー（F. W. Taylor）だ。彼は，高賃金と低労務費の実現を説いた科学的管理法の中で，大きく4つの原則を打ち出している。課業管理，差別的出来高給制，職能別職長制，例外の原則である。このうち，現場トップの行動規範として示されたのが例外の原則だ。例外の原則とは，ルーティンの仕事の権限をできる限り

部下に委譲し、例外的な（非日常の）事項に対する決定権または統制権のみを上級管理者に留保することを求めたものである。

サイモン（H. A. Simon）は、意思決定のタイプを大きく、定型的意思決定と非定型的意思決定とに分けた。定型的意思決定とは、日常反復的で問題の構造や輪郭が明らかであるような、ある意味で機械的な意思決定のことである。非定型的意思決定とは、問題の輪郭も構造も不明確で、その都度複雑な過程を経て行われる決定である。サイモンは、トップ（経営者）の仕事の重要性は、非定型的意思決定の中にあるとした。このとき、サイモンは興味深い法則を示している。意思決定のグレシャムの法則と呼ばれるその法則によれば、経営者や管理者はプログラムに従った日常反復的な仕事と、創造的でイノベーティブな仕事を同時に担当した場合、前者の仕事に忙殺されて、後者を後回しにする傾向があるという。しかし、重要なのは言うまでもなく後者である。

同様にアンゾフ（H. I. Ansoff）は、経営戦略の観点から、意思決定を業務的意思決定、管理的意思決定、戦略的意思決定に分け、もっとも重要なのが戦略的意思決定であると主張している。アンゾフによれば戦略的意思決定とは企業と環境との関係を確立する意思決定である。

これらの考えに共通するのはルーティンに流されることへの警告である。ルーティンの流れにのっているほうが、変化をとらえて、それと向き合うよりもずっと楽である。だからこそ、意識して変化と向き合えとの忠告がなされてきたのである。

午前11時30分、非常災害対策本部の第1回会議が開かれた。ようやく警察庁、消防庁、防衛庁など災害にあたる関係官庁が一同に会する

ことになった。しかし，本部長に任命された小沢長官は，具体的に関係官庁がどのように協力して災害対策を進めていくのかについて何ら具体的指示をしなかった。そればかりではない。彼は，午後2時30分に，政府調査団の団長としてヘリコプターで現地へ飛ぶも，到着が遅くなって十分な視察も出来ずに引き返した上，首相への報告を翌日に持ち越した。災害対策基本法に基づいて，関係各省庁に指示を出しながら救援対策の指揮を執る権限が与えられている本部長がこの有様である。

　小沢氏が呑気に物見胡散に出向こうとしていた頃，被災地では現地選出の高見代議士による必死の自衛隊出動要請が続いていた。ところが，玉沢防衛庁長官は「できるだけ早く対応しているのだろうと思っていた」という按配で，後に語っているように「現地の事情は現地にいなければ駄目だ。（中略）東京にいては現地の状況は判断できない」と何ら動こうとしていなかった心情を白状している。陸上自衛隊の松島中部方面総監が，「官邸でも防衛庁長官でも大災害と指定して出動を命じるということになれば，対応は違っていたと思う」という言葉から，彼の悔しさを垣間見ることができよう。防衛庁長官は災害派遣訓令に基づいて，大規模震災と指定し，部隊を動員することができるが，その長官が高みの見物では，今か今かと出動命令を待っていた現地部隊がうかばれまい。関係省庁を指揮する権限を有していた小沢長官も，防衛庁長官に緊急出動を要請することはなかった。高見代議士は官邸に直接電話を入れて，五十嵐官房長官に直に懇願した。自衛隊はどうしたという五十嵐長官の声を受けて，ようやく石原官房副長官が防衛庁に電話を入れた。しかし，それはたったの1回だけであった。電話を受けた側の村田防衛局長は，「それ（石原氏からの電話）によって特に措置はとらなかった」と打ち明けている。石原氏の1回き

りの要請は防衛庁では完全に無視されていたのだ。

　被災地で刻一刻と尊い生命が失われていく中で，何たる無機能ぶりであろうか。当事者がパニックに陥って，動けなくなるというのであれば納得もゆく。小沢氏の「関東大震災以来初めての大きさだったので，はっきり言って災害に臨んで教訓を得たという成り行きだった」という言葉は，当事者パニックのように聞こえなくもない。しかし，今回の場合はそうではない。パニックどころか，このような非常事態でも政府首脳陣は信じられないほど冷静であった。彼らが動かなかったのは，パニックゆえでなく想像力も知識も責任感も欠如した無能さゆえに動けなかったのある。

　結局，災害当日，政府は何ら認識を改めることなく，傍観者を決め込んでいたのだった。首相官邸で全閣僚による会議が開かれたのは，18日の夜になってからだった。そこで警官3万人の投入などが決定された（産経新聞HP）。村山首相が被災地を視察し，被害の大きさを目の当たりにして，「時限立法を考えたい」と記者会見で発表したのは19日になってからだった。「始め良ければすべて良し」と言われるが，今回の震災での政府の対応は正にその通りで，「すべて悪ければ，始め悪し」であった。

おわりに

　(1)　これまで，阪神大震災時における政治家，官僚，自治体，自衛隊それぞれの行動について組織認識論の立場から考察してきた。

　まず，霞ヶ関の官僚達は突然の事態をどう認識し対処したのであろうか。国土庁職員は，被災地の生々しいテレビ映像に接しても，現地が混乱して報告すらあげられない状態になっていることなど夢想だに

せず，ただただ報告の来るのを待っていたのである。彼らのこの驚くべき想像力の欠如は，官僚制への過剰適応によって何事にもコミットしない習性がもたらしているのであろう。

次いで，自衛隊の災害出動の遅れが，自治体と自衛隊双方を見すえて分析された。シビリアン・コントロールということを軸に自衛隊・自治体双方によってイナクトされた環境が，自衛隊の災害出動を遅らせていたのである。そして，遅延の構図が，その因果マップを推定することによっていっそう明瞭にされ，また制御可能であることがわかった。すなわち，出動遅延をもたらす因果の悪循環を断ち切るために，首長の勇断を提言した。

最後に，危機の初期において，わが国の政治家のトップ達はどう行動したのだろうか？　彼らは，これほどの危機的事態においても，ルーティンの蠱惑に負け異常を異常と認識しようとしなかった。これが政府の初動対応の致命的な遅れを招いてしまった。翻って，テイラー，サイモンなどの先哲は，それぞれ行為，意思決定のレベルでルーティンの流れに身を委ねることの危険を指摘していた。ここでは認識レベルでのそれを少しばかり指摘した。

(2)　政府は今回の震災を踏まえて，震災後直ちに防災臨調を設置し，以下の3つの点を検討するとしていた。①被害の全体像の速やかな把握：コンピューターによる被害推定システム[6]の導入などである。②警察・消防・自衛隊などの緊急即応体制：30分以内にそれぞれの幹部を官邸に集めて，官邸が司令塔になるシステムである。③災害対策基本法の見直し。

これらはうまく実行されているのだろうか？　あの大震災から5年たった平成12年1月，NHKでは『シリーズ阪神大震災5年』と題して，3回シリーズで震災から5年間のさまざまな動きを放送した。シ

リーズ第1回『もう1人の命を救うために〜検証　初動・救命システム』では，時間との闘いと言われた震災直後の72時間を克明に描いていた。すなわち，神戸市消防局の救出記録では，助け出された人のうち生きていた人の割合が，17日では80.4%，18日28.5%，19日21.8%，そして72時間後の20日では急激に低下して5.9%にまで落ち込んでいた。防衛局の守屋防衛政策課長が言っていたようにまさに時間との勝負だったのだ。

　同番組では，前述の防災臨調の第二の目玉である緊急即応体制計画が，舞台を神戸市に変えて試みられた様子が映された。すなわち，神戸市では「初動対応チーム」の設置を呼びかけた。災害直後に警察・消防・自衛隊の現場責任者が集まって，人や機材を効率良く配置する作戦本部となるはずだった。そして，このチームに現場の部隊を動かす権限を与えようとした。全国で初めての試みであり，政府をはじめ各自治体も注目していた。

　しかし，調整は難行した。自衛隊は，「組織の指揮系統を崩す訳にはいかない」と主張。警察は，「神戸市の初動チームだけを特別扱いはできない」と異議を唱えた。消防は，「独自の消火や救助の機動力が却って削がれる」などと指摘した。具体的議論は噛み合わず，初動チームの権限は徐々に縮小されていった。会議のまとめ役をした室戸神戸大教授は，縦割りの壁が非常に厚かったと語っていた。震災の翌年から，初動チームが発足し毎年1回合同訓練をしているが，その中身は，各組織が連絡員を派遣して調整を図るだけで，初動チームに現場の部隊を動かす権限はない。

　他方，情報面では，震災の翌年に兵庫県が災害対策本部室を設置。コンピューター・ネット・ワークを活かした全体情報を共有し，把握できるシステムを構想した。警察・消防・自衛隊がそれぞれ持ってい

る災害情報を一つに集約する計画で，県内のそれぞれの機関を中心に330ヵ所に端末が設置されることになっていた。兵庫県はこの計画に41億円もの大金を投じた。

しかし現在，兵庫県警察本部には県のシステムの情報端末のすぐ横に警察独自の別の情報端末が置かれている。警察によれば，個人のプライバシーや治安に関わる情報があって，県と警察のシステムを直接結ぶことはできないという。警察では，県のネット・ワークを使わず，人や建物の被害件数の概要だけを県にファックスで送ることにしている。

消防も県のシステムに参加することに消極的だ。消防内部向けに作成された災害初動マニュアルには，情報システムの運用について次のように書かれている。「大規模広域災害系システム（県のシステム）への入力は，初動時は運用を休止する」。各消防署に対して，地震直後にネット・ワークがダウンする危険があるとして，県のシステムには入力しないように求めているのだ。

あれほどの犠牲を出した兵庫県ですら，各組織の足並みがそろっていないのである。このことからも，政府の検討案は絵に描いた餅に終らざるを得ないことが予想される。

政府の考えは現実的にも難しいが，理論的にも首をかしげざるを得ない点が散見される。被害の全体像の速やかな把握のために，コンピューターによる被害判定システムを導入すれば，本論で指摘した数値情報偏向の姿勢に拍車をかけてしまう恐れなしとは言えない。数値情報を重視するという姿勢を政府が示せば，数値がすべからく大事とする環境がイナクトされ，そこでは数値が状況を把握するための手掛りとなり，その一面性ゆえに状況の適切な認識はきわめて困難となろ

う。また，システムの落とし穴に陥る恐れもあるだろう。

　警察・消防・自衛隊などの緊急即応体制のために，それぞれの幹部を危機発生後30分以内に官邸に集めて，官邸が司令塔になるシステムに関して，先に神戸の例で見てきたように現実的に機能しないことが明らかとなりつつある。そもそも，それぞれ専門性の強いプロフェッショナル集団を束ねるのは容易ではない。というのは，彼らが個性的なプロ集団であればあるほど，協力するための共通認識を培うためには，経験を共有することがいっそう必要となろうし，ことさら強いリーダーシップが束ねる側に求められるからである。

　災害対策基本法の見直しについては，防災白書平成8年度版によれば，政府は阪神淡路大震災の経験を踏まえ，災害対策基本法を平成7年度中に2度の改定を行っている。平成7年6月に，災害時における緊急通行車両の通行確保のための規制が追加され，平成7年12月に，緊急対策本部について設置要件の緩和及び組織の強化，緊急災害対策本部長の権限強化，現地対策本部の設置，災害派遣を命ぜられた部隊等の自衛官への所要の権限の付与，市町村長による都道府県知事に対する自衛隊の災害派遣要請の要求等，新たな防災上の課題への対応，地方公共団体相互の応援などについて改正が行われた。

　これらのうちの幾つかは，B(2)で指摘した補完条項の拡充強化に当たるものと考えられる。したがって，その精神や運用を誤れば，先に分析したように巡り巡って自衛隊の災害出動の遅延といったような思わざる悪しき結果を招く恐れがあるのではないか。

注 1)　Weick K. E., *Sensemaking in Organizations*, 1995, p. 156.
　 2)　*Ibid*., p. 50.
　 3)　本書所収の「アイドルに乾杯」を参照されたい。
　 4)　Weick K. E., *The Social Psychology of Organizing*, 2nd ed., 1979.〔遠田雄志訳『組織化の社会心理学　第2版』文眞堂，1997，109～110ページ。〕

5) 自衛隊との連携を最も積極的に図ろうとしているのが東京都である。2000年9月3日，石原都知事の勇断によって，陸海空3自衛隊の全面的な協力のもとに，東京都の総合防災訓練「ビッグレスキュー東京2000」が，銀座，晴海など都内10ヵ所の会場で行われた。自衛隊員約七千百人を含む約二万五千人が参加し，ヘリコプターなど航空機約百二十機，車両約千九百台，艦船約二十隻が投入され，都主催では過去最大規模の訓練となった。

　こうした訓練を通した共通経験の積み重ねが，自衛隊の災害出動を遅らせてしまうイナクトされた環境を次第に変えてゆくことだろう。

6) 平成8年度防災白書で報告されているシステムは，地震防災情報システム（DIS）と言われている。国土庁では，地形，地盤状況，人口，建築物，防災施設等の情報をコンピューター上のデジタル地図と関連づけて管理する地理情報システム（GIS）として「地震防災情報システム（DIS）」を推進してきた。DISは，地盤，地形，道路，行政機関，防災施設などに関する情報を必要に応じて，震災対策に求められる各種の分析や発災後の被害状況の管理を行おうとするものである。DISのうち，番組で取り上げられていたものは「地震被害早期評価システム」と思われ，平成7年度第1次補正予算においてその整備のために10億3977万円が認められ，平成8年4月から稼働をした。

〔遠田雄志・高橋量一〕

5 ウラン加工工場臨界事故調査委員会報告書
――その組織認識論的考察――

はじめに

　わが国初の臨界事故の一連のニュースに，言い知れぬ不安と同時に「なぜ？」「どうして？」との疑問が心に幾重も沈澱していった。そうした時，事故後わずか10日目の平成11年10月10日NHKは，NHKスペシャル『調査報告　東海村臨界事故－緊迫の22時間を追う－』を放送した。それは，豊富な資料と記録されたデータはもとより広範な関係者へのインタビューなど綿密な取材にもとづいて事故の経過や原因それに背景を探ったきわめて優れたもので，先の疑問を解く手掛りをかなり与えてくれるものであった。と同時に，それは原子力産業における危機管理の深奥をのぞかせてくれるものでもあった。

　当時，私たちは企業経営の問題を考えるとき，組織の意思決定やその実施云々のレベルで分析しても不十分で，さらに一歩奥の組織の認識レベルにまで踏み込まねばならない，と主張していた。マネジメント，経営学における組織認識論の勧めである。

　そうした組織認識論的考察

を危機管理の分野に初めて適用したのが，本誌『グノーシス』第9巻（2000年3月号）の拙稿「東海村臨界事故－その組織認識論的考察－」である。それは主として，先のNHKスペシャルから得られる手掛りをもとに分析したもので，資料のみならず究明の面でも不十分さは免れがたい。

　一方，ウラン加工工場臨界事故調査委員会（吉川弘之委員長）が発足したのが平成11年10月4日で，同委員会の作成した「ウラン加工工場臨界事故調査委員会報告書」（以下，「報告書」と略記）が政府に提出されたのは同年12月24日である。「報告書」と拙論とは月とスッポンに違いなく，唯一類似している点といえばただ作業の時期が接近しているくらいである。しかし，私たちはその後，阪神大震災を組織認識論的に考察し，危機管理についての組織認識論的知見もわずかながら深くした。本論文は，そうした私たちの新たな視点から「報告書」を読むと，どのようなものが見えてくるのか，を確認するものである。本作業が市井の一意見として原子力産業の安全にわずかながらも資すれば幸いこれに過ぎるものはない。合わせて，亡くなられたお二方の冥福を祈る。

A.　「ウラン加工工場臨界事故調査委員会報告書」の概要

　本章ではまずa項で，ウラン加工工場臨界事故調査委員会（吉川弘之委員長）（以下，調査委員会と略記する）設置に到る経緯から，同委員会の調査方針などについて簡単に触れた後，続くc項以降で，同委員会が作成・提出した「ウラン加工工場臨界事故調査委員会報告書」（以下，「報告書」と略記する）の概要を述べる。

a. 調査委員会

　平成11年9月30日午前10時35分，ウラン燃料加工施設，JCO東海事業所（茨城県那珂郡東海村大字石神外宿2600番地）において，わが国初の臨界事故が発生した。同事故は，3人の作業員が「重篤な被ばくを受け」（「報告書」より。以下特に指定のない場合は「」内はすべて「報告書」よりの引用），付近住民に避難要請，屋内避難要請が発せられるなど，「前例のない大事故」となった。

　調査委員会は，「事故の重大性にかんがみ，事故原因の徹底究明等を行うという内閣総理大臣を本部長とする政府対策本部の決定（平成11年10月4日）を受け，広く有識者の参加を得て，第三者の立場から事故原因を徹底的に究明し，万全の再発防止策の確立に資するため，原子力安全委員会に設置された」。

　調査委員会は，「11回の会合を重ね，精力的に事故原因の徹底的究明や再発防止策の検討を進め」た。「11月5日には，本事故の社会的影響の大きさ等にかんがみ，必要な対策が適時・的確に講じられていくことが重要であるとの視点から，それまでの5回の本委員会での検討結果を踏まえ，『緊急提言・中間報告』を政府に提出した」。

　「報告書」によれば，調査委員会は，「その後，原子力安全委員会の意見募集に応じて寄せられた，『緊急提言・中間報告』に対する一般からの意見をはじめ，各方面からの意見を踏まえつつ，事故の直接的・間接的原因をさらに究明するとともに，将来に向けた原子力安全の確保のあり方にまで踏み込んで，再発防止のための基本的な考え方を打ち出していくことを目指し」，「より詳細な検討を行うため，『技術・評価』，『企業・産業』，『社会・安全』の3つの検討チームを発足させ，事実や原因のより緻密な把握とともに，事実の背後にある構造的・倫理的な問題を含めて検討」を行った。

調査委員会が，最終的に検討結果をとりまとめ，平成11年12月24日政府に報告したのが，「報告書」である。

「報告書」は，8章編成である．第1章では，これまで述べてきたような調査委員会設置の経緯や調査方針などについて語られ，第2章では，事故発生施設や事故発生時の状況など「事故の全体像」が述べられている．第3章では，「事故の原因とそれに関する状況」と題して，事故発生の原因や再発防止策などが具体的に論じられている．第4章では，「事故に係る防災上の対応」について述べられ，第5章では住民などに対する健康対策，事故現場の安全確保についてなどが論じられる．続く，第6章では，激化する国際競争下における経営効率化と安全性についてなど，事故の背景にあったと思われる事柄を論じるとともに，それらへの対応策が述べられている．第7章では，全体を再度簡単にまとめると共に，今後の取り組みのあり方について総合的に論じられている．第8章は，「事故調査委員会委員長（吉川弘之委員長）所感（結言にかえて）」である．

b. 「報告書」による「事故発生の原因と再発防止対策」

本節では，主に「報告書」第3章で取り上げられている「事故発生の原因と再発防止対策」について見ていくことにする．

「報告書」では，事故発生の原因を「直接的原因」，「作業工程上の問題点」，「運転管理上の問題点」，「技術管理上の問題点」，「経営管理上の問題点」，「許認可上の問題点」，「安全規制上の問題点」の7つに分け，それぞれについて対策を明記している．

「報告書」はまず最初に，「直接的原因」として，「そもそも使用目的が異なり，また臨界安全形状に設計されていない沈殿槽に，臨界量以上のウラン（16.8kgU−0.2kgU=16.6kgU）を含む硝酸ウラニル溶

液を注入したことにあった」と指摘し，これへの対策として，「ヒューマンファクター等への一層の配慮から，質量制限とともに濃度制限を併用するなどの方が適切と考えられる。ただし，制限値の設定に安全余裕を見込み過ぎたり必要以上に何重もの制限をかけないようにすることも大切である」と述べる。

続いて，「作業工程上の問題点」として，「直接的原因を招来した要因」は，「1ロット（約40㍑・14.5kgU）毎に均一化する作業工程が適切でなかった」とし，「14.5kgU を貯塔で均一化するのに約200分を要するなどの作業上の難点があった」と指摘する。これに対する対策として，「当該装置の作業性と安全性との関連に関しても予め評価しておくべきである」と述べている。

「運転管理上の問題点」では，「安全運転の要件であった1バッチ当たり2.4kgU という臨界管理上の質量制限値を超える作業を行ったこと」に言及し，「溶液系装置の臨界管理質量制限については，容積制限による二重装荷の臨界安全要件を付加するなどの措置により物理的に安全を確保すること」，「運転管理上の禁止事項」の新設，及び「承認手続きの徹底などにより，質量制限が遵守される運転管理体制を構築することが重要である」としている。

また，「技術管理上の問題点」として，「作業手順書と作業指示書の作成や改定に当たっては，安全管理グループ長や核燃料取扱主任者の承認を得るなどの技術管理上の適正な手続きが定められていなかった」と指摘，「従業員教育，現場作業統率，安全管理等の面で品質管理の充実を図るとともに，ISO 規準認証の取得を奨励するなど事業者の自己責任による自主保安の考え方を徹底する」ことが重要であると述べている。

次に，「転換試験棟における仕事は，主たる業務である加工施設棟

における仕事に比べて小規模かつ非定常的で特殊でもあったにもかかわらず，その特殊性に関する配慮が十分ではなかった」との「経営管理上の問題点」を上げて，「特殊少量製品を非定常的に製造するプロセスにおいては，その経営管理上の特殊性に鑑み，安全管理上必要な配慮が特別に求められる」べきであると述べる．特に「発注者と受注者との間で作業の安全管理に関し十分な検討が行われることが望ましい」と述べている．

「許認可上の問題点」として，「安全審査及び設工認審査において再溶解工程に関する記述が必ずしも十分とはいえない」と指摘し，「安全審査において施設・設備・機器の基本設計に関する臨界安全上の妥当性を評価するに当たっては，その評価の前提としたそれらの使用条件について明記する」ことが大切であると述べる．また，「許認可手続きの期間」に関して，「時間がかかることから，できるだけ許認可なしに変更等を行いたいという事情が申請者側にあるおそれ」を指摘している．

さらに，「保安規定の遵守状況などのチェックのために行う規制当局の点検が有効でなかった」という「安全規制上の問題点」を指摘し，対策として，「国の検査機能を強化し，①加工事業に係る規制項目の追加と定期検査等の義務付け，②保安規定の遵守状況に係る効率的な検査制度の導入，③抜き打ち検査の効率的な実施などを図る」ことなどを挙げている．

c.「報告書」の提言

上で述べたような対策を実効あるものとするために，「報告書」は第3章の最後で5つの項目に分けて多くの提言を掲げている．本節ではそれらを見ていこう．

第1には，「安全審査・安全規制の見直しと体系化」の必要に関する提言として，「規制行政庁と原子力安全委員会のダブルチェック機能の実効性ある運用を含め，多重補完的安全審査のあり方について改めて検討すべきこと」，「安全審査及び安全規制のあり方に関し，管理体制や作業工程及び検査並びに確認の方法までを視野にいれた専門的検討の緊要性」，「原子力安全委員会は」，「規制行政庁とは独立した立場から安全行政を監視し指導することが求められており，事務局の抜本的強化と専門的助言者集団を充実化すべきこと」の3つを提言している。

　第2に，「事故発生原因を除去する具体的方法」に関する提言として，「作業性を考慮し製品の製造に適した設備の安全設計と製作を行うこと」，「工程管理及び作業管理による安全確保の徹底を図るシステムの確立」，例えば「余裕のある作業計画」，「指示にしたがって作業が正しく実施されることを確認するシステム」の導入，さらに「安全の向上と技術の継承を図るシステムをそれぞれの事業所において確立すること」，例えば「定期的な教育」などを挙げている。

　第3の提言は，「危機管理下における情報の適正な管理」に関するものである。「非常時においては，地域住民及び一般公衆に対し，正確で，かつ，わかり易い情報がタイムリーに提供されなければ」ならず，「そのため，情報源を出来るだけ一元化し，情報の混乱を最小限にとどめるべきで」あること，さらに「迅速かつ的確な判断を可能にするために」，「情報を専門的に分析する必要」があり，「それらの作業は，適切な場で特別にその任に当たる者によって遂行されるべきである」と提言している。

　第4は「安全管理情報の統合化とシステム化」についてである。「核燃料物質の管理をより徹底」し，「核燃料物質の所在や移動につい

てリアルタイムでその情報を管理するシステム」を導入することを提言し，同時に「核物質防護上のセキュリティー対応」も重要であると述べている。

第5に，「自己責任による安全確保の向上を不断に目指す社会システムの構築」に関する提言である。ここではまず，「いわゆる原子力の『安全神話』や観念的な『絶対安全』という標語は捨てられなければならない」として，「確率は低くとも事故は起こり得るものと考えるべきであり」，「『絶対安全』から『リスクを基準とする安全の評価』への意識転換」を訴えている。

続けて，「規制する側と規制される側の間に健全な緊張関係があってはじめて自己責任の安全原則が効力を発揮する」として，「申請・報告と審査・検査という行為を通して状況が常に改善され進化していくという循環的関係であることを認識すべき」であるとしている。

また，「いわゆるプロジェクト型の技術開発」にも言及し，「開発の計画は，外部に対し常に開かれその内容を説明する責任を負っているとともに，開発のリスクを最少化するプログラムを自律的に備えていなければならない」と主張している。

最後に，「人材の養成について触れ」，「専門的知識を有し，かつ，社会への適用性に優れていて安全意識の高い技術者集団の参加を必要としており」，また「それらの集団のリーダーとなる人材の育成が不可欠である」と提言している。

d. 「報告書」の語る「事故の背景」

「報告書」では，主に第6章を中心に「事故の背景」について考察を加えている。本節では，「報告書」が語る「事故の背景」について見ていきたい。

「報告書」はまず,「軽水炉用燃料の再転換(六フッ化ウランから二酸化ウランを製造)については,国際的には低コストで再転換工程を行えるドライ法が主流である。JCOでもドライ法への設備変更を進めていたが,事故時点では相対的にコスト高となるウエット法で操業していた。その結果,技術的なコスト高構造を抱えて,国際競争にさらされていた」と指摘している。

激しい国際競争の結果,JCOの「売上高は平成3年には32億5千万円であったが,平成10年には17億2千万円余りであり,生産量は552tから365tへと減少している。同時期に,社員数は162名(うち大卒技術者34名)から110名(うち大卒技術者20名)に減少しており,特に直接部門の技術者等に対して大幅な人員削減が行われている」ことが報告されている。また,「このように,国際的な価格競争により再転換した粉末ウランの売値が低下し,業績が悪化,厳しい人員削減といった経営効率化が行われていた様子がうかがえる」と記述されている。

「報告書」では,「国際競争下での経営合理化と今回の事故の厳密な意味における因果関係を明らかにすることは困難である」としながらも,このような「経営難に起因する厳しい人員削減等の経営効率化を契機として,社員の士気・倫理,さらには企業としての社会的責任感・倫理が低下したことが今回の事故の『背景』にあったことは推論するに難くない」と述べられている。

「いかなる産業の企業(特にここでは私企業)も市場において成長・発展し,投資家,経営者,従業員,消費者の利益を確保するために,効率を追求する」が,「現在の企業は効率化の追求のために安全性や環境保全を軽視した行動はとり得ない」とし,特に「原子力産業のようにいったん臨界事故といった大きな事故が発生すると,従業員のみならず地域住民への影響(「地域的外部性」という)や,被ばく者への

長い時間・次の世代への影響(「時間的外部性」という)が大きくなる可能性がある産業においては，安全性の確保は最重視されるべき」であり，「原子力産業における企業は効率化と安全性の両立を強く要請」されていると主張している。

そして，「報告書」では「このような観点から今回事故が発生した背景をJCOの企業行動に即して更に内在的に検討し，事故再発防止策について考察する」としている。

「この事故の最初の契機は作業効率の向上という効率化追求行動であったが，それをエスカレートさせた結果が」，「モラル・ハザードをエスカレートさせ」，「事故の直接的原因となった」と指摘し，「その意味では今回の事故は効率性の追求が安全性を犠牲にした結果である」と述べる。

また，JCOがモラル・ハザードをエスカレートさせていった理由として，「国際競争下での経営効率化や特殊少量生産における品質・安全管理の困難さが一定の役割を果たしたことは指摘したが，もっと内在的な原因があるのではないだろうか」と述べ，事故のあった転換試験棟での生産が「特殊・少量であって市場での取引が前提とされていない」「『非市場性財』」であったことを考えれば，「JCOは，この非定常的な需要のためにも一定の従業員を確保し，需要時に円滑に生産するために常に生産設備を整備し，従業員を教育・訓練しておく必要」があるが，「私企業としてのJCOはこれらのコストを回収し，利益を確保しようとしたであろう」し，「このような状況が安全性よりは効率性を重視させた結果となって現れたと思われる」と述べている。

では，「安全性を確保」するためにどうすればよいのかという点について，「安全確保に万全を期すためには，関係する組織・体制の整備としての安全文化の醸成が必要とされる」と語る。「安全文化の醸成

には，経営者が率先して取り組み，従業員全体に自覚を促すとともに，安全性の向上に向けた不断の活動が保障される基盤整備が必要」であるとともに，「事業者と規制当局との間の適度な緊張関係の形成と両者の間で緊密なコミュニケーションを確保することが不可欠である」としている。

　さらに，「我が国におけるエネルギーの安定供給を図るというエネルギー政策の観点からみた場合，原子力利用の推進は極めて重要な政策である」が，それが「安全の確保を旨として行われるべきことはいうまでもない」と述べ，そうした「安全性の確保の第一義的な責任が事業者にあることは，国際社会における共通認識」であり，「いやしくも原子力事業に携わる事業者は，安全確保を第一として事業を展開すべきである」と強調する。

　「報告書」がこのような当たり前のように思われることを強調しなければならない理由として，「事業者は規制当局から要求されている安全水準（あるいはルール）を守ることは当然として，これを更に実行可能な限り高めたより厳しい安全目標を事業者において自主的に具体化して，自主保安活動を能動的に展開するよう」すべきであったが，そのようなことがなされていなかったとして，「事業者の社会的責任・倫理の欠如を感じざるを得ない不祥事がここ数年多く発生している」と述べ，1995年の高速増殖炉「もんじゅ」のナトリウム漏洩事故など多数の事例を挙げている。

　また，事故を起こしたJCOが住友金属鉱山の子会社であったことに言及し，子会社化には通常，「①当該事業が成功するか否かのリスク（事業リスクという）を見極めようとする要因，②当該事業が事故・災害等のリスクを伴う場合に，そのリスクの負担を親会社に及ぼさないようにする要因（リスク回避)」という2つの要因があり，ど

ちらにおいても「親会社としての住友金属鉱山株式会社は，子会社であるJCOの経営や安全管理を監督・指導する社会的責務があったと思われるが，この責任が十分果たされていたかどうかについても慎重な反省が必要」であり，「原子力産業のようにリスクの大きな産業ではリスク回避行動は厳に慎むことが望まれよう」と主張する。

背景を十分に考察すると，「原子力産業全体の倫理を向上」すること，特に「技術者各人の自覚，倫理の確立が重要」であるとしている。

e.「社会と安全」に関する考察

d項で述べた通り，「安全性の確保の第一義的な責任は事業者にある」が，「『安全』という価値は，いまや人間の種々の価値の一つという一般的な位置づけを超えて，20世紀を代表する『開発・発展』という価値に並置・対置されるような文明史的意義を担うものになりつつある」として，「『安全』を来る21世紀に固有の価値の一つとして位置づけ，その認識と合意を国民規模で浸透させるとともに，社会の責任として『安全』という価値に対する適正なコストを負担していく必要がある」と強調する。すなわち，社会全体として，「安全社会システムの実現を図っていく」必要が求められているとする。

「安全社会システム」は，「安全最優先の理念の下に4つの要素から成り立って」おり，それは「危機認識」，「事前の安全確保」，「事後の安全確保」，「安全確保支援」であると述べられている。本節では，それら4つの要素について，「報告書」の示す具体的提言を眺めていく。

「危機認識」について「報告書」は，事故の底流に「危機認識の欠如」があったと指摘している。すなわち，「表面に現れないリスクの潜在を十分に認識し，洗い出し，その上で必要な予防対策」を講ずる

必要を述べている。その上で、具体策として「明確な危機認識の下に、日常の安全管理とリスク教育を効果的に行うための、職場環境を熟知した安全管理のキーパーソン」の配置、関係者の「リスクの心理的常在」たりえる工夫を施し、それを維持・向上させる努力などを訴えている。

「事前の安全確保対応」については、「フェールセーフ・多重防護の設計思想」の重要性はもとより、「ハードの安全確保対応のみならず、安全設計に基づく作業手順の定型化（マニュアル化）や施工、管理・監督の手続きの整備」や、「重要な物質、部品の受け渡しにおいては、伝票の授受を義務付ける」など「運転管理の充実」を求めている。

「事後の安全確保対策」としては、「事後の安全確保対応は事故を認識した時点から始まる」として「事故検知システムの充実」、また「防災訓練を効果的に行う」などの「防災計画の充実」が強調されている。

「安全確保支援」に関しては、「最も重視すべきは、原子力事業に関わる者に対する徹底した研修・訓練である」と述べているほか、「匿名性の排除」や「作業環境の整備による責任感・自己知覚の向上など、心理学的に実証されている様々な効果」による、いわゆる「社会心理学的装置の導入」や、「的確に計画された安全確保対応も、状況の変化によりその効果が変化し、また、危機認識の風化等により、その機能が失われるものである」として、それを防止するための「内部及び外部評価システムの充実」、さらには、「情報公開・透明性の確保」、「国民への正確な知識の普及」、「住民・地域の安全確保への関わり」などの重要性が述べられている。

B. 組織認識論的考察

本節では，A節で紹介した「報告書」の内容に関して，組織認識論の視点から考察を加えてみたい。

a.「報告書」の評価すべき点

前節第2項で見てきたように，この「報告書」は，「直接的原因」としての作業員の逸脱行為から論を起こし，そうした逸脱行為がなされた原因について，「均一化するのに200分を要するなどの難点があった」「作業工程上の問題点」，「特殊少量製品を非定常的に製造するプロセス」への配慮不足（ゆえに，経験のない作業員が作業にあたらねばならなくなった）など，行為というレベルにおいては，考え得るあらゆる面から考察していると言ってもよいだろう。

さらに，行為レベルばかりではなく，「余裕のある作業計画」の策定，さまざまな安全確認システムの導入など，意思決定のあらゆる場面を考察対象に含めている。すなわち，この「報告書」は，組織の行為及び意思決定という側面から眺めれば，非の打ち所のない内容であると言っても過言ではないだろう。

また，「報告書」は安全管理のキーパーソンの配置を呼びかけるだけにとどまらず，「関係するすべての者がリスクを認識し，適切な緊張感を持続」することの重要性をも指摘している。安全管理者を選定し，安全管理上の責任を彼のみに押しつけるような暗黙の了解が組織内で芽生えれば，むしろそれだけで危険は増大する。現在の原子力産業のように複雑で誰しもが1人で完璧に理解することなど到底できないような産業においては，その産業に関わる1人ひとりがリスクを十

分に認識する必要があるだろう。

　この「報告書」が優れていると思われる点は，そうした指摘だけではない。政府に提出する公文書であり，この「報告書」が，当然多くの国民の目に触れることを十分に分かった上で，原子力事業者が「規制当局から要求されている安全水準（あるいはルール）を守ることは当然として，これを更に実行可能な限り高めたより厳しい安全目標を事業者において自主的に具体化して，自主保安活動を能動的に展開するよう」すべきであったが，そのような努力を払ってこなかったことなど，これまで公の報告書類が触れるのを避けてきた問題点をも，はっきりと指摘している点などは高く評価されるべきだろう。

　さらに，「事業者の社会的責任・倫理の欠如を感じざるを得ない不祥事がここ数年多く発生している」と述べた後で，多数の事例を掲げ，原子力事業者の隠蔽体質にまで言及しようとした形跡が見られることも，評価に値するだろう。

　本誌前巻で発表した論文「東海村臨界事故－その組織認識論的考察－」の中で，私たちは，日本で原子力政策に携わる人たちが，国民の厳しい監視の下でミスを犯してはならないといった環境を自らイナクトし，そのようにイナクトされた環境下で，彼らがミスを隠蔽する体質になりやすい構図を明示し，多くの事例を提示した。そして，「唯一の被爆国日本であるがゆえに，日本の原子力政策は危険である」との命題を示した。

　今回の「報告書」では，「第一にいわゆる原子力の『安全神話』や観念的な『絶対安全』という標語は捨てられなければならない」と述べられ，「絶対安全」から「リスクを基準とする安全の評価」へ，国民レベルでの意識の転換を求めている。今回の「報告書」はこうした点でも，従来の報告書類と一線を画するものであったと言えよう。

また，安全管理思想の普及が文明史的に見て一つの転換点にあって，それがフェールセーフなどのハードを重視したものから，現場における運転管理などのソフト面を重視するものへと変わっていくべきであると強調していることも興味深い。航空機事故などでも近年，ハード面の安全管理をいくら強化したところで，事故率が減少しないという事実が認められてきている。航空機事故は，事故毎に対策を講じていく中で大幅に事故率が減少してきたが，ここにきて事故率はほぼ一定水準に止まり，最早事故率はハード面の改善では減少を見込めない段階を迎えつつあると言う。ソフト面，さらには搭乗員の意識のレベルにまで遡って考察する必要を迫られていると言えよう。

　ハードからソフトへと，安全管理の軸足をシフトしていくために，「報告書」は，従前よりもヒューマン・ファクターを重視し，匿名性の排除などの社会心理学的装置を導入する必要も訴えている。これまで原子力における危機管理では特に，ヒューマン・ファクターに言及することは意識的にせよ無意識的にせよ避けられてきた節がある。人間はミスをするものであるという事実を認めるならば，絶対安全の旗の下においては，ヒューマン・ファクターには触れたくなくなるのももっともである。このような点からも，「報告書」が「絶対安全」からリスク評価型安全管理への移行を，建前としてではなく実質的変化を伴うものとしようとする意欲に溢れたものであることを窺い知ることができよう。

　「報告書」は，上で述べたような事故毎に対策を強化するという，「進展する技術から成熟技術へと移行」する段階での避け得ざるプロセスは一般的な技術ならば許容されるが，原子力技術においてはそれは決して許されないプロセスであり，「中心技術以外の多様な技術的総合成果」である「制約条件である安全技術」と中心技術を，同時に

発展させざるを得ず，これは技術的には大変困難であるとも指摘している。

「報告書」はさらに，技術一般の問題における原子力技術開発の困難を述べるばかりに止まらず，先に述べたように安全管理が文明史的変容期に差し掛かっているとの観点から，「基本は原子力安全委員会，規制行政庁，事業者の関係」であるが，「この三者と一般社会の関係」でもあると述べて，国民レベルでの意識改革を強く訴えている。こうした面も，今までの原子力政策が，絶対安全の旗の下に，国民の監視の目を恐れるあまり，実態的には国民不在で進行してきた歴史を振り返るとき，斬新で勇気有る提言であると評価することができよう。

b. 「報告書」の限界

前項で述べたように，今回の「報告書」は従来政府により発表されてきた「報告書」類とは比較にならないほど，優れた内容のものであったことは明らかである。しかし，組織認識論的観点から言えば，いくつかの面において限界を感じさせるものでもあった。本項では，今後報告書等を作成する上での要望も含めて，いかなる点が限界であると感じられたのかを示してみたい。

「報告書」では，「危機管理下における情報の適正な管理」として，正確な情報をタイムリーに供給する必要と，そのための情報提供の一元化が求められている。と同時に，正確な情報を供給するために，「特別にその任に当たる者によって遂行」される情報の専門的分析を必要としている。

まず，私たちは"正確な情報"という言葉に注意すべきだろう。例えば，阪神大震災の時を思い返して戴きたい。私たちは，「阪神大震災－その組織認識論的考察－」の中で，災害対策基本法によって災害

対策の中心となるべき国土庁（旧称，現国土交通省）が，正確な情報をもたらしてくれる筈の警察庁・消防庁が，混乱し通信不能に陥っていた中，状況の重大さを認識できずに，何ら対応策を打てないでいた様子を描いた。彼らが求めていたものも〝正確な情報〟であったのだ。

石原内閣副官房長官（当時）は，震災時に政府の対応が大幅に遅れた理由について，「決断力が足りなかったのではなくて，情報が足りなかったのだ。初期の段階で官邸が機能しなかったということではなくて，機能する前提である情報が入ってこなかったということだ」[1]と強調している。石原氏の弁明は，〝正確な情報〟の要請が，正確な情報の不足を理由とした意思決定の回避・遅延の口実になりかねないことを窺わせてくれる。

次に〝情報の専門的分析〟についてはどうだろうか。今回の臨界事故において，政府の対策が後手後手に回ったことを質された科学技術庁（旧称，現文部科学省）の間宮原子力安全局長（当時）は，NHKのインタビューに応えて，「本当に理解している委員等の判断を聞かずには動き難いし，それを確認してから動こうと思うのが自然の心情」[2]ではないかと話していた。彼もまた専門的分析による〝正確な情報〟がなければ動けないと語っているのである。

これらのことは，われわれが知らず知らずのうちに，最適代替案を選ぶべしとする合理モデル[3]的思考を当然のものとして積極的に受容していることを窺わせてくれる。合理モデルでは，選択肢のもたらす結果の正確な予測と緻密な評価が大前提であるから，決定においては何よりもまず〝正確な情報〟が求められることになる。平常時そうした情報が利用可能ならば，それは然るべきことである。しかし，危機においては正確な情報が入るのを待っていては致命的な結果を招いて

しまう場合も少なくない点を見逃すべきではない。

　今回の事故で，どのような情報が役だったのか。"正確な情報"とはいかなる情報を指すのかについて，「報告書」はより深い考察を加えて戴きたかったという感じがしてならない。

　阪神大震災の時には，震災から約1時間が経過した段階になっても，国土庁には警察・消防から"正確な情報"はもたらされなかった。しかし，NHKはその頃には全国に向けて，神戸放送局の一室が激しく揺れる映像を流していた。さらに国土庁に"正確な情報"が入らないでいる中，阪神高速道路や鉄道の高架が倒壊したなどの映像が次々とテレビ画面を流れていた。大野重幸防災企画官（当時）は，（気象庁からの第一報が京都で震度5だったこと，"正確に"わかった負傷者数は17名との情報から，当初）「それほどの被害はないだろうと考えていた」[4]と打ち明けている。

　今回の臨界事故でも，東海村の村上村長はNHKのインタビュー[5]に対して，JCOの社員が息せき切って飛び込んできて村民の避難を訴えた様子に接し，これはただ事ではないと判断し，自分の責任で村民に避難を呼びかけるしかないと決断したと語っている。

　対して国や県は，あくまでも"正確な情報"にこだわり続けた。橋本昌茨城県知事は，「最近似たような故障が何件も続いていたので，それと同じレベルだと思って，あまり気にならなかった」[6]と語ってから，県内21カ所に設置されていた放射能モニタリングステーションの数値が，事故後しばらくすると通常に近い値に戻っていたことを受けて，「モニタリングステーションの数値が下がっているので，多分おさまるだろうと思った。あまり心配していなかった」[7]と打ち明けていた。橋本氏の述懐は，今回の事故では，放射線量ではなく中性子線量が測定されるべきであったという点を差し引いたとしても，彼が

"正確な情報"に振り回されていた様子を窺わせるエピソードである。

アメリカの社会心理学者 K. E. Weick（1995）によれば，緊急事態を意味づけるに際して，公式情報システムやスペシャル・レポートといったあまりリッチでないメディアよりも，非公式で対面的でリッチなメディアの方が役に立つという（Weick, 1995, p. 99）。彼は，事態があまりに多様に解釈されて，そのうちのどれが適切かといった，いわゆる多義性による混乱には，多量な情報はかえって害である，と言っている（Weick, 1995, p. 186）。阪神大震災の折に，国土庁が切望した"正確な情報"は，死傷者の数から震災の規模を特定するための数値情報であった。多義性による混乱を回避するのに，数値情報などのリッチ度の低いメディアがいかに無力かを感じさせてくれる話である。今回の「報告書」では，惜しむらくかな，"正確な情報"というのがどのような性質のものであるのかという点にまで踏み込んで考察していなかった。

また，「報告書」では，リスクを事前に洗い出して予め十分に想定しておくべきであるとの主張が繰り返しなされている。危機が想像しうる範囲の危機であるならば，もっともなことである。脅威に直面すれば，人は往々にして昂奮し，「昂奮が注意力を使い尽くしてしまい，センスメーキング（ここでは，事態を適切に意味づけること——引用者注）にとって使用できる手掛りの数を減らしてしまう」（Weick, 1995, p. 101）ために，「センスメーキングが困難となる。そのことがさらに昂奮を高め，いっそう手掛りの数が減り，センスメーキングがいっそうしにくくなる」（Weick, 1995, pp.101-102）。そしてただ茫然自失となって，何ら有効な手立ても打てないまま時間だけが経過し，被害は拡大の一途を辿るようになることが多々見受けられる。それに対して，Weick は危機管理における"物語"の効用に触れて，「想像上の脅威

が現実の脅威ほどプレッシャーを感じさせない」（ibid., p. 131）ので，「想像上の脅威は現実の脅威ほど〝認知的〟狭窄を招かず」（ibid., p. 131），「徹底的に〝検討〟され，十分に理解される」（ibid., p. 131）。したがって，事前にさまざまな場面を想像しておくことは，現実の危機に対してコスト・フリーでシミュレーションを繰り返しているようなもので，それはそれで有益な演習であると言える。

しかし，真の危険な危機的状態とは，不測の事態をいうのではないだろうか。すなわち，考えるべきは予測しうる程度の危機ではなく，①予測不能で，②何が起こっているのか訳がわからないような状態のことを言うのではないだろうか。

危機を予測し，さらにその結果を正確に見積り，緻密な対策を練り上げるというのは合理モデルの発想に他ならない。

どのような危機的事態が生じうるのかを事前に認識できるのであるならば，マニュアル化などによって，それらに対して十分な対策を講じておくことには価値があるだろう。しかし，真の危機とは予測しえない状態なのであって，そもそも合理モデルを超えて考えてみるべき対象となることがおわかり戴けよう。

目前で生じている予測できなかった，複雑で多様で訳の分からない事態から，どのような手掛りを抽出し（〝正確な〟数値情報か，それとも対面的でリッチな情報か），それらをどう解釈するのかということになれば，真の危機とは，（意思決定論ではなく）認識論的に考察を加えるべき対象となることがおわかり戴けよう。

今回の臨界事故に関して，NHKのインタビューに応えて，間宮原子力安全局長（当時）が，「今回はまさに不意をつかれた」，「想定していないような日本ではじめての臨界事故」[8]であったと語っているほか，日本原子力研究所の田中副所長（当時）も，「コントロールで

きない状態で臨界反応が続いているということは想像すらしたこともなかった」[9]と述懐している。これらのことからも分かるように，関係者の間では間違いなく，今回の事故は不測の事態であったのだ。

　実は，複雑なシステムでは，さまざまなサブシステムがタイトにかつ，複雑な変換プロセスを介して結びついているために，内部でわずかな変化や逸脱が生じただけで，「予期せざる事象の連鎖が生ずるのは当たり前なのである」(Weick, 1995, p. 87)。C. Perow (1984) は，原子力発電所のような複雑なシステムを調査した結果，複雑なテクノロジーと限定された知識が結びつくと訳の分からない出来事が生じやすくなるとして，「理解不能で想像すらできない事象の前兆を読み取ることはできない。なぜならその前兆を信じることができないからだ」(p.23) と警告している。これらのことは，原子力関係などの複雑なシステム系で発生する危機を考える際に，忘れられてはならないことだ。繰り返すようだが，原子力に関わる危機は簡単に人間の想像を超えた事態に発展するものであると，十分に覚悟しておくべきである。

　では，今回の臨界事故において，①不完全で，わずかな情報しか入ってこない，②パニックに陥っている中で，事態を誰がどのように意味づけたのだろうか。

　悠長にも国や県が，明らかになった数値情報や専門家の見解にこだわりを見せ続けた中で，東海村の村上村長のみが，JCO社員の異様な様子に接し，自らの責任で住民の避難勧告にまで踏み切ったことは先に示した通りである。しかし，実は「報告書」によれば，「今回の事故の第一報」は「事故発生から約44分後」に「科学技術庁にもたらされ」，「この連絡を受け，科学技術庁では，現地の運転管理専門官」を派遣して，「JCO東海事業所で状況把握を開始している」とある。

この運転管理専門官の報告は科学技術庁内部ではどのように扱われたのかが,「報告書」からは分からない。

また,なぜ村上村長のみが,臨場感溢れる手掛りをイナクトできたのか,さらにはどうして彼が超法規的な避難勧告まで発し得たのか,そこまでの深い考察を,「報告書」は加えて欲しかった。

臨界事故を解釈する段階に到って,原子力安全委員会の席上,住田委員長代理が[10],「声をあげて,はっきりとこれはもう臨界事故であると言い切って,しかも再臨界の可能性がある」[11](NHKのインタビュー)と指摘したにもかかわらず,なぜ委員会全体の認識は覆されることがなかったのだろうかという疑問も残る。もし,中性子線量が測定されていなかったというのが主な理由であるならば逆に,なぜ住田委員長代理が,臨界事故であり再臨界の可能性があると断言できたのかという疑問が残る。さらに,そうした委員長代理の意見に他の専門家がどう反応したのかも知りたいところである。

「報告書」では,「特別にその任に当たる者によって遂行」される情報の専門的分析の必要性が強調されているが,今回の臨界事故で実際に起こった専門家間の解釈の違い,また結果的には妥当であった見解が,なぜ委員会全体の認識とはならなかったのか,などについてより突っ込んだ考察を加えて戴きたかった。そこまで考察せず,安易に専門的分析の必要性を強調するならば,今回同様のことが再び繰り返されないとは言い難い。

一例を示せば,認識論的に考えるならば,人間に特有な認識の仕方として〝正常化の偏見〟なるものが報告されていることを指摘できよう。〝正常化の偏見〟とは,「いやなことはできるだけ知覚するのを避けようとする」(遠田,1985, p. 19)という自己防御の一種であると言われている。

また，認知的不協和理論というものもある。人はコミットすればするほど，自らにその行為をするようにした当の事柄自体には疑いをもたなくなり，また行為そのものへの疑いも消える。また自らの過去の行為を正当化するような情報ばかりを囲い込みたがる上に，仮に不利な情報を受け取っても，自分に都合良く解釈したくなるものである。専門家の多くが，原子力政策に今まで深くコミットしてきたのであるならば，専門家の多くが今回の臨界事故を当初，大事故であると認識しえなかったことも頷ける。

　また，Weick (1995) は，「少数派は他の代替案，その多くは提起すらされていない代替案を考慮するよう刺激」(Weick, 1995, p. 141) し，「対立する少数派の見方を聞いた人は，認知的努力を多く払い，状況のより多くの側面に注意し，そのためにさらに多様な思考やいっそう真新しい解決策や決定を生み出す」(ibid., p. 141) 可能性を高めるようだ。しかし，一方で組織がそうした多様性を受け容れるためには，少数派は「自信をもって主張」(ibid., p. 141) するべきであるとも述べている。住田委員長代理は，はっきり断言したと述懐しているが，それは果たして「かくも自信をもって主張」(ibid., p. 141) したということなのだろうか。

　以上示してきた認識論的考察は一例に過ぎない。「報告書」がこういった観点からより深い切れ込みを入れたならば，いっそう魅力的なものになっていたであろうと残念に思い，敢えて述べている次第である。

　次に今回の「報告書」がまさに画期的であった点，すなわち原子力の「絶対安全」からリスク評価型への思考の転換を国民レベルにまで求めている点について考察してみたい。

　「報告書」では，「いわゆる原子力の『安全神話』や観念的な『絶対

安全』という標語は捨てられなければならない」となっているが，では一体，どのような経緯で「安全神話」や「絶対安全」という標語が生まれてきたのかについて一切考察されていない点も残念である。もとより，今回の「報告書」が極めて優れたものであり，そこまでの深い考察が果たして，公の「報告書」で可能なのかという懸念を抱きつつ敢えて述べるのであるが，本当の意味での歴史を知るものこそprophet 足り得ると考えている（Weick, 1979：遠田訳，p.319）私たちとしては見過ごすことはできない点でもある。

　A. Upton（1961）によれば，人が意識の瞬間を経験の瞬間として過去の瞬間と結び付け，再認した瞬間に，意味というものが表面に現れてくる。すなわち，過去の瞬間＋連結＋現在経験している瞬間という組み合わせこそが，物事の有意味な定義を創り出している。そして組織の認識を考察する場合に忘れてはならないのが，過去の瞬間のうち，組織の中でもっとも頻繁に用いられ，大多数の者にシンボリックに受容されている瞬間こそが，組織に共有された意味世界をもたらすという事実である。

　原子力という言葉をわれわれ日本人が聞いたとき，繰り返し用いられるシンボリックな瞬間とは，原爆投下の瞬間だろう。それは放射能による恐怖を伴って語られる。当然，日本で原子力政策に携わる多くの人びとも同様であろう。ならば，彼らが〝唯一の被爆国・日本〟という事実を常に念頭におき，そうした中で〝国民の厳しい監視がある〟と思い込むとしても無理はないだろう。さらには，〝国民の厳しい監視の下，ミスを犯してはならない〟と自らを規定したとしても不思議ではない。

　そのようにイナクトした環境下では，仮に安全性をチェックした結果異常値が検出されたとしても，それは判断の問題だとして公表しな

くなるだろう。彼らが意図的に異常を隠蔽してきた歴史は「報告書」でも語られている通りである。

　国民の厳しい監視の目を感じる余り、ミスを犯してはならないと思い込む。それがさらにミスを表に出さない体質を育む。こうした連鎖が行き着く先は、規制省庁も巻き込んだノーチェック体制である。

　こうしたことから、どこからも異常値が検出されない中で、本当に絶対安全であるという認識が原子力関係者の間に形成されていったと考えられる点である。ひとたび、絶対安全であるという強固な認識が形成されると、それがさらにノーチェック体質の温床となる。こうした自家撞着のため、絶対安全が神話化されていった。以上が概ね、今回の臨界事故に関する前巻の論文で私たちが示した、絶対安全神話が形成される経緯であった。

　今回の「報告書」では、過去の経緯に対する認識レベルでの深い考察がなされていなかった観があるが、どのようにして絶対安全神話が社会的に構築されてきたのかを十分に考察し、その上で対応策を示して欲しかったように思う。

おわりに

　「報告書」そのものに関する意見ではないのだが、最後にもう一つだけ述べておきたいことがある。今回の「報告書」はさまざまな点で画期的で、素晴らしい内容であった。合理モデル的思考に基づくものであったとは言え、考え得るあらゆる原因と対策、さらには遠因とも言える背景にまで遡って考察を進め、数多くの提言を呈していることには驚きを禁じ得ない。

　問題は、今回の「報告書」の内容すべてを同時並行的に実行するこ

となど到底不可能な点である。今回の「報告書」でなされた提言のうちで，何が最も重要なのか。優先順位はどうで，何から取り組んでいくべきなのか。

　物事の順位を決め，重みづけるのはリーダーの最も重要な役割の一つである。原子力に関して言えば，何に優先的に取り組んでいくかは政治的リーダーシップによって示されるべきであろう。

　経済効率と安全性ばかりではなく，現実のすべての物事は多かれ少なかれ二律背反な面を具えている。例えば，速やかな情報伝達の必要性と，専門的分析による正確な情報の伝達という「報告書」が同じページの中で示していることすら，実は両者に関して，リーダーシップによって適切な重みづけがなされてはじめて機能しうるものだということを見逃してはならない。速やかさを心掛ければ，いくぶんの正確性は犠牲にせざるをえないだろうし，正確たろうとすれば，いくぶん時間が経過するのはやむを得まい。

　悲劇的なのは，安全管理に限らず，さまざまな局面で時代が転換点を通過しつつある今，わが国に政治的リーダーシップが不在とも思える点である。リーダーシップ不在の下で，何ら実効ある対策が講じられないまま，時間の経過だけを許すのであれば，今回のように優れた「報告書」の存在は，むしろ危険であると言わざるを得ない場合もあるだろう。仮に将来，原子力によって国民に惨害をもたらす事故が生じた場合，「そうした事故の原因と対策は，過去に十分な検討がなされており，規制する側のわれわれとしてはできることは十分やってきたつもりだ」と宣う政治家や官僚が現れないとは限らない。彼らが手元でちらつかせているのが，この優れた「報告書」だというような事態は想像するだに恐ろしい。

　Thayer (1988) はリーダーについて以下のように語っている。

「リーダーとは,世界に"顔(face)"をあてがうことによって,部下が世界に"気を配る"仕方を変えたり,導いたりする人である。本物のリーダーは,違った形に世界を創造し直すことによって世界に違った"顔"をあてがい,世界の意味に違った感じを他者に与える。それは,あたかも時代を画するような画家や彫刻家そして詩人が後世の人びとに異なった世界の見方——ひいては,言い方や行動の仕方あるいは知り方を授けるのと同じだ。リーダーは世界を"そうであるものとして"語らず,世界をそうであるかもしれないものとして語り,それによって,そうで"ある"ものに異なった"顔"を与えるのである。リーダーは意味を付与する者である。リーダーは常に,さもなくば把握不可能な,混沌としてメリハリがなく手に負えない世界——つまりわれわれが最終的にコントロールできないような世界——から脱却する可能性を体現している人である」(pp.250, 254)。

時代が大きく変わりつつある今,求められているのはそうしたリーダーシップではないだろうか。

注 1) 阪神大震災からおよそ3ヶ月後(1995年4月)に放送されたNHKの番組『阪神大震災 危機管理 政府はどう動いたか』の中でインタビューに答えて。
  2) 今回の臨界事故から10日後(1999年10月10日)に放送されたNHKの番組『調査報告 東海村臨界事故 緊迫の22時間を追う』の中で。
  3) 合理モデル(rational model)は,意思決定を次の5つのステップからなるものと考えている。①目標や問題の明確化,②あれをすべきかこれをすべきかといった代替案(alternative)の設計,③各代替案の結果(out-come)の予測,④各結果の(目標や問題に照らした)利得(pay-off)の評価,⑤一つの代替案の選択。これらのステップが十分なデータや知識を用いて字義どおりに進めば,選択される代替案はきわめて理にかなったものとなる。合理モデルというゆえんである。くわしくは,本書所収の「合理主義のパラドックス」を参照されたい。
  4) 阪神大震災からおよそ3ヵ月後(1995年4月)に放送されたNHKの番組『阪神大震災 危機管理 政府はどう動いたか』の中でインタビューに答えて。
  5) 今回の臨界事故から10日後(1999年10月10日)に放送されたNHKの番組『調査報告 東海村臨界事故—緊迫の22時間を追う—』の中でインタビューに答えて。

6) 同上。
7) 同上。
8) 同上。
9) 同上。
10) 同上。
11) 同上。

参考文献

科学技術庁原子力安全委員会ウラン加工工場臨界事故調査委員会 (1999),「ウラン加工工場臨界事故調査委員会報告書」。

遠田雄志 (1985),『あいまいだからおもしろい』, 有斐閣。

遠田雄志・高橋量一 (2000 a),「東海村臨界事故　その組織認識論的考察　」本書所収。

遠田雄志・高橋量一 (2000 b),「阪神大震災　その組織認識論的考察　」本書所収。

Perrow, C. (1984), Normal Accidents. New York : Basic Books.

Thayer, L. (1988), Leadership/Communication : A Critical Review and a Modest Proposal. in G. M. Goldhaber&G. A. Barnett(eds.), *Handbook of Organizational Communication.* Norwood, NJ : Ablex.

Upton, A. (1961), *Design for Thinking.* Palo Alto, CA : Pacific.

Weick, K. E. (1979),*The Social Psychology of Organizing*(2nd ed.). Reading, MA : Addison-Wesley.〔遠田雄志訳『組織化の社会心理学』第 2 版, 文眞堂, 1997年。〕

Weick, K. E. (1995), *Sensemaking in Organizations.*Thousand Oaks, CA : Sage Pubilications.

〔遠田雄志・高橋量一〕

エピローグ

A. なにかおもしろいことないか仔猫チャン

　おもしろい説や解釈とはどのようなものか。それらは総じて，新奇で，常識から外れている。そのため，意表をつかれた人は一瞬のためらいの後，「おもしろいナ」と感ずるのである。
　一般に，人は，いろいろな説や解釈に対して，大別して次のような反応を示すであろう。
　ⓐ　自分の信念的部分にその説が抵触した場合，「これはバカげている，なにかの間違いだ」。
　ⓑ　常識的部分にその説が反した場合，「こいつは興味深い，おもしろい」。
　ⓒ　信念的部分にそれが符合した場合，「これはあたり前だ」。
　ⓓ　その説が信念にも常識にも触れなかった場合，「こいつは見当違い，無関係だ」。
　したがって，おもしろいことを言おうとするには，なによりもまず，（世の）常識や仮説に反する説や解釈を考えつかなければならない。しかしやみくもにやっても，それはなかなかむずかしい。狙いどころというものがある。ビジネスや組織論に関してそうしたポイントをあげてみると，次のようなものがある。
　(1)　機能性
　(2)　共存性
　(3)　抽象性
　(4)　均一性
　(5)　共変動性
　(6)　因果性

(7) 相関性
(8) 類似性
(9) 普遍性
(10) 安定性
(11) 組織性
(12) 評価性

なお、この12のポイントの頭文字をとり「きのうきょう、忠勤教員ソルプあそび」というフレーズにして語呂合わせすれば、覚えやすいだろう。順次、それぞれについてコメントしてみよう。

(1) 機能性

もし、「目的の達成に有効に機能していないと思われる事柄が、じつは立派に機能している」とか、反対に「有効に機能しているとされているものが、じつはなにも機能していないとか、逆効果をもたらしてさえいる」という説や主張を耳にしたら、おそらく多くの人は、その言葉を興味深く聞くだろう。

「長い会議は時間の無駄」という常識がある。それに対して、「小田原評定も、その間に大量の情報が交わされたり、それぞれの人となりがわかるようになるので、長い目でみれば有意義なのだ」という知見は、傾聴に値する。これなどは、前者の例である。

何事であれ、機能しないと思われているものがじつは機能する、と言えば、おもしろがられるだろう。しかし、この類の主張は、心してやらなければならない。なぜならば、こうした物言いがおもしろいからといって、やたらに広がると、本当に無駄な制度や機関が温存されかねないからである。

「どこからみても有益な社会的制度や組織が、じつは無駄どころか

ないほうがマシだ」というおもしろい主張は，後者の例である。これには，「学校は生徒を愚かにする」「監獄は犯罪教習所だ」「医者にかかると病気になる」とか「国家は人民を抑圧する機関だ」というすごいのがある。

(2) 共存性

「当然共存すると思われる現象が，じつは共存しない」とか，反対に「共に存在しないとされることが存在する」という事実の指摘や主張はおもしろい。

「愛と結婚」は，多くの人がその共存性を信じてきた。しかし，〝未婚の母〟に象徴されるように，その常識を揺さぶる現象や社会調査が最近目につく。これなどは，前者の例である。

後者の例としては，「愛と憎しみ」があげられる。このアンビバレンス（両面感情）はなにも特殊な人だけでなく普通の人にもある，との説は興味深い。

(3) 抽象性

個と全体の関係の逆転もおもしろい。「個的な現象と思われていたものが，じつは全体的なものだ」とか，反対に「全体的な現象とされていたものが，個的な現象だ」という発見は興味をそそる。

自殺はきわめて個人の特性に依存すると思われている。しかし，古くは華厳の瀧の藤村操の，近くは岡田有希子（近くはないか）の自殺に続いて流行った若者の後追い自殺をみると，自殺も社会的現象なのでは，と疑ってみたくなる。この懐疑はおもしろい。

対して，〝縄張り〟は，一般的には，社会学的現象としてとらえられている。しかし，よく観察すると，それが特定の個人の強欲であり，その人がいなくなることで〝縄張り〟がなくなることもある。

(4) 均一性

「多くの異質の要素からなると思われる現象が，じつはひとつの要素からなっている」とか，反対に「単一の要素からなっていると思われる現象が，じつはさまざまな要素からなっている」との気づきは，刺激的だ。

複合不況といわれて久しいが，それは，たんなる消費意欲の減退の悪循環が招いた不景気のようだ。これなどは，前者の例である。

第二次大戦後からつい最近まで，世界政治はなべて冷戦構造の図式でとらえられていた。しかし，その間のハンガリー動乱，中印国境紛争あるいはイランのホメイニ革命などの事件は，世界政治がそういった単一の図式ではとうていとらえられないことを示唆していたのだ。こうした気づきは興味深い。

(5) 共変動性

「2つの現象間に同方向に動く（すなわち正の共変動）関係があると思われているのに，じつは逆方向に動く」とか，反対に「2つの現象が逆の共変動関係にあると思われているのに，実際の共変動は正である」という説もおもしろい。

低所得の人は財やサービスへの支出が少ない，というのが常識だ。ところが，携帯電話，オーディオはいうにおよばず，クルマまでもっていて，遊興のための金は惜しみなく注ぎ込む昨今の学生を見るにつけ，先の常識を疑いたくなる。これは，前者に関するおもしろい疑いの例である。

貧困層は当然，革命を待望する気持ちが強いと思われる。しかし，これまでの革命家のほとんどは旧体制の富裕階層から輩出している，というのが事実のようだ。この事実はおもしろい。

(6) 因果性

因果関係において，原因と考えられていたものがじつは結果で，反

対に結果と考えられていたものがじつは原因である，ということは少なくない。

経営学史上有名な説に「参加型マネジメントは生産性を向上させる」というのがある。しかし，これはどうやら実験結果の読み違いで，「生産性が向上したから，監督をして参加型マネジメントを採らせた」というのが真相らしい。これなどは，前者のおもしろい発見といえよう。

古くから，「健康体は定期的な運動のたまもの」と信じられている。しかし最近，運動は（それが過度なものでなくとも）健康にマイナスだとの説が一部でささやかれているようだ。してみると，「健康体だから定期的に運動できる」が妥当なところか。

(7) 相関性

「相互に関係があると考えられている現象が，じつは無関係だ」とか，反対に「相互に独立していると思われている現象が，じつは相互関係にある」という発見は傾聴に値する。

一般に，調査の内容・質を高めるには，それだけのテマ・ヒマをかけなければならない，と信じられている。だから，高いコンサルタント代がありがたくも支払われるのだが，こんなことがある。「合衆国農務省は，11万3417ドルの費用をかけた調査の結果として，母親たちは，子供の服がアイロンをかけなくてもいい布地で作られているほうがいいと考えていることを発見した」（L.J.ピーター『こんなことがなぜ起こる』ダイヤモンド社，1985年）。こうしたことをみるにつけ，調査の値打ちと値段は存外無関係なのかもしれない。これは前者の例。

クルマの事故が，まさかお月様に関係するとはほとんどの人が思ってはいない。しかし，「兵庫県警交通部は昨年暮れ，人身事故の統計と月齢の関係から上弦，下弦の月の前後に（人身事故が—引用者注）

多発すると分析した。担当した黒木月光——ウソッ！——さんは今，殺人事件との関係を調べている。同県内で過去10年間に起きた706件の殺人事件のうち，34件が満月の日で，いちばん多かったそうだ」（『朝日新聞』1993年10月23日，夕刊）。なにか狼男伝説を思い出させるが，これなどは，後者のおもしろい発見の例である。

ところで，システム論というのがある。例の，すべては他のすべてに関連しているという理論というか呪文だ。これがいま，経営学はもとより社会科学の研究者の間に流行っている。そのため，彼らは，相互関係の発見には新鮮な驚きをあまり感じなくなっている。

彼らが新鮮に驚き，おもしろさを感ずるのは，相互関係を否定する発見，命題そして発想である。経営学でいえば，意思決定においてその過程と結論と（さらにつけ加えれば）その実行とは別物であるとか，組織の各部分はタイトには結びついていない，といった類の発見が快い刺激となるのである。

だから，"組織化された無秩序" とか "ルース・カプリング" あるいは "ゴミ箱モデル" といった（いわば反システム論的）概念や発想が受けるのかもしれない。

(8) 類似性

「似ていると思っているものが，じつは正反対のものである」とか，反対に「正反対に見えるものが，じつは類似している」との指摘は，刺激的だ。

ラジオとテレビは，マクルーハンのメディア論が出てくるまでは，同類のものと考えられていたというのは前者の例だ（ちなみに，彼によれば，ラジオはホットなメディアで，テレビはクールなメディアである）。

また，後者の例としては，極右派と極左派はまったく正反対に位置

しているものと思われているが，その行動形態の点で，そして自己の真理を絶対とする精神性において類似している，と指摘すれば十分であろう。

(9) 普遍性

「局所的現象と思っていたのが，じつは普遍的現象である」とか，反対に「ゼネラルにみえたものが，じつはローカルだ」という気づきもおもしろい。

性行動は大人に限られると思われていたが，フロイト以降，それが子供にもある普遍的なものと考えられるようになった。反対に，男女間のセックスが自然で普遍的だと思っている大多数の男女にとって，ホモやゲイの存在は，おもしろさを通り越してショックですらある。

(10) 安定性

安定とか不変にみえるものが，じつは常に変わっていたり，反対に不安定にみえるものがじつは安定している，という指摘もおもしろい。

万古不易なるものの代表，官僚制についていえば，「現代のほとんどの政府は，最近桁はずれの成長と変化の歴史を経験している。新しい局が付設されたり，局が合併・転属して，その責任範囲も改められ，局間あるいは局とクライアントの間の関係が変わったことも珍しくない」(J.G.マーチ／J.P.オルセン『やわらかな制度』日刊工業新聞社，1994年) との指摘には，不意を衝く楽しさが感じられる。

対立・葛藤のある組織は不安定なようだが，じつは案外安定しているのである。「思う仲の夫婦喧嘩」というように，喧嘩するうちが花なのだ。

(11) 組織性

秩序や構造がないと思われている現象に秩序や構造を発見したり，

反対に組織的現象に無秩序をみたりすることは，痛快だ。

孫悟空が放縦の限りをつくしたが，お釈迦様の掌から一歩も出ていなかった，というようなことは意外にあるものだ。たとえば，大は，共産党独裁の枠内で進められている中国の改革解放政策から，小は，自己規制しながらの小市民の浮気にいたるまで。

社会主義諸国が一枚岩の団結を誇って意気盛んなときでも，中ソはじめ各社会主義国間に不協和音があったという事実は，興味深い。

(12) 評価性

悪と思われていたものが，じつは善であり，反対に善が悪だった，という命題はきわめておもしろい。

「スキャンダルは社会をおもしろくするから善だ」は前者の例である。「家庭は亭主の成長を抑圧するから悪だ」は後者の例である。まだある。多くの大学で行われているカリキュラム改革や機構改革は「小さな親切，大きなお世話」の類で，これも後者の例。

経営に関したものでいえば，「混沌は適応力の源流だ」というのは前者の例である。

「管理者は管理などできず，たんにその妨げになるだけだ」は，後者（いや，前者かな）の例である。

いかがであろうか。常識といっても，いろいろ攻めどころがあり，それだけおもしろい説や主張が展開できるのだ。

要するに，逆転の発想に諧謔あり，というところか。ならば，あなたも（ソープではない）ソルプ遊びに励んで，おもしろい説や解釈をどしどし出してみませんか。

B. ジャングル物語

　それは，ジャングルに住むすべてのものにとって悲しい日であった。ジャングルを治めていた偉大なライオンのレオが死んでしまったのだ。その日からジャングルの秩序は少しづつ乱れはじめ，今ではちょっとやそっとでは収拾がつかなくなってしまった。

　そのライオンには子供が3匹いたが，いまやそれぞれ立派な若者に成長していた。そして，長男ライオンのラプラがこの乱れたジャングルをふたたび昔のようにするため，亡き父の後を継ぎ王の座についた。

　彼はまず，ジャングルが今どんなふうになっているか，思案した。来る日も来る日も，そればかりを考えていた。しかし，いつまでたっても，「ああなっている」と思ってもこうなっているようにみえるし，「こうなっている」とみてもああなっているようにも思えてしまうのであった。

　ところで，彼にはひとつの信念があった。それは，「あれかこれかのどっちかであるとのはっきりした根拠がない以上，どちらともいえない」というものである。そんなこともあって，彼は，最後まで，ジャングルがどんなになっているかを決める根拠を探し出せず，とうとうなにもしないうちに死んでしまった。

　次に，次男ライオンのベルヌが王座についた。彼は自信満々で，ジャングルの本当の様子は，しっかり調べればわかるはずだと考えていた。

　そこで，彼は，要所要所に投書箱を置いたり，くり返しアンケートを求め，ジャングルの本当の姿やそこに住む動物たちが考えていること

となどをこまめに調べた。そのとき，異国で流行しているらしい統計学とかも利用した。

　綿密な調査によってジャングルの様相がわかったので，彼は，それにもとづいてもっとも期待できるシナリオを作った。もはや，事を行うに当たってなにも思い悩むことはない。なにしろ，あれほどしっかり調べたのだから当然だった。

　ところがどうだ。万全を期したシナリオにしたがってなにかをしても，彼の思うようにうまくいかない。そんなはずはないと力めば力むほど，ジャングルはますます手がつけられなくなっていった。そして，心身ともに疲れはてて，ついにベルヌも死んでしまった。

　ジャングルはあいかわらず乱れたままであった。王の座は，三男ライオンのマックが継ぐことになった。彼はいい加減なところがあるので，評判はあまりよくない。王様になっても，その点は少しも変わらなかった。

　ある日の明け方，彼は何を思ったのか，一本の枝切れを空高く投げ，地面に落ちた枝先の方角をジーッと見入っていた。ふいに，「よしっ，ああしてみよう」とつぶやくや，さっそく行動に移した。

　やがて，ジャングルの様子が少し変わってきた。「ジャングルっていったって，結構なんとかなるもんだなア」とマックは呟いた。

　こんなことが何回もくり返され，そのつどジャングルの様子が少しずつ変わっていった。もちろん，悪くなったときもあったが，やがて，マックは満足気に言った。「これでようやくわかったぞ」と。

　まもなく，ジャングルは，彼の指図の下に昔の平和な姿をとりもどした。

　そんなある日，年老いた母親ライオンのルナが，息子のマックに話

しかけた。

「お前よりよっぽどマジメだったお兄さんたちが，なぜうまくいかなかったのかネ？」

「私が成功したのは，たまたまかもしれません」とマックは気恥ずかしそうに小さな声で答え，しばらくおいてから，思い出したように言った。

「でも，思い当たることがひとつあるんです。お母さんは，私たち子供によく『跳ぶ前に見よ』って言ってましたよネ？　ラプラ兄さんもベルヌ兄さんもよい子でしたから，その言いつけをちゃんと守ったんです。いや守りすぎたんです。そして，結局なにも見れなくて跳べなかったり，跳び方があまりにも自信満々だったんです，お兄さんたちは。

その点，私は昔から悪い子でしたから，『跳ばなきゃ見れないヨ』って，まず跳んでみたんです。事実，あのときのジャングルときたら，ただ見ただけでわかるような代物ではとてもなかったもの」。

お母さんのルナは困った顔をしながら，言った。

「それにしても，ベルヌ兄さんは，ジャングルについてはよく調べていたんじゃないか？」

マックはそれに答えて，「そう，その調査っていうのがかえってよくなかったんではないかな。いまも言ったように，ただ見るというか，調査だけでは，本当のところはよくわからない場合が少なくないもの。そのうえ，そういう場合にかぎって，見たり調査することによって，本当のところがよそよそしく装われたりするもんらしいですよ。そんな調査でも，一生懸命やればやるほどわかった気になって，跳んで少々おかしいと思っても，その自信が邪魔して，シナリオを修正できなくなってしまうんでは？　過信をもたらしてしまうのが

調査のいちばんやっかいなとこかもしれませんネ。結局〝虎穴に入らずんば，虎児を得ず〟と〝知ることは知らぬことなり〟を肝に銘じておくことかな」。

C. アイドルに乾杯

アイドルといっても，キョンキョンや美穂ちゃんといった偶像（idol）ではない。ここでいうアイドルは，アイドル・トークやアイドル・アワーのアイドル（idle）で，〝無駄〟や〝遊休〟の方である。このエッセーでは，とくに無駄や不要な情報（idle information）が，組織でどんな意義を持つかを検討し，組織においてその果たす役割の重要性を示唆する。

a. アイドル情報は果たして無駄か
絆として

たとえば，雑談やうわさ話。これらによって，組織生活のストレスがかなり発散されるが，他に，意思決定に役立つ情報の公式的やりとりを通しては培われない，(1)各人の考え方・感じ方の微妙な面の相互理解とか，(2)連帯感，が生まれる。それらが，いざというとき役に立つのである。日頃の親密な意志疎通は，緊急事態においてよくあるしかも致命的な連絡の不手際や誤解の危険を少なくし，他方，連帯感によって，一刻の猶予もならぬ協力体制の形成がスムースに運ぶ。

ノミュニケーション軽んずべからず。在宅勤務やサテライト・オフィスに，こうした統合的あるいは触媒的機能をもつアイドル情報が期待できるだろうか。

教えとして

組織における行為は，明確に定めた将来の目標を達成するもの，とみなすことができる。このいわば期待主導的な行為観によれば，未来に向けた情報，たとえば予測が重要となる。

しかし，行為には，期待の他に，歴史や他人がリードする側面がある。将来の期待にプルされたというより，過去の歴史にプッシュされたといった方がよい行為がある。それは何も老人の専売特許ではない。ノスタルジーや反省あるいは怨念といった母斑のない行為はむしろ稀でさえある。また他人の行為をわけ（その意味や目標）もわからず，真似することがある。

これらの行為にとって将来の予測よりも，「かつて，そして今，誰が何をしているか」について知ることが大事である。これには歴史はもとより（有名人の）ゴシップやスキャンダルといったアイドル情報が役立つ。

備えとして

クルマはすぐに止まらないように，情報もすぐには集まらない。一方，待ったなしの意思決定でも，それに必要な情報は通常ストックできるものである。したがって，組織は，現在行っている意思決定にかかわりのない情報を，ヒマなときに集め，流しておく。

また，因果関係が不明であったり，目標が変わりやすいものであると，「何を知っておくべきか」が定まらない。したがって，必要性の薄いと思われる情報も収集されなければならない。

こうしたアイドル情報をタイムリーにしかも安く供給しているのが，むだ話の輪である。

読みとして

御時勢を読みとるのは，意思決定のためといえなくもないが，それ自体人間存在にかかわるもっと本質的なものである。社会的現実や意

味は，人間が社会的に形成するものである。そのとき，シンボルやイメージが実と虚を往来するが，神話や小説・演劇・絵画のいわゆる芸術といったアイドル情報は，すぐれた解釈や意味の体系が成育するための貴重な肥料となる。

　なるほど，アイドル情報もなかなかやるものである。なのになぜ，それらが冷たい目で見られるのか。おそらく，「組織は意思決定をするもの」との思い込みが激しいからであろう。

　ところで，ここに全く新しい組織観がある。「われわれは組織を，一組の代替案の中から，与えられた選好にてらして，一つの代替案を選択するために情報を求めるものとみなす代りに，驚ろきを求めて環境を監視(モニター)しているものとみなすことができる。驚ろきとは，斬新な代替案や清新な選好の発見であるかもしれないし，あるいは世界の新しい変貌の感応であるかもしれない」(J. G. March)。

　この組織観の下では，組織は意思決定の枷から開放され，アイドル情報もずっと積極的に評価されよう。

b. 組織の3つの側面

　組織には，3つの側面がある。すなわち，状況を知り決定をし，それを実行に移す。要するに，認識，意思決定，そして行為の3つである。組織の経営は，もとより，そのどれをも欠いてはならないのだが，時代によってそれぞれのウエートが変わるようだ。それに応じて，経営学やマネジメントもまた変わる。

　戦後，何を作っても儲かる時代は，組織の行為 (action) の面が強調された。それを反映して，IE (経営工学) や生産管理，人間関係論といった，どちらかといえば現場の管理手法が脚光を浴びた。経営学ブームがあったのもこの頃である。

時代も落ち着き，何を作るかが問題となると，今度は，組織の意思決定（decision making）の側面がクローズアップされた。この時代の転轍手が，H・A・サイモンである。ハーバード・ビジネス・スクールの事例研究を駆使した管理者教育が注目を集め，コーポレート・ストラテジスト（経営企画マン）の世であった。

　やがて，時代が激しく揺れ動き，時流を読むことが鍵となった今日では，組織の認識（cognition）が関心をひいている。この転換の起爆剤となったのが，J・G・マーチのゴミ箱モデルであり，K・E・ワイクのイナクトされた環境の概念である。そして今，企業文化とか演技者としての管理者といったことがいわれている。

　さて，組織の改革や活性化を計って，いろいろな手が打たれている。

　まず，「何よりもやる気・根性だ」ということで，地獄の特訓や陸士式人材づくりに励む企業がある。周知のように，このスパルタ式人づくりは，受講者に，感性はもとより思考の停止を求めるものであって，そこで作られるのは，脳味噌筋肉である。組織についての考え方の流れからいえば，この発想は，「行為が生命」とする組織観にもとづくもので，時代遅れ，それも二時代も前の遺物である。誤解をおそれずにいえば，新卒運動部員の優先採用もこの類である。

　また，多くの企業は，各種の研修を通じて社員の専門能力や決断力を高めようとし，昇進においても論文試験や課題研究で値踏みされた分析力や企画力を重視している。「組織は意思決定」とする企業からすれば，これは当然である。新卒の採用で，分析能力の偏差値が高い銘柄大学を指定するのも，同様である。

　ところで，一般に，組織は意思決定の面ばかりが強調され過ぎていないだろうか。今日，経営情報システム＝DSS（意思決定支援システ

ム)と考える者が多いのも，その証拠の一つである。本エッセーは，そもそもそうした図式から外されて後ろめたい思いをしているアイドル情報の復権を願って，その意義を明らかにしようとして書かれた。

しかし，組織の現実はしたたかでもある。"絆として"のノミュニケーションは依然として盛ん，"教えとして"の歴史やゴシップへの関心も衰えず，"備えとして"のむだ話の輪も肩身をせまくしながらも健在のようだ。ここまでは，たのもしい限りである。

では"読みとして"重要な芸術に関してはどうであろうか。「読む本といったらもっぱら大前研一や長谷川慶太郎，映画は年に1～2回，芝居などはとてもとても」というのが，今日の中堅ビジネスマンの平均像であろう。これでは企業のセンスというか認識はプアーになり，時代も読み切れない。多くの大銀行の今の姿を見るにつけ「分析的能力と時代への感応力とは一致しないものだナ」とつくづく思う。

時代が大きく変わりつつある今日，その方向や意味を鋭く洞察するには，しなやかなセンスというか認識力が必要である。豊かな感性が求められる。芸術は，感動を呼び起こし，鈍化した感受性を蘇らせる。しかも，すぐれた芸術は時代を予感する，ともいう。

その点で，しょせんヨコならびを強いるTQCや意思決定指向的な研修制度などはいかがなものか。むしろ，その時間を各自の自由に任せて，芸術観賞でもしてもらった方がよいのではないか。また，自己をじっくり見直すために大型の休暇も必要かもしれない。リクルーティングにおいては，マジメ人間より面白大好き人間を求めた方がよいかもしれない。好奇心が旺盛で感性豊かな新人類は，時代の申し子である。そうであるならば，彼らを鍛え直すというよりも，その能力をフルに発揮させるようにした方が"驚きを監視する組織"としてはビビッドになるのではないか。

おわりに

　アイドル（無駄）情報は，タテマエとしては軽んじられているが，ホンネとしてはけっこう重宝がられている。まるでアイドル（偶像）のようだ。

　語呂合わせはその辺にして，何故，企業ですらホンネのところでアイドル情報を必要とするのか。人間は決して〝デシジョン・メイキング・マン〟としてはとらえきれない，という重い事実が，その大きな理由の一つであろう。政治ドラマ，ゴシップ，スポーツ，芸能といった多様な情報が満載の新聞は，人間の生のあり方を情報次元で縮図したものなのである。

　人間の顔をした組織。それがどんなものなのかはよくわからないが，少なくともそれは，アイドル情報を全く否定するような組織ではないであろう。

D．映画『12人の優しい日本人』をゴミ箱モデルで読み解く

　(1)　中原俊監督のこの作品は，日本の1991年度の映画賞を多数受賞した名作である。日本に陪審制度があったらという設定で，若い女性が男を死なせた事件をめぐり，年齢も生活環境も違う12人の男女が討論する様子が描かれている。

　(2)　事件の背景は，21歳で5歳の子をもつ美しい女性が，浮気癖があり酒を飲むと乱暴する夫と別れ昼はスーパー，夜はホステスと苦労の絶えない生活を送っているところへ，昔の夫がおしかけ復縁を迫った，というものである。そして，被告であるこの女性と被害者の夫とがもみあううちに突き押された夫がトラックに轢かれた，というのが事件の概況である。

(3) 選択機会は，被告の有罪・無罪を決定するものである。この選択機会において，12人の参加者（＝陪審員）と彼らが提示するさまざまな情報が一つの意味的秩序（物語，解釈）に収束してゆくのに，大きく3つの段階があった。

　第一段階は，「被告は人を殺すようにはみえなかった」とか「かわいそう」といったフィーリングから11人の陪審員が無罪を主張し，1人のみが有罪という状態であった。無罪の雰囲気が圧倒的だったが，全員一致でなければならないため結論にはいたらず，また注文した飲み物もまだ来ないこともあって討論が続けられた。

　第二段階では，主に事件現場と「被告が子供のためにピザを注文して出掛けていった」ことを軸に有罪の空気が次第に強くなっていった。というのは，「現場が家から遠く離れた人通りの少ないバイパス」ということと「被告はもと陸上の選手だった」という情報が結びついて，「実は，被告は追いかけられるふりをして，男を前もって計画していた現場に誘導したのだ。その上，男は酔って走ったのでクタクタになっていた」。とすれば，この事件は巧妙な計画殺人となる。

　しかし，無罪を確信する人が「被告が子供にピザを注文して出掛けた」ことを持ち出して，こんな優しい気持ちの人が人など殺せるわけがない，と言い始めた。ところが，これが逆に，「女は最初から遅く帰るつもり，つまり夫を殺すつもりであった」と解され，計画殺人を裏付けるものとの心証を陪審員に与える結果となった。決をとると，有罪6，無罪6となったが，一度傾いた有罪の流れは止めがたく，あわや有罪の線（＝意味的秩序，物語）で収束するかにみえた。

　ところが，第三段階で，再度〝ピザ〟の解釈が逆転する。無罪派は，注文のピザがとても5歳の子一人で食べきれる量でないことを持ち出して「このピザは，彼女が家に帰って子供と2人で食べるつもり

だったこと，したがって殺意などなかったに違いない」と主張。この主張が弁護士と称する人物によって流暢に語られ，実物のピザパイを目の前にして場の空気が一気に無罪へと傾いた。と同時に，現場についての不審も，「遠回りして逃げたのは信号のせいだ」とか「被害者は本当は酔っていなくて，酔ったフリをしていたに違いない」といった意見によって，たちどころに消え，こここに被告無罪という物語が完成した。全員一致で無罪が決定され，それぞれ一仕事を終えた充足感を胸に12人の陪審員が三三五五退場してゆく場面で映画は終る。

しかしである。あのピザにはもう一つの隠された意味があって，それが……と解釈されたら被告は有罪となるのだが……。

E. 映画『阿部一族』をワイク理論で読み解く

(1) それは，細川忠利の死期が迫ってきたことから始まった。阿部一族はこれを大変な事態と捉え，恩に報いるべく頭首阿部弥一右衛門が細川忠利へ殉死を願いでた，これが阿部一族のイナクトメントである。それによる生態学的変化は，忠利が弥一右衛門に「息子光尚の力になってくれ」と望み，殉死を許さなかったことである。阿部一族は，この忠利の病床での言を素直に受けとめ，したがって格別問題となるようなイナクトされた環境は形成されなかった。

ところが，忠利死後，許されざる殉死者が18名も出，さらに49日の法要で忠利寵愛の2羽の鷹が茶毘の火の中に飛び込むという椿事が起きた。

このころから，阿部一族の周辺に「殉死が許されなかったのを幸いに，のうのうと生き永らえている」とか「忠利公生前の恩義を忘れた

不忠者」とか「死ぬのが怖い臆病者」といったうわさが流れはじめた。この生態学的変化に対して，武士の誇りを大事とする阿部一族はこれらのうわさを聞き流すことができず，〝世間がわれわれを不忠者，臆病者と思っている〟というイナクトされた環境を徐々に創っていった。

ならばというわけで，阿部弥一右衛門は臆病者でないことを世間に示すため自宅で切腹をした。しかし，それは光尚公が改めて発した殉死禁止令を破るものであった。

これに対する光尚公の処置は〝阿部一族の知行を分割する〟というものであった。それは阿部一族にとって多義的パズルである。というのは，その処置は，他の18人の殉死者の遺族と同様総体としての知行は以前通り安堵されているが，阿部一族にあっては，頭首としての長男の俸禄が大幅に減らされているのだ。すでに世間から疎外されていると思い込んでいる彼らにとって，もはやこの処分を冷静に解せるわけもなく，それを処罰と受けとめた。〝われわれは世間のみならず細川家からも疎んじられている〟。これがこの段階で阿部一族によってイナクトされた環境で，いっそう深刻なものになった。

こうした事態に対して，長男権兵衛は一族の長として人一倍責任を感じていたし，憤懣も募らせていた。そんな彼が思い余ってか，忠利公一周忌の霊前で，衆人環視の下自ら髷を切り落とすという挙に出た。誰の目にもそれは細川家への面当てに映った。万事休す。

この権兵衛に対して，切腹ならぬ打首を命ぜられた阿部一族はいっそう悲憤慷慨した。そして，彼らは権兵衛のさらし首の奪回，次いで一族籠城さらに全滅へと一気に突き進んでいったのである。

F．映画『八甲田山』に見るミドルの役割

〝X線はレントゲン博士によって発見された〞

a．映画『八甲田山』

(1)　映画『八甲田山』(東宝，1977年）は，新田次郎『八甲田山死の彷徨』（新潮文庫）を原作とした森谷司郎監督の作品です。

映画に描かれているのは実話で，旧陸軍の雪中行軍隊の有名な八甲田山遭難事件です。

話は今から100年ほどさかのぼります。明治37年（1904年）に日露戦争が始まったのですが，その日露戦争を想定して，極寒の条件下でも戦える態勢を整えるために，1902年つまり開戦の2年前に，八甲田山の雪中行軍が実行された。しかし，それは200名近い将兵の死という悲劇を招いてしまったのです。

(2)　明治34年秋10月，弘前の第4旅団司令部には，青森第5連隊と弘前第31連隊の幹部が呼ばれていた。

話というのはこうだった。ロシアとの開戦はもはや時間の問題だ。ところが，わが軍は寒地装備，寒地訓練がいちじるしく遅れている。極寒で戦うということはどういうことなのか何も知らない。そこで，両連隊は冬期雪の八甲田山を行軍し「雪とは何か，寒さとは一体何なのか」を徹底的に調べて欲しい。それが，師団参謀長の希望であった。

旅団司令部からの道すがら，2人の連隊長は互いに，「来年の1月末か2月はじめ，それぞれ青森と弘前とから出発し，八甲田山でスレ違うようにしたらどうでしょうか」と話をまとめ，雪中行軍の実行が

アッサリと決定された。

　弘前第31連隊の行軍計画は，高倉健演ずる徳島大尉によって立てられた。それによると，行軍隊は士官・下士官中心の27名の小編成で，弘前を発ち十和田湖を迂回して八甲田山を踏破し弘前に帰営するというもので，全行程10泊11日240キロにも及ぶ雪中行軍となる。

　この計画に対し，第31連隊首脳部は行軍隊の規模が小さすぎることに難色を示した。しかし，徳島大尉は，冬の八甲田山がいかに困難な状況になるのかを力説し，半ば強迫的とも思われるような口調で首脳部を説得し，計画を認めさせた。

　一方の青森第5連隊の計画は，北大路欣也演ずる中隊長の神田大尉が立てることになっていた。そのために彼は，八甲田山中の小峠までの雪中予備演習を行った。演習が順調に終了したとの報告を聞いた三国連太郎演ずる大隊長の山田少佐はただちに，200人程度のそれも大隊本部が随行する中隊規模の雪中行軍の実行計画を作成するよう神田大尉に告げた。神田大尉はその部隊編成の規模のみならず構成にも不安を感じたが，何も言わずに了承した。そして，山田少佐を含む14名の大隊本部員を加えた総勢210名から成る雪中行軍隊が，明治35年1月23日午前6時55分青森の連隊本部を出発した。2泊3日で帰営する予定であった。

　それより3日前に弘前を出発した徳島隊は，途中大暴風雪に悩まされながらも，現地の案内人の助けもかり，1月29日未明八甲田山を踏破し，その数日後全員無事弘前に帰営した。

　一方の神田隊である。部隊編成の不自然さ，2人のリーダーという矛盾が早くも露呈した。それは，雪中行軍の最高指揮官である神田大尉の意志を無視して，山田少佐が現地の案内人の助力を独断で拒否したことから始まった。案内人もなく，天候が悪化する中，次々に遭遇

する問題にこの2人はことごとく対立するが，神田大尉はただただ山田少佐の強圧的な主張に従うばかりであった。こうした変則的な事態を目にして隊員の志気は落ち，部隊も場当たり的な判断と指示のため雪の山中をたださまようばかりであった。こうした状態が2夜も続き，寒さと疲労のため，210名の隊員のうちついに神田大尉以下198名の尊い命が失われるという悲劇を迎えるのだった。

b. 映画の解読

(1) この映画では，2つの組織が同じ任務というかタスクに取り組んで，一方が成功し，他方が大失敗する様子が描かれています。そこで，当然，この2つの組織の失敗の原因，成功の原因がどこにあったのかといったことをいろいろな角度から考えてみたくなります。

という訳で，この映画は，組織の比較を通して，組織とは何かを考えさせてくれる恰好の素材と言えます。こうした理由からか，聞くところによると，中間管理職の研修などでは，よくこの映画が使われているそうです。

(2) そこで，私も，「なぜ神田隊があのような大失敗を招いてしまったのか？」といろいろなところで尋ねてみました。すると，たいてい次のような答が返って来ます。

要するに，神田隊のほうは，変な編成になってしまって，単なる随行の大隊本部の山田少佐が神田大尉の上に来てしまい，指揮命令系統が目茶苦茶になってしまった。管理の用語で言えば，「命令統一の原則」というのがあって，部下は1人の上司から命令を受けなければならないという管理原則ですけれども，それが完全に神田隊では侵されてしまった，と。したがって，隊長の神田大尉が明瞭で強力なリー

ダーシップが取れなくて、そのため隊員のモラールが低くなった。そういったことが一つの原因で、ああいう大失敗を招いた。この分析は、間違ってはいない。

　それから、神田隊の雪中行軍は、ある時は宿泊予定地の田代を目指して進むかと思えば、大変な暴風雪に遭い、雪洞の中で、今度は青森に帰営するという。そして帰営の途中、ある隊員が、「田代への道が分かった」と言えば、また田代に向かうという、いってみれば意思決定がきわめてチグハグであった。そのため、隊員の不安は募り、疲労も極度に達し、大量の死者を出してしまった。

　それから三番目によく言われる原因は、神田隊では情報が極めて少なかったこと。雪の八甲田を踏破するには、地元の人たちの知恵とか情報が不可欠だったのに、神田隊はそれを断ってしまった。だから、あのような彷徨を余儀なくされた、と。

　今言った3つの点が、どこでも主に挙げられます。確かにこれらの点は、健さん演ずるところの徳島隊では、全部、クリアーされていました。リーダーシップは、徳島大尉が大変見事に発揮して、したがって、部下のモラールも高いまま終始していた。それから、意思決定もきわめて整合的であったし、情報の点も、現地の案内人とか猟師を適宜使って、情報不足を補っていました。そんな訳でこの三点セットぐらいを答えれば、多くの管理職研修では、Aの成績を貰えるようです。

　しかし、このリーダーシップ、意思決定それに情報の3点を2つの隊の成功と失敗の原因として挙げて、事足れりとするのはいささか問題だと思います。

　というのは、そもそもの両隊の編成、すなわち神田隊の複雑な中隊規模の編成と徳島隊の少数精鋭の編成が、今言った3つの側面に大い

に影響していたということを考えると、隊の編成そのものが問題であろうと思わざるをえません。

しかし、この問題をさらに突っ込んで、両隊の編成がなぜかくも違ったのか、と考える必要があります。

すると、この雪の八甲田山を行軍するという任務なり課題に対して、青森第5連隊と弘前第31連隊がどのような認識を持っていたのかという問題に突き当たり、これがそもそもの分かれ目だったのではと思われます。

はっきり言って、複雑な編成の中隊を送り出した青森第5連隊は、雪の八甲田山を行軍するという任務に対して、甘い認識しか持っていなかった。ところが、弘前第31連隊は、少数精鋭の部隊を編成したということから見ると、きわめて厳しい認識を持って、その任務に臨んだと考えられます。

なぜそのように認識が違ってしまったのかをさらに考えてもらうために、いろいろな人に尋ねてみると、徳島大尉と神田大尉の、雪中行軍に対する認識に違いがあったから、と答える人がいます。

しかし、これはちょっと気の毒な話だと思います、特に神田大尉に対しては。この点について言えば、神田大尉も徳島大尉もともに少なくとも個人としては、八甲田山を雪中行軍するというのは、大変厳しい任務だという認識を持っていたと思うし、映画でもいくつかのシーンを通してそれが描かれていました。

なのになぜ、それぞれの隊の編成があのように違ったものになってしまったのか？　それは、2人の属するそれぞれの連隊の組織全体としての認識に違いがあったからなのです。

それでは、両連隊の雪中行軍に対する認識に違いをもたらしたのは何か？　映画では、初めのうちの両連隊の首脳の行軍に対する認識は

ともにきわめて甘かったようだったが‥‥。その答を握っていたのが2人の大尉とくに彼らそれぞれの行動であった。

　個人が，いかにこの任務は大変な任務だというような認識，厳しい認識を持っていたとしても，それを連隊全体の組織全体の認識に持っていかなければ何にもならない。

　もっと具体的に言えば，青森第5連隊のトップの人たちの認識も，この任務はきわめて厳しい任務なんだと思ってもらわなければいけなかったんです。連隊全体の，あるいは組織全体の認識というのは，トップの認識が決定的ですから。

　したがって，神田大尉は，自分はこの任務が大変厳しいものであるとの認識をしているのならば，まずトップをそのような認識に引きずり込まなければ，共鳴させなければならなかったのです。

　この点，徳島大尉は見事にやってのけました。毅然と，「これは極めて厳しい任務で，私は何度も中止の具申をしようと思った。そもそも，こんな行程の行軍をさせるのは，あなた方の責任なんですよ」と上司に向って言い放っている。ところが，神田大尉のほうは，幸か不幸か，天候に恵まれた予備演習をやって，そのため心の中にポッと隙ができたのでしょう，山田少佐が「それでは，大隊を繰り出しても大丈夫なのだな？」との問に，「ノー」とは言わなかった。これでは，山田少佐ひいては連隊トップが「ああ，じゃあ，雪の八甲田を踏破するということは，それほどの厳しい任務ではないんだな。ならば，中隊編成にしよう」と思っても，これも仕方のない話です。

　要するに，神田大尉の，ちょっとした心の隙，はっきりと物事を言わない性格，それに優柔不断の態度，これらが連隊トップの認識および連隊全体の認識を，甘いままにさせ，あのような変則的な部隊を編成させてしまった。その結果として，大量遭難が生じたのです。あの

悲劇を解明するには、このレベルまで分析しなければ、十分なものとは言えないだろう。

c. マネジメント論の流れ

(1) ここで、マネジメント論の歴史を考えてみましょう。マネジメント論の対象は組織ですが、組織というものが存続・発展するには、3つの局面がうまく運ばなければいけない。つまり、状況を認識して、その状況認識にもとづいて何をすべきかを意思決定し、その意思決定を行為に移す。そして、その行為によって状況が変わったかどうか認識を改めてまた意思決定し……といったサイクルがうまく回転しなければならない。この点は異論のないところだと思います。

ところが、マネジメントの実践と研究のこれまでの流れを眺めてみると、時代によってこの3つの局面の相対的ウェートがシフトしているようなのです。つまり、マネジメントの研究というのは、勝れて20世紀のものですけれども、アメリカで1900年つまり20世紀初頭から1950年までは、まず組織の行為の局面にウェートを置いた研究が展開された。

次いで、第二次世界大戦後、1950年から2000年の今日までは、意思決定というものが重要だということで、意思決定にウェートを置いたマネジメント論が盛んです。したがって、私はそれをモダンマネジメントと言い、組織の行為を中心とした過去のマネジメントを、プレ・モダンマネジメントと言ってます。

ところが、最近、マネジメントの実践や研究の先端的部分を見てみると、組織の認識ということが重要なテーマとして取り組まれています。したがって、21世紀は組織の認識を軸としたマネジメント論が展開されるんではないかと予測されます。

(2) このようなマネジメント論の流れ，とくに組織の認識を中心とするであろうポスト・モダンマネジメント論を意識すると，この八甲田山の解読も，組織全体の認識がどうだったのかなというところに，すっと入って行けます。しかしいかんせん，今日のマネジメント論というか，あるいは研修を主催する方々の頭は，モダンマネジメント論で，意思決定がすべてです。したがって，研修などでいろいろなこと，例えば八甲田山の分析などでも，先ほどの三点セットで事足れりとなるわけです。意思決定とか，情報とか，リーダーシップと答えれば，モダンマネジメントのフレームからすればOKですから。

　放送大学の面接授業でも，この映画を解読させます。すると，研修慣れしてるビジネスマンの方なんかは，いま言った三点セットをぱっぱっと答えてくれます。ところが，さらに「それだけでは，不十分じゃないの？」と突っ込んでみても，それ以上の答が返ってきません。ところが，そういうような研修とか，勉強に侵されてない，主婦の方なんかは，「隊の編成が問題じゃないか」って，ズバリと核心をついてくることが少なくない。

　事ほど左様に，学問のパラダイムというものが，いかにわれわれの思考を枠づけているか（あるいはその逆かもしれないが），恐ろしい気がします。裏返して言えば，つまらぬ勉強ならやらない方がマシということだ。

d. ミドルの役割

　(1) 通常，ミドルの役割は次のように言われています。つまり，ミドルというのは，トップの考えている思いや方向を受けて，それを具体的な課題や指示に変換してそれを下のロワー層——現場を司る監督とか現業員——に，命令として伝える人たち，と。ミドルは，トップ

層の意を受け，それを他のミドルマネジャーと調整をつけながら，自分の担当するロワー層，現場を，いかにうまく動かすかというようなことが，主たる任務です。こういうふうに語られて，それで十分だったのです，意思決定が中心のモダンマネジメントの時代では。

ところが，ここでもう一歩踏み込んで，ポスト・モダンと言いますか，組織の認識が重要なのだとの見方をしてみましょう。先ほども申しましたように，組織全体の認識にとってトップの認識は決定的です。

さて，組織についてのそのトップの認識ですが，トップ層というのは，人類の行く末とか，世界情勢がどう動いているかとか，御時勢がどうの，業界動向はどうなっているのかというような，いわば大所高所から認識を形成します。しかし，その組織をめぐる認識も小所低所の現場の活動や実態から得られる状況認識いわば現場知に支えられていないと，空理空論になりかねない。ここで現場知とは，大衆はこういうふうに考えているだろう，わが社の技術ではこんなことができるだろう，消費者はこういうことを欲しているだろうといった現場から得られる認識です。

現場に密着した経験に裏打ちされたそうした現場知や具体的状況についての認識の点で，トップはどうだろうか？　残念ながらその答はネガティブで，多くを望めません。というのは，トップは，現場から時間的にも空間的にも，かなり離れているからです。名経営者の誉高いあのダイエー中内㓛氏でさえ現場知に疎くなっていたことが，今回の社長退任をキッカケに次第に明らかになっています。

トップは空間的に現場から離れた高いところにいます。そのため，現場の情報が生々しくは伝わってこない。せっかく伝わった情報も，いろんな階層を経てきますから，かなり歪んだ，薄められた情報が多

い。そんな訳で，トップは，現場知に疎くなる。

　トップは時間的にも現場から永いこと離れています。トップもその昔現場を踏んだことがあるでしょう。しかし，彼の現場の経験はかなり古く，その現場知も今となってはあまり当てにならない。要するに，トップはいま言った意味で，現在の現場知から，時間的，空間的に，疎外されています。雲の上の人なのです。

　トップはこの点を自覚すべきですし，ミドルはそれを弁えているべきです。トップの現場知の弱点を補ってやるのはミドルです。ミドルはトップより空間的にも時間的にも現場に近く，現場知がしっかりしているハズだからです。

　その辺のところは，この映画を見ても分かります。雪の八甲田山を行軍するという現場についての認識は，ミドルであるところの神田大尉とか徳島大尉が一番知っている。それに対して，トップ層はほとんど能天気な認識しか持っていなかった。この辺の描写は，結構組織の実態をついているのではないでしょうか。

　ところで，現場知という点では，あるいはロワーのほうがミドルよりよく知っているかもしれません。しかし，組織への忠誠心という点でロワー層はミドルより低いだろう。というのは組織に属している年月が短いから。したがって，ロワーの現場知はミドルのそれにくらべて組織にとって無責任なものになりかねない。よしんば，ロワーの現場知が優れたものであったとしても，ロワーは残念ながら，御目見得以下ですから，トップに対して，意見具申したり諫めたりする立場にない。

　トップは確かに現場知には弱い。しかし，弱点を長所に転ずることができるのです。すなわち，トップは小所低所の現場知にとらわれない大所高所からの夢を語れるのです。しかし，その夢が荒唐無稽で

あったり暴走しそうになっても，ミドルが補ってくれたり諫めてくれないようだと，トップも夢を安心して大いに拡げられない。こう考えると，のんきな亭主としっかり女房といったところが，望ましいトップとミドルの関係なのだろう。

　ところで，バブル崩壊後はあまり聞かなくなったが，やけにミドルを持ち上げる言説がマネジメントの分野で一時盛んだった。"パワー・ミドル"とか"ミドル・アップアンドダウン"といった説がそれです（そのラインで謳われていた"革新型ミドル論"によれば，無理を承知で難題に挑んだ神田大尉はさしずめミドルの鑑です。耳ざわりのよい煽動的な口説には，御用心，御用心）。これらは，今にして思えば，トップの組織認識への影響力を過小評価し，逆にミドルの意思決定力を過大評価したという点で，モダンマネジメントの徒花だったのだろう。

　それはともかく，上申力を有するミドルが，トップのお目付役を忘れて，唯々諾々と従うのは怠慢のそしりを免れないだろう。とはいえ，トップに意見を申し上げるのはたやすいことではない。だからなおのこと，トップはフランクでオープン・マインドでなければならない。尊大で近づきがたいトップは，それだけで問題だ。

　総じて，しっかりトップは，しっかりミドルのメリットを殺ぎかねないゆえに，罪である（たとえば，幕末の会津藩）。また，のんきなミドルは，のんきなトップのメリットを殺ぎかねないゆえに，罪である（たとえば，ヤオハン）。

　(2)　そうした新しいミドルの役割に求められる要件とは何か？　今までは，ミドルは繋ぎ役として良き意思決定者であればよかった。つまり，トップの考えていることを分析，調整して，整合的な具体的命令としてロワー層に伝え，それを実現させるのが，ミドルの主たる役

割であった。そのため，ミドルは比喩的に言えば，算数的な分析能力が求められた。

　ところが，トップの認識に関与するしっかり者という役割が新たにミドルに加わるとなると，ミドルには何が求められるようになるのだろうか？　必要なとき自分の状況認識を，トップにまず分かってもらって，ひいては組織全体の認識として伝わるようにするためには，言説をロジカルに展開するだけでは不十分です。さらに，レトリックとか，豊富な語彙を駆使し，時には体を張ってでも自分の認識を伝えなければいけない。したがって，ミドルに新しく求められるのは，比喩的に言えば，国語の表現能力だろう。

　要するに，ミドルの要件としては，これまでのモダンマネジメントの時には，算数の能力だけで良かったのだろうが，これからのポスト・モダンの時代は，それに加えて国語，いってみれば，豊富な語彙と，レトリック，それに爽やかな弁舌とか，それから時にはパフォーマンスといった能力も必要となろう。もっとも，これらは，認識を主たる任務とするトップに求められる能力でもあるのだが‥‥。

　そうしたことも，この映画では，言っているのではないでしょうか。

おわりに

　(1)　この小論を書き終えてホッとしていたとき，優れたルポルタージュをテレビで観ました。それは，『リストラ——サラリーマンの値打ちが問われるとき——』（NHKテレビ，1999年1月放送）で，"ミドルの役割"について改めて考えさせる興味深いものでした。以下の記述は，このルポルタージュ映像にもとづいています。

　ある金属部品メーカーが年功給を能力給に切り換えている。それに

よって，やる気のない人をふるい落とそうというわけだ。会長いわく「やる気と能力のある人だけが残り，生産性を上げてみんなが1000万円以上稼げるような会社にするんだ」。

　その言や良し。まるで平成のテイラーです，この会長は。というのは，F・W・テイラーは，今から100年以上も前ですけどもアメリカでやはり，「一流作業者のみの工場で，高い賃金と低い労務費」を実現するシステムとして科学的管理法を唱えたのです。ちなみに彼が"経営学の父"と呼ばれているのはご存知の通りです。

　でも，違うのです。この会長とテイラーとは似て非なのです。2人に共通するのは，優秀な人たちだけから成る組織にすることです。ところが，この優秀な人員の選別・淘汰の仕方に雲泥の差があるのです。

　テイラーは，その選別が客観的というか多くの人が納得するようなものでなければならないとし，そのため大変な努力を払いました。彼は，いやがる経営者を説得して"計画部"なるものを新たに設けました。計画部の任務は，ストップ・ウォッチや映写機を用いた時間研究や動作研究によって標準課業量を設定し，作業者がそのノルマを遂行できるよう物理的・生理的条件を整えることです。実は，これが科学的管理法そのもの，その中味なのです。標準課業量の設定の仕方などいろいろ問題があるものの，賃金ひいては人員の選別・淘汰をなるべく客観的なものにするために，テイラーは経営者側に相応の負担を負わせています。

　ひるがえって，この金属部品メーカーはどうでしょうか。テイラーのやったような手だてはなく，ただ年功給から能力給に切り換えることによってやる気のある優秀な人員をふるい残そうとしているだけなのです。ちなみに，19世紀末葉のアメリカが正にそうで，賃金システムにさまざまな工夫を加えて作業者の能率向上を図っていたのです。

テイラーは，こうした方式は労使双方に疑心暗鬼を生むばかりで双方を不幸にするだけだと嘆き，代わって考え出したのが科学的管理法だったのです。

(2) では，平成の「テイラー」ならぬこの会長は科学的管理法なしにどのように優秀な人員を選別・淘汰しようとしたのでしょうか？部長に一際それをやらせるのです。従業員の現場の仕事振りをよく知っているのは部長だという理由からです。

部長は可哀相です。部長は，多くの人が納得できる明確なモノサシも与えられずに，数十人もの部下の資質を査定しなければならない。しかも，上からは，半数の者をダウン査定せよと厳命されているのです。かといって，上が部長を格別サポートするわけでもない。むしろ足を引っ張っているのです。というのは，低い査定に納得できず会社を去っていった人たちに，会長はねぎらいの言葉をかけるどころか，「やる気のない人に辞めてもらって良かった」と言ってはばからないのです。これでは，部長さんマジメに査定してもかいがない。空しさばかりが募るだろう。

カメラは，この上からと下からのプレッシャーの中でできるだけ公平な査定をしようと孤軍奮斗する1人の気骨ある部長を丹念に追っています。

この日夜苦悩する部長の姿に，私は，組織人の哀れを感じました。意見を求められる次長や課長それに職場の他の人たちはそんな部長の姿に何を感ずるだろうか。おそらく，「明日はわが身か，さぞかしつらいだろうな」と多くの人は思うだろう。

これ以降は，私の近未来予測です。こんなことが毎年くり返されるのです，この会社では。やがて，マジメであったり気骨のある部長はくたびれて，上の望むままの差し障りのない査定をするようになって

しまうか，あまりつらくて辞めていってしまうでしょう。そんな部長を見ている次長，課長それに多くの従業員もイヤ気がさしてくるでしょう。そしてあるいは，100年以上前に本物のテイラーが一掃しようとした旧弊の〝システマテック・ソルジャーリング（制度に起因する生産制限・怠業）〟が再びその会社に現れるかもしれません。

　健さんならぬしっかりミドルがいなくてメンバーのモラールも低い組織の末路は，映画『八甲田山』ですでに見たとおりです。

　しかし，今日，経営の改革，リストラといえば，その多くがこの金属部品メーカーと似たり寄ったりのようです。経営不振が続く中，すぐにでも少しでも業績を伸ばしたい企業としては，あるいは止むをえないのかもしれません。でも，〝短期の成功，長期の失敗〟ということもあるのです‥‥。

　それにしても，ポスト・モダンマネジメントの夜明けを迎えようとしている今日，リストラクチャリングといえば多くがプレ・モダンマネジメント（正確に言えば，プレ・モダンマネジメント以前）の合理化策に解決の糸口を求めている現状には，経営学を学ぶ者として内心忸怩たるものがあります。

索　引

【ア行】

IE　5
会津藩　375
IT革命　237,300
アイデンティティー　107,146
アイドル　356
あいまい　201
　　──さ　37,78
赤い写真でも　208
アクション　210
遊び　53
暑苦しい経営学　152
アナーキー　147
アルプス　213
安全　325
　　──神話　321
　　──文化　323
安定源　168
安定性　222
ESRモデル　108
いい加減　52
イエス玉川　144
胃潰瘍　169
生き物　208
池田勇人　213
意思決定　127
　　──前提　6
　　──点　173
　　──ノー　135,139
石原都知事　313
異常事態　257
異常組織　146
逸脱行為　327

意図性　49
イナクト　311　→想像もみよ。
　　──された環境　99,260,309
イナクトメント　105
イノベーション　56,222
意味づけ　252
要らざる情報　255
色メガネ　94,227
因果
　　──応報　94,99
　　──の線　92
　　──マップ　93,107
印象深さ　130
因縁果報　140
ウィリアム・ゴールディング　147
ウェーバー（M. Weber）　6
ウォルフレン　33
歌　169
疑い　15,229
ウツボカズラ　180
うわさ　111,172
　　──話　356
運転管理　318
影響の連鎖　150
エスカレート　254
MS　8
縁起観　140
援助交際　199
OR　8
O. J. シンプソン裁判　39
オーバー・マネジメント　179
オープン・システムモデル　109
オープンシステム論ノー　135,138
屋内避難　247

索引 381

驕る平家 214
驕れる者 123
教え 356
小田原評定 346
驚き 228
お見合い効果 298
お目付役 375
おもしろい 18, 53, 345
おもしろさ 130, 134
親方三色旗 82

【カ行】

解 39
改革解放 177, 122
改革ノー 135
懐疑 19
　――的 201
　――的な 266
　――的保守主義 121
　――的保守主義者 239
海峡 113
解決 50
回顧的 166
解釈 209, 362
改善提案 251
ガイド 94
会話 222, 228
科学的管理法 4
確実性 76
革新 233
学制 233
拡大再生産 95
革命 229
学問 61
神楽坂殺人事件 40
囲い込み 105
荷重システム 75
過信 119, 193, 355
仮想 93
『ガダルカナル』 189

活性化 359
神 165
カリキュラム改革 352
カルチャー 221
環境 229
　――創造 209
　――の復讐 180
関係 97, 178
　――づけ 93
頑健 220
関心のある 131
慣性 16, 304
感性 52, 360
完成時点 82
感応 358
寛容さ 201
管理 7
　――サイクル 133
完了型 115
官僚制 256, 287
　――組織 6
官僚的組織 115, 119
ギアーツ, C. 92
記憶喪失 120
機械技師 133
機械系 202
危機 267
　――管理 215, 256, 314
企業文化 113
棄権 28
危険 75
　――人物 267
儀式 221
議事録 168
奇想 12
規則 119
期待利得 76
気づき 227
絆 356
孤 105

基本レシピ　219
気ままな観察型　184
客観性　220,81
QC　5
教育　63,216,229,240
教育勅語　234
境界　117
業績評価　214
共通経験　313
共同体化　174
業務単位　151
共有意味世界　220
拒食症　92
虚無　141
緊急即応体制計画　310
禁酒法　55
近代合理主義　63
組立ルール　110
グレシャムの法則　306
『経営行動』　5
『経営者の役割』　6
経営責任　124
計画部　4,377
契機　227
警察組織　215
芸術　358
携帯電話　107
ケイン号の叛乱　201
結果論　115
決断力　359
ケンカ　110
権限　310
言行不一致　236
検索　168
現象学的　237
建設省　69
原爆投下　338
現場知　211,373
語彙　239
行為　114,127,212

合意　78,210
工学　132
好奇心　239
公共事業　67
『工場管理論』　4
構造　77
昂奮　333
弘法　219
傲慢　238
合理主義　71
効率化　322
合理モデル　66,161,254,331
公論衆議　156
誤解　48,62
互解　221,228
子会社　324
コカ・コーラ　44,159
国語　132,376
国際捕鯨委員会　39
虎穴　356
心　143,216
ゴシップ　357
コストダウン　251
コミット　287,337
ゴミ箱　60
　──モデル　8,37,38,161
　改訂──モデル　40
コミュニケーション　103,149,210,236
　──の輪　117
　──論　240
コンサルタント代　349
コントロール　222
コンフリクト　81
混乱　248

【サ行】

災害派遣　276
　──訓令　283
サイモン（H.A.Simon）　5
再臨界　245

索引 383

作業工程 318
作品 113
酒 120
殺人現場 209
雑談 356
査定 378
サブカルチャー 221
参加者 39
三審制 59
三点セット 368
自衛隊 39
　　——アレルギー 293
自家撞着 262
私見 221, 239
事件報告 114
自業自得 141, 180
自己成就 227
　　——的予言 169
志士 267
自主的避難 246
支持率 152
システムの落とし穴 263, 289, 312
システム論 350
事前的 115
しっかり女房 375
シビリアン・コントロール 297
自閉症 109
自民党 114, 158
自滅 178
ジャーナリスト 106
社会
　　——システム 61
　　——心理学 326
　　——心理学者 133
邪魔者 267
衆 105
自由 234, 240
修正 232
柔軟性 222
自由放任教育 259

主観性 220
　　間—— 220
　　集—— 220
　　内—— 220
主客両義 218
出動準備 279
主役 45
循環的関係 180
純酸素上吹き転炉 56
殉死 363
松下村塾 222
証券会社 155
常識 107, 155, 217, 221, 227, 345
少数派 337
情報
　　——技術 122
　　——共有 213, 278
　　——処理能力 290
　　——リテラシー 117
蒸留 227
昭和天皇 167
ジョージ・オーウェル 186
助言 283
情報伝達 275
知る 94
素人 134
人員削減 322
進化 11
　　——論モデル 105
人権派 106
心図 92, 123
信頼感 290
図 92
推測 16
数学 132
数値化 81
数値情報 287
スキーマ 106
筋立て 14
スター 58

384　索　引

素直な　265
スパルタ式人づくり　359
スリム　117
正確な情報　253,330
制御可能性　230
制限された合理性　7
成功体験　119,193
政治　236
正常化の偏見　305,336
整序性ノー　135
生態学的変化　105
制度　221
責任　255
拙速　254
絶対安全神話　262
セレモニー型異常組織　148,232
前衛　58
『1984』　147
選挙法改正　56
先駆者　229
戦術　59
センスメーキング　238
戦争責任　39
選択機会　39
前兆　335
専門家　16,19,252
　　──の落とし穴　253
専門的分析　331
戦略形成　167
相互
　　──監視　147
　　──作用　232,240
　　──連結関係　103
想造　13,93,102　→イナクトもみよ。
想像力　11,286
相対的重要性　83
属人性　257,287
齟齬　228
素材　114
組織　219

──化　103,149
──化された無秩序　37,57
『──化の社会心理学』　9
──の影響力理論　7
──の均衡理論　7
備え　357
それなりに　94
損失補塡　112
尊大　375

【タ行】

ダイオキシン汚染　174
怠業　379
退屈な学問　11
タイミング　81
第四の権力　199
体力　132
高橋量一　215
多義性　149,231
多元的現実　219
ダブルルート　288
太郎・次郎物語　99
単純化　94
単体　240
胆力　264
知恵　178
知的インタレスト　228
中断　228
調査　355
──団　282
直感　264
賃金システム　4
つまらぬ勉強　372
テイラー（F.W.Taylor）　4
手掛り　288,311
適応　217
──モデル　230,240
手順　77
テスト回避　116
伝統　146

索　引　385

天皇　234
東海村臨界事故　242
統計学　354
洞察力　132
倒産　181
当事者責任　258
淘汰　18,106
投票率　38
『動物農場』　186
東洋思想　140
独裁主義　156
鄧小平　177
トップダウン　284
飛ばし　39
とりあえず　201
トレード・オフ　209

【ナ行】

内在的批判　66
仲人役　62
ナスカビインディアン　84
謎　103
狎れ合い　174
苦手　97
西部邁　148
西本直人　208
人間関係論　5
人間像　263
認識　127,146,311,369
　　──会計　214
　　──モード　181
　　──論的　334
認知的不協和理論　236,337
年齢構成　215
脳味噌筋肉　359
能力給　376
ノーチェック　260
　　──体制　339
ノーベル経済学賞　131
ノミュニケーション　290,356

野茂英雄　159
ノン　135
のんきな亭主　375

【ハ行】

バーナード（C.I.Barnard）　6
バイキン　181
『蝿の王』　147
白紙委任　280
馬券　181
パターン　97
裸の王様　292
発散　95
バッテリー　151
発明　14
　　──型　183
発見型　183
パラドックス　79
パワー・ミドル　375
反経営学　65
阪神大震災　269
半信半疑　230
反対方向　179
ヒートアイランド　95
ヒーロー　131
ピカソ　169
被虐趣味　20
ピグマリオン　209
非効率　158
ピザ　362
非市場性財　323
非常災害対策本部　282,306
ピストル　50
必然性　49,212
必要多様性の法則　113,157
非定型的意思決定　306
被爆国日本　263
ヒューマン・ファクター　329
標準課業量　5
フィーリング　362

フィクション　168
夫婦　150
フェスティバル型異常　233
　　──組織　148
フォーマルルート　290
不確実性　71,79
不況　102
複雑系　202
複雑性　104
不祥事　324
不測の事態　334,335
負担過多　59
負のフィード・バック　230
部分的包含　105,151
フランス建設省道路局　67
プレッシャー　256
プロ　134
文化　146,155
分権化　256
分析力　132
平常心　265
ベルト・コンベヤー方式　5
ベルヌ　353
ペレストロイカ　193
変化　227
変革　119,235
防災
　　──行政無線　244
　　──対策会議　277
　　──臨調　309
法政大学　222
方法論　12
ホーソン工場　5
保持　107
ポジティブ・スィンキング　169
保守　233
ポスト・デシジョン　9
ポストモダン　239
　　──経営学　9,127,142
洞口治夫　142

【マ行】

マーケット　61
マーチ（J.G.March）　8,37
マクナマラ　124
マサイ族　159
まじめな観察型　184
マスコミ　199
マック　354
マニュアル化　334
真似　357
見過ごし　39,51
未整理　168
ミハイル・セルゲイビッチ・ゴルバチョフ
　193
魅力　130
民主主義　79,156
無視　231
無職青年　151
無駄　356
　　──排除　158
むだ話　357
無秩序　120
無能　308
無謬神話　119,174
村上村長　255,335
村上陽一郎　11
銘柄大学　359
メイヨー（E.Mayo）　5
明倫館　222
目標ノ─　135
モダン経営学　9
物語　39,130,333
物知り　122
モラル・ハザード　323
問題　39
　　──提示　23,114

【ヤ行】

ヤオハン　375

索　引　387

唯一最善の方法　4
唯心論　143
誘引・貢献の理論　7
遊休　356
優柔不断　370
優等生　261
夢物語　115
優先順位　340
養老孟司　222
吉野川可動堰事業　83
予想　227
予備演習　366
読み　357
歓ばしき学問　11

【ラ行】

ライン＆スタッフ　258
ラブラ　353
リーダーシップ　82,340
リエンジニアリング　121
リストラ　215,376
領土　237
リン，L.H.　56

輪郭ゲージ　113,157
臨場情報　255
倫理学　266
ルース　152
　──・カプリング　152
　──・マネジメント　201
ルーティン　306
例外の原則　305
冷戦構造　210
レーダー　113
歴史　128
　──化　214
　──観　130
　──物語　131
レンズ　93
連帯感　356
六人衆　132
ロケット　53

【ワ行】

ワイク（K.E.Weick）　9
ワイリー（N. Wiley）　220
話題　304

著者紹介

遠田雄志（えんた　ゆうし）

1942年東京浅草に生まれる。法政大学大学院博士課程修了。現在、法政大学経営学部教授、経営情報論担当。○塾塾長。○塾工房主宰。組織認識論研究会会長。主要著訳編書：『企業理論入門』1980年、中央経済社：『あいまいだからおもしろい――組織と情報のブリコラージュ』1985年、有斐閣：『あいまい経営学』1990年、日刊工業新聞社：ジェームス・G・マーチ＝ヨハン・P・オルセン『組織におけるあいまいさと決定』（アリソン・ユングと共訳）1986年、有斐閣：レオナード・H・リン『イノベーションの本質――鉄鋼技術導入プロセスの日米比較』1986年、東洋経済新報社：ジェームス・G・マーチ＝ロジャー・ワイジンガー・ベイロン『「あいまい性」と作戦指揮』（鎌田信一・秋山信雄と共訳）1989年、東洋経済新報社：ジェームス・G・マーチ『あいまいマネジメント』（土屋守章と共訳）1992年、日刊工業新聞社：ジェームス・G・マーチ＝ヨハン・P・オルセン『やわらかな制度――あいまい理論からの提言』1994年、日刊工業新聞社：『組織の認識モード』（編著）1996年、税務経理協会：カール・E・ワイク『組織化の社会心理学（第2版）』1997年、文眞堂：『私、あいまい系です』1997年、同朋舎：『グッバイ！　ミスター・マネジメント』1998年、文眞堂。カール・E・ワイク『センスメーキング　イン　オーガニゼーションズ』（西本直人と共訳）2001年、文眞堂。
○塾ホームページ　http://www.i.hosei.ac.jp/~enta

高橋量一（たかはし　りょういち）

1963年東京に生まれる。法政大学大学院博士課程在学。現在、㈱三興専務取締役。○塾塾生。○塾工房所属。組織認識論研究会会員。主要著書：「リーダーシップ――その組織認識論的考察――」（『法政大学大学院経営学専攻企業家養成コース研究成果集』2001年3月、法政大学大学院）。

ポストモダン経営学

2001年5月10日　第1版第1刷発行　　　　　　　検印省略

編著者　　遠　田　雄　志

発行者　　前　野　眞太郎
　　　　　東京都新宿区早稲田鶴巻町533

発行所　　株式会社　文　眞　堂
　　　　　TEL03(3202)8480／FAX03(3203)2638
　　　　　〒162-0041　振替 00120-2-96437番
　　　　　URL. http：//www. bunshin-do. co. jp

組版・田中製本印刷／印刷・平河工業／製本・田中製本印刷
落丁・乱丁はおとりかえいたします　　©2001
定価はカバー裏に表示してあります
ISBN 4-8309-4387-4　C3034